현대 중국여성의 삶을 찾아서

국가 · 젠더 · 문화

저자 김미란은 현재 성공회대학교 HK교수. 연세대학교 중어중문학과 및 동 대학원 박사 졸업. 한국중국현대문학학회 학술이사, 아시아문화 연구자들의 국제저널 *The Lines: Asian Perspective* 편집위원으로 창간을 준비하고 있다. 중국 청화(清華)대학교 방문학자(2001), 상하이 화동(華東)사범대학교 방문학자(2005), 미국 Weatherhead East Asian Institute(Columbia University) 학술교류 방문(2007), 매년 교대로 개최하는 한국과 중국 여성학 국제교류인 '제1차 한 · 중 젠더 콜로키움'(2009.2.12~13)을 기획 · 조직한 바 있다.
저서로는『중국 현대문학과의 만남』(공저),『중국의 한류, 어떻게 이해할 것인가』(공저),『중국은 왜 한류를 수용하나』(공저), 역서『딩링』이 있다.

현대 중국여성의 삶을 찾아서
국가 · 젠더 · 문화

초판인쇄 2009년 7월 20일 **초판발행** 2009년 7월 25일
지은이 김미란 **펴낸이** 박성모 **펴낸곳** 소명출판 **출판등록** 제13-522호
주소 서울시 서초구 서초동 1621-18 란빌딩 1층
전화 02-585-7840 **팩스** 02-585-7848 **전자우편** somyong@korea.com

값 17,000원

ISBN 978-89-5626-410-3 93910

이 책은 한국학술진흥재단 전문연구인력 지원사업의 지원을 받아 연구되었음.
(과제번호 KRF-2004-075-A00030)

현대 중국여성의 삶을 찾아서

국가 · 젠더 · 문화

김미란

소명출판

책머리에

이 책은 사회주의적인 근대화의 길을 걸어 온 20세기 중국 여성의 자기정체성과 여성에 관한 담론을 다룬 것이다. 현대 중국의 여성문화를 연구하면서도 사회주의 사회라는 것이 생소하고 실감으로 와 닿지 않아, 연구 영역에서 피해 가곤 했었는데 2005년 늦여름, 그 때는 더 이상 미룰 수가 없었다. 마오쩌둥의 사회주의 30년, 시장화 개혁 30년을 경험한 중국인들 가운데 마오쩌둥 시대의 '평등'의 기억을 이야기하는 이들이 등장했기 때문이다. 아니 좀 더 직접적으로 이야기하자면, 1992년 수교 이후에 직접 접하게 된 마오쩌둥 사회주의에서 자라난 여성들의 거침없고 질박한 태도를 보며, 그들은 분명 우리와는 다르다는 부러움 섞인 느낌을 갖곤 했었다. 그런 한편 개혁 개방 이후에 태어나 물질적 풍요를 맛본 '80년대 생' 여성들이 자신들의 어머니 세대를 시대에 적응 못하는 무능한 세대로 간주하고 마오쩌둥 시대를 '억압'으로 기억하는 것을 접하자, 포스트 사회주의시대에는 확실히 두 시대가 공존하고 있다는 생각을 하게 되었다. 거기에 각국의 사회학자들은 시장화 이후에 중국 사회에 남녀간의 성별 격차가 심화되고 있다는 통계수치를 쉬지 않고 발표하였다.

이에 사회주의적 근대화의 문제를 실패한 '가난'한 혁명으로만 돌릴 수 만은 없으며 근대화 정책에 따라 젠더 전략 또한 상대적이라는 점을 구체적으로 분석할 필요를 느꼈다. 이런 문제의식 하에 이 글은 사회주의 중국의 건국지점으로 돌아가 여성의 '해방'이 어떠한 것이었으며, 가정과 국가와의 관계에서 여성이 어떠한 자리를 부여받았고, 여성들이 이를 어떻게 활용하였는가를 살펴보고자 하는 목적으로 씌어졌다.

이 연구는 처음부터 동아시아라는 지평에서 중국 여성의 '다른' 경험에 주목하였기 때문에 한국과 일본의 여성학이 중국의 여성 담론과 교류하고 소통하는 국계를 벗어나는 지점에도 주의를 기울였으며, 분석의 초점은 '국가'가 어떠한 '젠더' 전략을 통해 '문화'를 통한 사회질서를 재편하는가 였다. 지난 몇 년간 이 관심사를 따라 탐색해 온 글의 모음인 이 책은, 역사적인 경험을 '성(gender)'이라는 관점에서 읽은 제1부와 문학작품을 통해 '성'을 읽은 제2부로 나뉘며, 부록에는 오늘날 중국의 여성담론 가운데 상이한 입장을 지닌 대표적인 두 논자의 글과 인터뷰를 실었다. 다루고 있는 대상 시기는 20세기 전체이지만 1949년부터 1980년 개혁개방의 시작 시기에 집중되어 있다.

제1부는 제1장 '냉전 시기'와 제2장 '탈냉전 시기'에 진행된 사회주의 중국의 근대화를 위한 제도개혁에 대해 살펴본다. 여성과 청년은 전통사회에서 가장 억압을 받은 집단이었기 때문에 새로운 사회변혁에 있어서 정책의 효과를 가장 잘 드러내 보일 수 있는 집단이자 협조자였다. 그러한 이유에서 여성을 대상으로 한 '혼인법' 실행과 청년을 대상으로 한 '입시제도 개혁'과정을 1부에서 분석하였다.

제1장의 1절 '1953년 혼인자유 캠페인의 안과 밖'은 토지개혁과 함께 여성들의 삶에 가장 큰 영향을 미쳤던 '혼인법'의 실행과정을 살펴보았다. 같은 시기에 타이완이나 한국에서 관행처럼 인정되던 첩의 존재, 그

리고 이중결혼·조혼·매매혼을 중국에서는 혼인법 실행을 계기로 하여 근절시킴으로써 1부1처제를 정착시켰다. 애정을 기초로 한 결혼만을 인정하는 혼인법의 실행 결과는 여성의 지위를 향상시키는 한편, 권력에 의한 남용이 혼재하는 양면적인 것이었으며 도시와 농촌에 따라 상이한 양상을 보였다. 본인의 의사에 따라 자유로운 '결혼'을 정착시키려던 애초의 의도가 현실 속에서 '이혼의 자유'를 허락하는 법으로 변화되는 맥락을 중점적으로 분석하였다.

제1장의 2절 「입시제도개혁과 '출신가정' 문제」는 1958년에 실행된 마오쩌둥의 대학입시 선발제도 개혁을 다루었다. 1949년 이전에 해외 유학이나 전통 교육을 받아 형성된 지식인집단을 노동자와 농민, 혁명가 집안의 자녀로 교체하려는 것이 법안의 목적이었다. 중국식 사회주의 건설을 위해 대약진 운동을 추진한 마오쩌둥은 운동의 일환으로 '성적'이 아닌 '출신가정'을 선발기준으로 한 대학 입시제도를 실시하였으며, 이로 인해 피해자가 된 우파 지식인 가정의 청년들이 보인 반응은 부모세대와의 절연이었다. 1958년부터 1966년을 대상으로 하여 청년들의 심리적 대응과 저항을 고찰하였으며 아울러 이들이 겪은 세대 간의 갈등에는 부모의 성별에 따라 달리 대응하는 젠더화된 경향이 농후했음을 지적하였다.

제2장 「탈냉전 시기—이접과 소통」에서는 개혁개방 시기에 중국 여성들의 젠더의식의 발생과정과 1980~90년대 한국·중국·일본의 여성담론의 주고받기를 통해 동아시아지역의 여성담론의 생산성을 살펴보았다.

제2장의 1절 「개혁개방 시기 중국 여성의 성별의식 형성」은 중국 여성이 '계급'이 아닌 '성차'의 문제를 중시하게 된 1980년대 여성학 담론의 출현을 살펴 본 글이다. 이 시기 최초로 여성의식의 각성을 주장했던 리샤오장[李小江]의 사유를 80년대와 90년대를 중심으로 살펴보되, 그녀가 제3세계 여성운동이 국가와 긴밀한 관계를 갖는다는 특성을 긍정함으로써 시장화 개혁과정에서 중국 여성이 우선적인 해고대상이 되는

'댓가론'을 용인하게 된 담론적 행로를 추적하였다. 이와 달리 사회주의 시기 여성해방을 포함하여 국가는 여성의 입장을 대변하지 않으며 젠더 관점의 우선성을 주장한 왕쩡[王政]의 견해를 분석하였으며, 이 두 논자의 입장을 대표하는 글을 부록에 실었다.

2절의 「1980~90년대 한·중·일 여성담론의 지향과 교차」는 1990년대 이후 군위안부 문제가 한국, 중국과 일본의 여성학자들에 의해 공동 이슈로 떠오르는 과정을 민족주의적 관점과 '성'문제 우선주의적 시각으로 나누어 차이를 드러내는 지점을 짚어 보았다. 1992년에 중국과 수교가 이루어지기 전, 한국의 여성담론과 중국 여성 사이의 교류에 대해서는 1980년대 한국의 여성노동운동이 중국의 사회주의 여성해방경험을 차용한 점을 중심으로 고찰하였으며, 비서구 '아시아'여성경험의 특수성에 대한 한·중 양국 간의 공감에 대해서는 1995년 세계 여성학대회 이후의 양국 여성학계의 교류를 중심으로 살펴보았다.

제2부 「국가와 젠더, 문화로 거슬러 읽기」는 중국 현대문학사 가운데 여성문제에 민감했던 작가의 대표작을 시대별로 선별하여 문화를 통한 역사읽기를 시도하였다. 역사적인 변화를 감안하여 문학사를 시기별로 나누면 1920년대의 5·4 신문학운동 시기·1930년대 항일전쟁기·1949년 사회주의 문학 시기·1978년 이후 개혁개방 시기로 나눌 수 있는데, 2부에서는 각 시기의 특징을 반영한 작품을 딩링[丁玲]과 장제[張潔]의 작품을 중심으로 읽었다.

제1장은 5·4신문학 시기에 씌어진 여성주의 작품을 대표하는 딩링의 「소피의 일기[莎菲女士的日記]」를 중심으로 '신여성'의 형상을 살펴보았다. 제2장은 기존 글쓰기로부터 변화를 보여 구국의 어머니를 형상화한 딩링의 장편소설 『어머니[母親]』의 서사기법을 고찰하였으며, 제3장은 문화대혁명 시기의 노동영웅 형상을 그린 딩링의 「두완샹[杜晚香]」의 인물성격을 분석하였다. 끝으로 제4장은 마오쩌둥이 사망한 이후 문화대

혁명에 대한 비판을 담은 '상처문학' 가운데 장제의 「사랑, 잊을 수 없는 것[愛, 是不能忘記的]」을 통해 문화대혁명을 전복하는 서사기법의 특징과 한계를 살펴보았다.

이러한 작품분석은 '신여성'으로부터 '구국의 어머니', '여성 노동영웅', '순결한 사랑의 실패자 어머니'로 이어지는 여성형상을 그려냄으로써, 조각조각 흩어져 있던 저간의 이미지들을 100년 중국 현대사와 여성의 관계로 응집시켜 하나의 흐름으로 이해하는 데 도움을 줄 것이다.

지금까지 국내에 소개된 중국 여성관련 연구는 역사서와 문학작품 번역이 주를 이룬다. 고대 신화와 유가윤리, 혹은 현대 중국의 걸출한 여성인물의 소개 위주인 이 분야에 이 책이 하나의 돌을 더 얹을 수 있다면, 제도와 일상영역을 아우르는 시각으로 미개척 분야인 1949년 이후 사회주의 시기와 포스트 사회주의 시기 중국 여성의 삶을 다루었다는 점일 것이다. 막힌 곳을 뚫는 심정으로 상하이의 정부문서보관소를 드나들 때 잡혀오던 '바닥'의 실감이, 20세기 중국 여성에 관심을 가진 독자들에게 '역사적' 시야와 함께 구체적 '실감'으로 전달되기를 소망해 본다.

처음 글을 쓸 때와 지금은 약간 달라진 환경에서 공부를 하게 되었다. 삶의 기로에 섰을 때, 격려와 함께 큰 그림을 그려주신 백원담 선생님께 깊이 감사드리며, 모교의 교수님, 그리고 성공회대학교 동아시아연구소의 동료연구자분들께 고마움을 전하고 싶다. 무엇보다도 부족한 글을 기꺼이 출판해주신 소명출판 박성모 사장님, 거친 글을 꼼꼼히 다듬어 주신 편집팀 그리고 이 책의 첫 번째 독자가 되어준 조교 이보미에게 감사드리며, 사랑하는 어머니와 묵묵히 자기 일에 충실하여 엄마가 마음 놓고 글을 쓸 수 있도록 배려해 준 딸 지원에게 고마운 마음을 전한다.

2009년 5월,

항동골 연구실에서 김미란

/ 차례 /

제1부 실험의 시대, 역사 속의 성과 세대

제2부 국가와 젠더, 문화로 거슬러 읽기

제1부
실험의 시대, 역사 속의 성과 세대

제1장_ 냉전 시기 ‒ 문화의 재구성
제2장_ 탈냉전 시기 ‒ 이접과 소통

제1장 냉전 시기

문화의 재구성

1. 중국 1953년 혼인자유 캠페인의 안과 밖[1)]

1) 논의의 출발점

2003년에 출간된 자료집 『여성 스스로 말하게 하라』[2)]는 자칫 시간의 흐름 속에 묻혀버릴 수 있었던 격동의 20세기 중국 여성의 삶을 생생하게 담고 있는 구술사이다. 1992년부터 10년간 1,000차례의 인터뷰를 거쳐 엮어진 내용 가운데 유독 눈길을 끄는 것은 1933년생 할머니의 다음과 같은 언급이다.

---

1) 이 논문은 『한국여성학』 제22권 3호(한국여성학회, 2006.11)에 실린 내용을 수정, 보완한 것임.

2) 李小江 編, 『讓女人自己說話』(獨立的歷程, 民族敍事, 親歷戰爭, 文化尋踪 총4권)(20世紀中國婦女口述史叢書), 三聯書店, 2003.

나는 국가의 간부이기 때문에 집안일은 내 일이 아니다.

나는 나랏일을 하는 사람이니 오로지 전심전력해서 업무에 충실해야 한다.[3]

국가의 권위를 빌어 여성에게 요구되는 성별 역할을 거부한 이 발언이 설사 당시의 모든 중국 여성에게 해당된 것은 아니었다 할지라도 사회주의 중국 여성이 대가를 치르고 획득했던 한 시대의 특징임은 부인할 수 없다. 이는 현대 중국 여성의 발전 모델이 국가가 성을 통한 권력의 재배치에 획기적인 효과를 거둔 경우였음을 말해 준다.

한편, 시장주의로 돌아선 현 시점에서 국가의 여성에 대한 기회의 평등과 보호가 여전히 유효한가라는 문제는 별도의 논의가 필요한데[4] 이에 대해 중국 여성학자들은 국가의 개입이 필요하다는 입장과[5]과 국가권력은 억압적이라고 보는 비판론[6]으로 나뉜다. 전자는 과거에 국가의 개입은 필요했었을 뿐만 아니라 시장화 이후 국가권력의 급격한 축소가 여성 지위하락의 결정적 요인이라고 보는 반면, 탈근대적 관점에 선 후자는 가부장적 속성을 지닌 정부가 발전계획에서 여성을 배제시킨다고 보아 국가권력에 대해 비판적이다.

국가 기능에 대한 상이한 견해는 근대화를 추진하는 국가권력의 성격에 대한 인식 차에서 비롯된다. 국가의 개입을 요구하는 사람들은 중국사회주의 여성해방이 생산력이 낙후한 제3세계 여성해방이라는 특수성을 강조하는데, 여성의 적은 남성이 아니라 '빈곤'이라는 인식은 그러한 인식에 기초한 역사해석에서 나온다.[7] 그러나 이런 관점을 개혁개방 이전은 물론

---

3) 위의 책, 『獨立的歷程』, 294면.

4) 성별 격차가 심해지고 있다는 분석이 주를 이루며 구체적 내용은 다음을 참고, "The sky is falling", *TIME*(Asia판), 2003.7.28.

5) 한자링[韓嘉玲], 「중국 여성발전상에서의 국가의 역할」, 『동아시아의 근대성과 성의 정치학』, 푸른사상, 2002, 79~96면.

6) 소홍군, 「제3세계 여성과 여성주의 정치」, 『서방여성주의 평가』(포효란 편), 삼련출판사, 1995; 위의 책, 같은 곳에서 재인용.

이후까지 적용시키고자 한다면 여성주의적 입장은 목하 국가 주도의 발전주의와 차별성을 갖기 어렵다. 그러므로 계급 미분화와 낮은 생산력, 봉건사상이 엄존했던 제3세계 중국혁명의 특수성에 대한 고려는 필요하다고 하겠으며, 여기서는 그러한 전제하에 사회주의 시기의 대표적인 여성 근대화 프로젝트였던 1950년대 '혼인자유 캠페인'을 국가와 여성이 관계 맺는 방식을 문화적 구성을 중심으로 고찰하고자 한다.

중국 사회주의 여성해방의 대표적 성과는 여성의 법적 평등과 노동의 대거 참여였고 법적 권리 가운데 가장 획기적인 것이 혼인자유법안이었다.[8] 법안은 1949년 건국 후 최초로 반포된 법령으로 일부일처제 실현을 목적으로 '혼인법 관철 특별 사무실'을 설치, 간부를 동원한 교육과 실적 보고 방식으로 실행되었다.

社論
堅決貫徹婚姻法，保障婦女權利！

1953년『인민일보』에 실린「혼인법을 관철하여 여성의 권익을 보장한다」는 내용의 사설

건국 무렵, 중국의 근대화 건설의 주체는 주로 농민이

---

7) 李小江,「改革與中國女性群體意識的覺醒」,『社會科學戰線』제4기, 1988.

8) 한쟈링은 신중국 성립 이후의 공동강령(joint common program)에서 "중화인민공화국은 여성에 대한 봉건제도를 폐지하고, 여성은 정치적 경제적 문화·교육적 사회생활의 각 방면에서 남자와 평등한 권리를 향유할 수 있으며 남녀결혼 자유가 실행된다"고 명확히 규정하고 있다고 밝힌 뒤, 대표적 법령으로 혼인법, 재산계승법, 토지법, 노동보호조례 등을 들었다.

토지분배 증서를 받고 기뻐하는 농민들, 옌안 시기의 판화

었다.[9] 당시 인구의 70%를 차지한 빈농들의 요구는 토지였고, 그들 중 결혼하지 못한 가난한 남성들은 여성을 요구했다. 따라서 일부일처제 실시는 국가와 남성의 입장에서 보면 부자들로부터 그들이 지닌 토지와 함께 그들 소유의 여성을 빈농에게 균분한다는 평등주의적 성격을 띤 것이었으며 여성의 입장에서는 자신이 원치 않는 매매혼과 조혼을 파기하거나 새로운 대상을 선택할 수 있는 법적 근거가 되었다.

자유주의 페미니즘이 배태되었던 서구의 경우, 일부일처제는 정치혁

9) 중국 혁명의 기원과 유산은 농촌에 기반하고 있었기 때문에 도시 경제가 회복되어 프롤레타리아 기반확충에 노력을 기울인 1953년 시점에도 600만 공산당 당원 가운데 노동자 혹은 노동자 출신은 10%에도 못 미쳤다. 이런 '농민당'적인 특성은 당시 공산당의 정치적 기반의 성격을 결정적으로 규정하였다. 모리스 마이스너, 김수영 역, 『마오의 중국과 그 이후』 I, 이산, 2004, 138~139면.

이혼 소송을 하러 온 여성, 옌안 시기의 판화

명이 아닌 다른 경로를 통해 정착되었다. 10세기 이래 교회의 영향으로 일부일처제론이 확산되고 매춘에 대한 비판이 심하여 형식상의 일부일처제가 확산되고, 산업화 이후 부르주아 핵가족이 보편화되었기 때문에[10] 중국처럼 캠페인을 제기할 필요성이나 가능성이 없었다. 그러나 한국·타이완·중국을 비롯한 아시아의 반(半)식민국가에는 20세기 중반에 축첩제와 매매혼이 온존하여 각기 나름의 해결 방식을 취했는데, 그 중 중국은 강력한 국가의 개입 하에 '혼인자유'법 캠페인을 통해 그것을 관철시켰다. 그러나 실행방식과 결과에는 근대적 개인주체의 권리를 용인할 수 없었던 농업사회의 봉건적 남성중심성이 짙게 반영되어 여성의 삶은 집체와의 관계 하에 조정과 제약을 받았다. 무엇보다도 중국의 낮은

10) 앵거스 맥래런, 정기도 역, 『피임의 역사』, 책세상, 1998, 180~181면.

생산력과 계급 미분화는 모리스 마이스너로 하여금 중국 사회주의 혁명이 마오쩌둥 식의 '이상주의'로 나아갈 수밖에 없다고 판단케 한 근본적 제약 요소라 할 수 있는데, 그는 사회주의 여성해방 정책이 그 제약에서 자유롭지 못했다고 본다. 1956년경 혼인법 실행이 급격히 퇴보하자 그는 "여성에 대한 봉건적 구습이 많은 당원들 사이에서 조차 여전히 남아 있으며 중화 전국여성연합회조차 이렇게 계속되는 여성억압에 대해 거의 관심을 보이지 않았다"고 주체미숙과 봉건 인습문제를 지적했다.[11]

신중국의 여성해방정책은 평등주의적 국가주의와 시장주의라는 이분법적 시각에 의거해 판단하기보다는 과제의 연속성과 역사적 요구라는 측면에서 접근할 필요가 있다. 비록 일시적이나마 여성들에게 획기적으로 '이혼할 수 있는 자유'를 보장했던 이 정책은 국가가 여성에게 베푼 '은혜[恩賜]'[12]라 일컬어지는 건국 초 여성정책의 핵심이었지만, 궁극적으로는 여성을 사상적으로 프롤레타리아화하고 생산력을 향상시키는 데 목적이 있었다. 그러했기 때문에 대외적으로 전쟁을 수행하던 시기(1950~1953)와 1956년 경제 성장이 궤도에 올랐을 때 여성에게 요구된 내용은 달랐고, 지역에 따라 전개양상이 달랐다. 이에 논문은 1953년 캠페인 고조시점을 1956년과 비교하는 방식으로 도시와 농촌으로 나누어 혼인법 실시가 "남편을 따른다[從夫]"는 봉건관념의 해체에 어느 정도 유효하였는가, 그리고 당은 도시의 가정주부, 독신, 청년들을 어떻게 대상화하여 연애와 결혼, 노동에 대한 새로운 인식을 촉구했는가를 분석하고자 한다. 이를 위해 정부문서와 일간지, 잡지 및 작품을 분석 자료로 삼았다.[13]

11) 모리스 마이스너, 김수영 역, 『마오의 중국과 그 이후』 I, 이산, 2004, 253면.
12) 李小江, 「婦女研究在中國」, 『婦女與社會性別研究在中國 1987~2003』(杜芳琴·王向賢 編), 天津人民出版社, 2003, 6면.
13) 분석 자료 중 일간지로는 『인민일보(人民日報)』(1949, 창간~), 『해방일보(解放日報)』(1949.10, 창간~)(항일 근거지에서 발행되던 『해방일보』를 상하이에서 복간), 정부 문서는 상하이 정부문서자료관[檔案館] 소장 판결문 및 통계자료, 잡지는 전국성 잡지인 상하이 민주부녀연합회 편, 『신중국부녀(新中國婦女)』(1949.7~1956), 『중국부녀(中國婦女)』

2) 혼인법의 정신-조건 없는 이혼의 권리 보장

혼인법은 부모가 결혼상대를 결정하거나 매매혼·조혼이 80% 정도를 차지했던 당시, 헌법과 독립된 비중 있는 단독 법안으로 1950년 5월에 반포되었다. 법 실행을 계기로 자기의사에 의한 등기 결혼(조건에 부합할 경우 승인받은 결혼)이 97.6%를 차지하는 놀라운 성과를 보였는데, 구체적으로 전국의 각급 인민법원이 1953년부터 1954년 상반기까지 처리한 새 혼인법에 의한 결혼 및 이혼사안이 100만건 가량 되었다.14)

계급적 적대관계를 투쟁 방식으로 해결했던 토지개혁과 달리 혼인법은 지지세력의 분열을 야기할 수 있는 내부모순이었기 때문에 해결 방식이 달랐다. 집안일이라고 간주되어 온 혼사에 대해 정부는 특정인을 지목하여 내세우는 인민재판을 벌이지 않고 간부를 동원한 선전 방식을 취했는데, 법 실행 과정은 예견했던 대로 순탄하지 않아 공산당과 젊은 여성을 한편으로 하고 보수적 간부와 남편 및 그 부모를 다른 한 편으로 한 대립 형국이 만들어졌다.

혼인법이 목적으로 한 구식결혼의 폐지와 일부일처제 가정은 이미 1930년대부터 국민당과 공산당에 의해 각각의 근대기획에 따라 추진되어 온 내용이다.15) 신중국 건립 후 공산당은 한국전이 종전으로 마무리 되어 갈 무렵인 1953년 3월, 사회주의적 개조의 일환으로 전국적인 혼인법 실시 캠페인을 벌였는데, 혼인법은 신중국의 헌법(1954)보다도 4년 앞서 제

(1956~1966), 베이징 민주부녀연합회 편, 『현대부녀(現代婦女)』(1949.11~1953), 『북경부녀(北京婦女)』(1949~1953) 및 혼인을 다룬 대표적 작품인 『샤오얼헤이 결혼[少二黑結婚]』(1964), 『이상한 이혼[奇異的離婚故事]』(1956), 『리솽솽[李雙雙]』(1962) 등이다.

14) 김지수, 『中國의 婚姻法과 繼承法』, 전남대 출판부, 2003, 82~83면.

15) 근대적 가족법은 국민당·공산당에 의해 각각 시도되었으며 공산당은 1931년 「중화소비에트공화국 혼인조례[中華蘇維埃共和國婚姻條例]」, 1934년 「중화소비에트공화국 혼인법」을, 국민당은 현재 중화민국 민법의 원류인 근대 민법전으로서 「친속편(親屬篇)」을 1931년에 시행하였다.

정, 반포되었다. 신중국이 수립된 1949년 무렵 중국의 토지개혁은 전 국토의 1/5지역에서만 성공한 상태였기 때문에 공산당은 나머지 지역에 대해 양대 혁명 사업으로서 토지개혁과 혼인자유를 실행해야 할 과제를 안고 있었다. 혁명 근거지였던 북부 농촌을 제외한 중·남부 도시와 농촌에는 공산당에 대한 대중들의 의혹과 두려움이 상당히 존재했는데 이런 상황에서 혼인법 실시는 인민, 특히 여성들에게 신사회가 구사회와 어떻게 다른가를 일상 속에서 납득시킬 수 있는 유용한 기제였다. 캠페인이 기초로 하고 있는 1950년 혼인법의 원칙과 결혼 조항은 다음과 같다.

> 제1장 원칙
>
> 제1조 강제결혼·남존여비·자녀의 권익을 무시하는 봉건주의 결혼제도를 폐지하고 남녀의 혼인자유·일부일처·남녀의 권리평등·부녀와 자녀의 합법적인 이익을 보호하는 신민주주의 혼인제도를 실행한다.
>
> 제2조 이중결혼·첩 들이는 것을 금하고 민며느리[童養媳]를 금하며 과부의 혼인자유에 간섭하는 것을 금하며 혼인문제를 빙자하여 재물을 취하는 것을 금지한다.
>
> 제2장 결혼
>
> 제3조 결혼은 반드시 남녀 쌍방 당사자의 전적인 자원(自願)에 의해야 하며 일방이나 상대방이 강제하거나 제3자가 간섭하는 것을 불허한다.16)

제1조는 혼인을 집안 간의 일이 아닌 개인의 선택으로 규정함으로써 본인이 원치 않았던 기존 봉건혼인을 해지할 수 있는 법적 근거가 되었다. 제2조는 결혼은 애정을 조건으로 하며 금전적인 거래가 되어서는 안 된다는 사회주의적 혼인관을 밝힌 것이며, 제3조는 미성년 결혼 시 친

16) 上海民主婦女聯合會 編, 「中華人民共和國婚姻法」, 『現代婦女』 제7기, 1950.

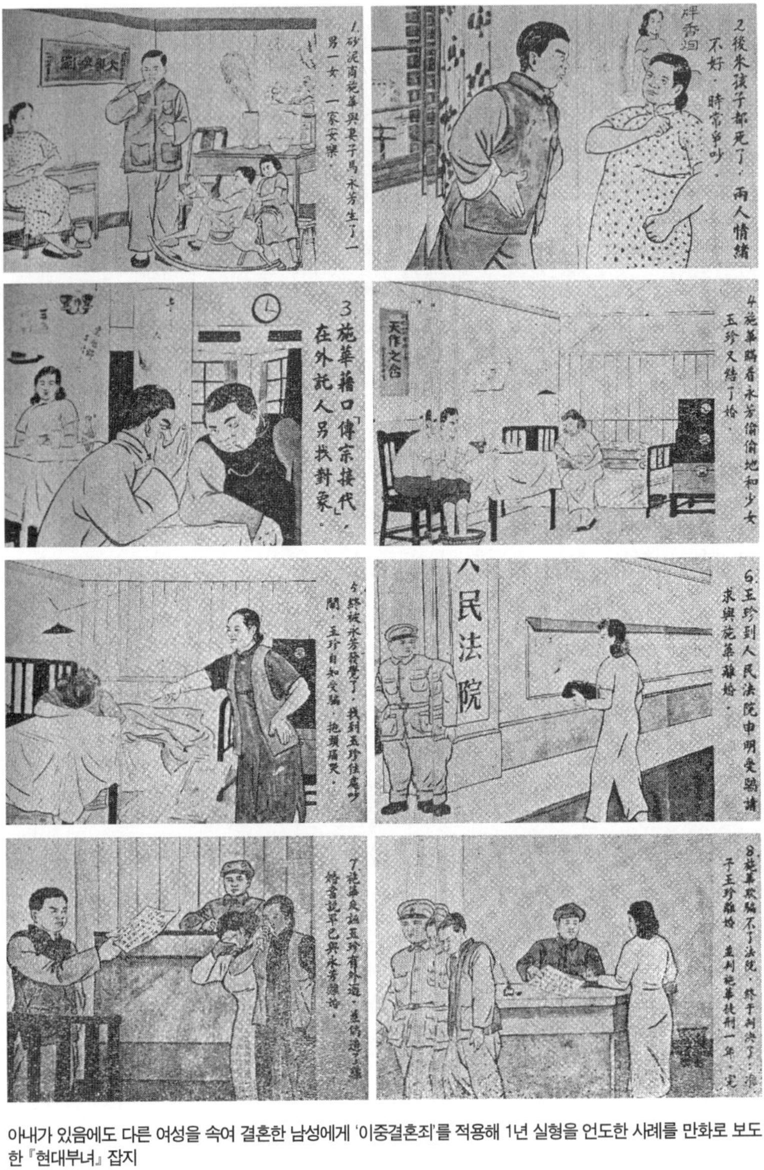

아내가 있음에도 다른 여성을 속여 결혼한 남성에게 '이중결혼죄'를 적용해 1년 실형을 언도한 사례를 만화로 보도한 『현대부녀』 잡지

과부가 된 여성에게 수절을 요구하던 구시대와 재혼을 허용하는 신중국의 상황을 대비하여 묘사한 『현대부녀』 잡지의 그림

권을 인정하는 타이완·한국과 구별되는 내용으로, 부모의 법적 후견권를 부정함으로써 당사자 결정권(婚姻自主-혼인자유)을 명시하였다. 이 혼인법을 만들기 위해 류사오치[劉少奇]는 1948년 겨울, 덩잉차오[鄧穎超]를 책임자로 한 혼인법 초안 작성팀을 구성하도록 했다.[17] 덩잉차오는 17개월간의 농촌 현지 조사를 통해 당시 농촌 젊은이들, 특히 조혼·매매혼으로 결혼한 여성들이 겪는 고통을 목도하고 '이혼자유' 조항을 포함시킨 혼인법 초안을 만들었다.

혼인법 내용 가운데 "한 쪽이 이혼을 완강하게 요구할 경우 이혼할 수 있다[一方堅持離婚可以離婚]"는 조항은 초안 작성 당시 최대 쟁점이 되었던 내용이다. 이 문구는 덩잉차오와 다른 한 사람을 제외한 모든 입법위원들이 조항 속에 포함시키는 것을 반대했는데 훗날 반대자들이 우려했던 대로 간부에게 버림받는 수많은 조강지처를 낳도록 한 빌미가 되기도 했다. 그러나 덩잉차오는 주장을 굽히지 않고 이 조항의 필요성을 다음과 같이 설명했다.

17) 帥孟奇, 康克清, 楊之華, 李培之, 羅琼, 王汝琪 등이 초안 작성 인원이었다.

중년이 된 과부의 재혼을 장려하는 코믹 영화 〈금상첨화〉

과거에는 이혼을 하려 해도 이혼을 할 수가 없어 숱한 비극이 발생했고 요즈음의 각 지역 · 각 급 정부 법원에 밀려있는 혼인 안건들과 비참한 사태 발생원인도 대부분 한 쪽이 이혼을 필사적으로 요구하는데도 이혼할 수 없었던데 있다.(…중략…) 의도적으로 아내를 버리는 남자 간부들은 극소수이며 수억 중국인 가운데 극히 적은 숫자를 차지하기 때문에 우리는 소수의 남자간부들이 조강지처를 버리고 새 마누라 얻는 것을 막기 위해 원칙을 저버릴 수는 없다. 수많은 여성들의 이익을 소홀히 여겨 그들의 진정한 혼인 자유의 길을 막을 수는 없다.[18]

18) 莫細細, 「鄧穎超與新中國第一部『婚姻法』」, 『廣西黨史』 1기, 2003, 19면.

덩은 지금까지 여자에게 요구된 "일부종사[從一而終]"가 이혼을 근본적으로 불가능하게 했기 때문에 "조건 없는 이혼[無條件離婚]"이 필요하다고 주장했다. 신중국의 혼인법에 관한 내용가운데 독특한 제도인 혼전 검진의 경우, 성병·나병·불치병 환자 등의 결혼을 금지하거나 치료가 끝난 뒤에 결혼하도록 한다. 그러나 이러한 우생학적인 요구를 포함하면서도, 덩잉차오는 이혼 시에는 조건 없이 한 측이 원하면 이혼할 수 있도록 해야 한다고 주장하였다. 강연과 보고서를 통해 사람들을 설득한 덩잉차오는 결국 "남녀 중 한 쪽이 완강히 이혼을 요구할 경우, 구(區) 인민정부와 사법기관의 조정이 효과가 없을 경우 이혼을 허락한다[男女一方堅決要求離婚的, 經區人民政府和司法機關調解無效, 准予離婚的條款]"[19]는 조항이 삽입된 혼인법을 비준 받았다. 이혼할 수 없는 고통이 자유결혼보다 더 큰 걸림돌이라는 덩잉차오의 주장이 입법화된 것이다.

1950년 중국의 혼인법은 실행과정에서 '조정[調解]'을 거쳐야 한다고 명문화한 점이 특징이다. 전후 남한과 타이완을 비롯한 후발 근대화 국가가 일부일처제 정착을 위해 개인의 발의에 따른 법 판결에 따라 문제를 해결했던 것과 달리, 신중국은 기본적으로 법에 의거하되 간부들이 혼인상태에 직접 간여토록 하는 반(半)인치적 수단을 채택했는데 그 행위가 '조정'이다. 법이 실행됨에 따라 혼인 당사자의 의사에 의하지 않은 결혼, 식만 치르고 혼인신고를 하지 않은 결혼은 '위법'이라 규정되었으며,[20] 각 사안에 대해 조정자는 결혼을 해지할 사유가 타당한가 여부를 판단하고, 저항하는 가족 성원들에게 조직적 설득과 강한 회유를 했다는 점에서 위 국가들의 방식과 구별된다. 결혼과 이혼에 있어서 간부의 간여를 가능케 한 것은 "구인민정부와 사법기관의 조정을 거쳐[經

19) 위의 글.

20) 중국 정부는 1952년부터 결혼연령 및 적법 여부를 가려내기 위해 혼인 등기(登記)제도를 실시하여 그것을 합법혼으로 규정하였다. 그러나 혼인예식을 치러 부부관계로 인정받는 전통결혼이 여전히 널리 행해졌다.

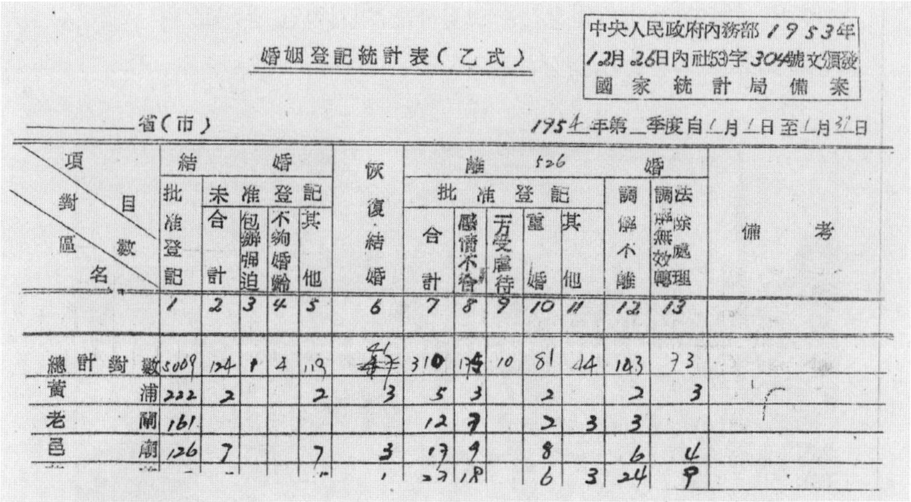

婚姻登記統計表(乙式)

中央人民政府內務部 1953年 12月 26日內社53字 304號文頒發 國家統計局備案

______省(市)　　195 4 年第_季度自 1 月 1 日至 1 月 31 日

項目 / 對數 / 區名	結婚 批准登記	結婚 未准登記 合計	包辦强迫	不夠婚齡	其他	恢復結婚	離婚 526 批准登記 合計	感情不合	一方受虐待	重婚	其他	調解不離	調解無效法院處理	備考
	1	2	3	4	5	6	7	8	9	10	11	12	13	
總計對數	5009	124	1	4	119	41	310	175	10	81	44	143	73	
黃浦	222	2			2	3	5	3		2		2	3	
老閘	161						12	7		2	3	3		
邑廟	126	7			7	3	17	9		8		6	4	
[illegible]	[illegible]	[illegible]			[illegible]	1	27	18		6	3	24	9	

「혼인등기통계표(婚姻登記統計表)(乙式)」, 上海檔案館(상하이시 정부문서보관기관). 1954년 1월 1일부터 1월 31일 자료에 따르면, 재판 이혼의 경우 조정을 통해 철회한 것은 143건, 조정이 효과가 없어 이혼 판결을 내린 것은 73건이다. 1개월간의 총 결혼 건수는 5,009건, 이혼 건수는 526건이었다.

區人民政府和司法機關調解]"라는 혼인법의 문구이다. 조정행위는 도시에 한해서만 본다 해도 재판을 요구한 이혼안건의 반 이상을 철회하도록 한 유력한 것이었는데, 혼인이라는 것이 사적인 내용인 만큼 조정자의 성향과 정책의 향배에 따라 조정은 신축적으로 활용될 여지가 많았다.

실제로 캠페인이 한창이던 1953년 전후에는 혼인법이 대대적으로 구식 혼인의 폐해를 설명하는 데 쓰여 '혼인법은 이혼법'이란 말이 회자될 정도로 적극적으로 추진되었다. 그러나 경제개발 1차년도 계획이 순조로이 진행되어 사회가 안정에 접어든 1956년경에는 여성의 미덕을 강조한 "다섯 가지 훌륭한 가정[五好家庭]"[21]이 당의 슬로건으로 정해졌고

21) 1953년부터 실시된 국가건설 제1차 5개년 개획에서 남성들에게는 돌진하라는 명령이 떨어졌고 여성들에게는 다섯 가지 잘하기 캠페인을 벌였다. ①인근 가족들을 서로 도와 부조하고, ②집안일을 잘하고, ③자녀교육을 잘 시키고, ④가족들의 생산, 연구 작업을 장려하고, ⑤자기들의 학습을 스스로 잘해야 한다. 「五好(快板)」, 『中國婦女』 제1기, 1956.

이혼은 여성이 자신의 입장만을 고집하는 '이기적인 행위'로 비난의 대상이 되었고 이혼율은 급감하였다.[22)]

이혼 안건을 '조정'하는 간부와 동네사람들의 모습(판화)

3) 혼인법의 명암

(1) 농촌-'마누라가 이혼하고 자식이 흩어지는 이혼법'

혼인은 남녀의 결합에 의해 사회의 기본 단위인 가정을 이루는 문제이므로 여성뿐만 아니라 남성과도 관련된 문제이다. 부모에 의한 강제 결혼을 반대하고 자유연애 결혼을 하는 것은 20세기 초반, 신문화운동을 제창하던 젊은 지식인들에게 있어서 인생의 진로와 직결된 문제였

22) 「克服家庭生活中的利己主義思想－對"我們夫婦關係爲什麽破裂"討論」, 『中國婦女』 제6기, 中國婦女社, 1956.

다. 천두슈[陳獨秀], 마오쩌둥, 루쉰[魯迅] 등 신문화운동의 선두에 섰던 남성지식인들은 집안에서 정해준 문맹의 구식아내와 '이혼하지 않은 상태'에서 신여성과 결혼하였으며, 양즈화[楊之華]나 샹징위[向警予]와 같은 여성은 매체를 통해 이혼 선언을 했다.[23] 5・4 시기에 스스로 배우자를 선택한다는 것은 부모의 명을 거역하거나 사회적 이목을 끄는 힘겨운 선택이었지만 당시 지식인들은 이런 흐름에 동참했고, 정치적 동반자를 꿈꾸었던 샹징위의 파혼선언처럼 제1세대 여성 페미니스트들은 자유결혼을 통해 적대적인 사회에서 새로운 성역할을 기대했다.

그러나 통일과 독립이 달성된 1949년 이후『인민일보』의 혼인자유 관련 기사를 보면 5・4 시기의 남녀 지식인들이 지녔던 반 전통의 공동 전선만으로 설명되지 않는 변화가 눈에 뜨인다. 1953년 2월 1일『인민일보』의 "대대적으로 혼인법관철 군중운동을 벌이자"는 사설은 지지부진한 혼인법을 전국적으로 실행하기 위한 캠페인의 신호탄이었다. 사설은 혼인법에 대한 이해가 부족하여 항간에 "여성의 이혼을 받아들이는 것이 남자 측의 손해"이며, 이혼을 허락해 주면 사람 잃고 돈을 손해 볼 뿐만 아니라 혼인법 때문에 천하대란이 일어나 마누라가 이혼하고 자식이 흩어진다는 인식이 팽배해 있다고 지적한다.[24] 이런 위기의식은 5・4 시기에 교육받은 청년에 한정되었던 신식 결혼의 자유가 건국 후에 모

23) 양즈화는 신문에 이혼광고를 하고 취츄바이[瞿秋白]와의 결혼을 공표하였으며 샹징위는 차이허선[蔡和森]과 자본론을 읽는 사진을 찍어 "정치적 동반자(political alliance)"라는 글귀를 새긴 뒤 약혼자인 후난[湖南]성 육군장교에게 보내 파혼을 선언했다. Christina Gilmartin, "Gender in the Formation of a Communist Body Politic", *Modern China*, 1993.7, Sage publications Inc., 312면. 길마틴은 당시 코뮤니스트 지식인들의 이러한 행동 방식을 당 조직차원보다는 '하위문화(sub culture)' 즉 패션이라 하였고, 그 원인이 제국주의 침략에 저항하는 민족주의에 있다고 보았다.

24) 「大力準備展開貫徹婚姻法的群衆運動」과 「婚姻法執行情況極不平衡」,『人民日報』, 1953.2.1, 사설과 제1면 기사.

양즈화는 여성 공산주의 활동가로 살았다. 사진은 남편 취츄바이, 딸과 함께 1929년 소련에서 찍은 가족사진이다.

든 연령, 도·농 전 지역으로 확대됨으로써 봉건적인 종법관념을 정면으로 위협했음을 반증하는데, 전선은 '잃을 것이 있는 남자'들과 '억압받고 있는 여성'사이에 형성되었다.

이혼에 대한 성별에 따른 견해차는 5·4 시기에도 존재했다. 5·4 당시에는 이혼 요구자의 90%가 남성이었고 기혼 여성은 사회·경제적 기반이 없어 남편의 외도와 멸시를 감내하며 결혼관계를 유지할 수밖에 없었는데, 그런 이유로 1921년 『부녀평론』은 창간 선언에 "이혼은 자유결혼과 마찬가지로 중요하다"라고 여성보호차원에서 이혼을 주장했다. 그러나 맑시스트 장원톈[張聞天]은 「이혼문제」(1920)를 써서 세계적 추세인 페미니즘을 극단적 개인주의라고 비판하며 이혼은 전통의 해악보다 더 심각하다고 비난했다.[25] 신중국 건립 후에도 여성의 무조건적 이혼 권리에 대한 시각은 사상경향과 무관하게 거친 반대에 부딪혔는데 이런 인식을 전환시키고자 『인민일보』는 목숨을 잃는 비참한 여성의 현실을 대대적으로 보도했다.

> 섬서성 장안현 인민법원은 아내를 폭행하고 칼로 찔러 죽인 사건의 범인에게 단지 8개월 형을 선고하였다. 현(縣) 부녀연합회가 이의를 제기하자 현 인민법원은 도리어 "일사부재리"를 이유로 상대를 하지 않았다. 감숙성의 왕씨가 시어머니와 남편의 학대를 못 이겨 물에 빠져 자살을 하자 누군가 현에 고발하였으나 현 인민법원은 "여자 측 집안에서 고발을 하지 않았다"고 하며 접수해 주지 않았다. (…중략…) 1951년 하북성 창현 10개 촌의 통계를 보면 1951년 1월부터 10월까지 결혼한 60쌍 중 부모에 의한 강제결혼이 51쌍 (…중략…) 산서성 하진현 등 네 개 촌에서는 1952년 이래로 부녀를 학살하는 야만적 행위가 계속 증가하며 (…중략…) 산동성 문등전구에서는 1950년부터 1952년까지 도합 1,241명이 죽었고, 매월 평균 19명이 목숨을 잃었다.[26]

이처럼 전국적으로 이혼을 요구한 여성을 살해하거나 상해하는 사건과 젊은 연인이 부모의 뜻에 저항하다 자살하는 사건이 많이 발생하였는데, 젊은 여성의 피해가 특히 심했다. 상하이의 민주부녀연합 기관지 『현대부녀』에 따르면 구 해방구(1949년 이전 공산당의 점령지역)인 황하 이북지역의 민사사건 가운데 64%가 혼인관련 사안이었고 그 중 산서지역은 97%이상이 혼인안건일 정도로 혼인안은 농촌의 최대 현안이었다.[27] 문

---

25) 장원톈[張聞天], "최근 50년 사이에 개인주의 정신의 확산이 여성계에 몹시 심각하다 (…중략…) 오늘날 상황에 비추어 볼 때 (…중략…) 미국의 여성해방의 이런 자아발현과 이기적인 행운은 사회의 행복과 함께 할 수 없으며 오히려 과거보다 퇴보하는 것이고 가정의 안온은 더욱 말할 것도 없다 王緋, 「離婚與獨身－中國現代婦女思想回眸」, 『女性文化』 5, 中國文聯出版社, 2004에서 재인용.

26) 「婚姻法執行情況極不平衡」, 『人民日報』, 1953.2.1.

27) 芷茵, 「我對婚姻問題的看法」, 『現代婦女』 5기, 1951.

제의 복잡함은 덩잉차오가 지적한 것과 같이 자유의사에 의한 결혼보다 이혼 안건 처리에 있었다.

섬서성 소남 단도현 구품향의 여성 성홍치(盛紅奇)는 남편과 줄곧 사이가 좋지 않아 1951년에 이혼을 요구하였고 남편도 동의하였으나 도리어 촌간부가 막고 방해하여 자꾸 미루며 끌고 처리를 해주지 않았다. 훗날 성홍치는 같은 마을의 빈농 독신남 우즈화[巫之華]와 연애를 하였는데 촌간부는 오히려 세 차례 대회를 열어 그녀를 "비판(鬪爭)"함으로써 그녀가 자살을 시도하도록 몰아갔고, 결국엔 옷을 벗겨 대들보에 매단 채 때려서 죽였다.[28]

이혼처리가 되지 않아 여성이 간통혐의로 치죄되는 사건이 끊이질 않자 『인민일보』는 이러한 사태에 맞대응을 취한 안휘성 혼인법 선전실을 바람직한 사례로 소개했다. 선전실은 전시관을 만들어 남편이 부인을 살해하는 데 썼던 도리깨와 깨진 여인의 두개골, 피묻은 옷을 전시함과 동시에 마을에서 이혼한 뒤 재혼에 성공한 여성의 예를 기사화하였다.[29] 혼인법이 민심의 격한 저항에 부딪히고 있음이 드러나는 위의 인용 가운데 주의할 대목은 혼인법의 걸림돌이 결혼 당사자가 아닌 간부라고 명시한 점이다. 농촌지역의 간부는 왜 노골적인 비판의 대상이 되었는가? 『인민일보』는 촌간부의 문제점을 다음과 같이 지적한다.

낡은 사상을 가진 간부는 아녀자에게 이혼을 허락하는 것이 남자 측의 손실이라고 생각한다. 거기에다가 만약 여자 측에 재산 혹은 생활비를 주도록 판결한다면 '사람 잃고 돈 잃는다[人財兩空]'라고 잘못 생각한다. 그래서 어느 편이 제기했든 간에 판결을 내리지 않으려고 하며 내린다 해도 진지하게 내리지 않는다.[30]

28) 위의 글.
29) 『人民日報』, 1953.2.4.

혼인법은 여성에게 이혼의 권리만이 아니라 비록 법조항 차원이기는 했으나 생존을 보장하는 여성의 재산권을 인정하였다는 점에서 이전과 구별된다. 전통사회에서 아내를 쫒아낼[休妻] 권리를 가졌던 시어머니와 남편의 입장에서 보면 새 법에 근거해 이혼을 요구하는 여자에게 재산 분할까지 해준다는 것은 충분히 손실로 받아들여졌을 법하다. 그러나 이들의 저항을 설득하고 조정해야 할 간부가 이혼을 가로 막는 직접적인 이유는 어디에 있었는가?

그것을 이해하기 위해서는 도시와 농촌이라는 상이한 공간에 대한 이해가 필요하다. 도시는 직장을 매개로 국가와 개인이 관계를 맺고 있기 때문에 간부는 관리자에 지나지 않는다. 그러나 농촌의 지역간부는 농사짓는 촌민이자 당의 최말단 조직인 생산대나 촌민위원회의 대표로서 국가와 민간을 매개하는 실세이다. 농민과 공무원이라는 이중 신분의 이들은 직접적으로 농촌사회에 영향을 미치는 재판과 조정권을 갖고 있었고 동시에 농사와 관련된 관개, 농기구 이용 등 이익과 직결된 일을 의논하고 결정한다. 우노 시케야끼[宇野重昭]는 이들 촌간부가 "일처리를 할 수 있는 지위는 주로 명예에 의해 유지되며" 그것은 "촌민들의 합의 위에 성립된다"는 점을 지적한다.[31] 즉 촌간부는 같은 성씨로 연결된 남성가장 연계망의 정점에 위치한 실질적 권력자인 것이다. 따라서 이들은 발언권이 미약한 여성이 아닌 남성가장의 입장을 대변해야 할 필요가 있었다 하겠으며 한걸음 나아가 마저리 울프는 이혼을 제기한다는 것이 여성들에게 얼마나 힘겨운 일이었는가를 다음과 같이 말한다.

30) 1953년 2월 1일 당시에 유행하던 말로 '혁명을 하다하다 마누라까지 잘라 버리네[革命革割革絶, 老婆都革掉了]'가 있었다. 혁명이 여성의 신체를 혁명 공로자에게 재분배하였다는 관점에서 공산당의 혼인전략을 분석한 논문으로 朱曉東의 「通過婚姻的治理1930~1950, 共産黨的婚姻和婦女解放法令中的策略與身體」이 있다.

31) 宇野重昭 編, 『静かな社會變動』, 岩派書店, 1989, 9~10면.

라디오방송을 듣거나 순회중인 혼인법 공시회에 참석했던 여자들은 그들도 이혼신청을 할 수 있으며 잔인한 남편으로부터 벗어날 수 있다는 것을 발견하였으나 그들이 그 문제에 대해 맨 처음 문의해야 하는 관리들이 지역간부이며, 흔히 자기 남편의 몇 대 건너의 친척이거나 친구라는 것을 깨닫게 되었다. 그런데 이러한 장애물을 극복하기 위한 메커니즘은 그 곳에 시집온 날 이래로 자기 남편의 마을을 떠나 보지도 않았고 제대로 읽고 쓸 수도 없으며 세상 경험도 없는 여성들에게는 너무도 복잡한 것이었다.[32]

여성이 농촌지역에서 이러한 상황에 처해 있었기 때문에 설사 이혼을 제기한다 해도 간부들은 이혼판결을 내린다는 것 자체를 종씨로 연결된 남성 사회의 경제적 손실이자 권위를 뒤흔드는 도전으로 여겼다. 그러했기 때문에 이혼판결을 내린 경우라 해도 안건의 60~70%가 위자료 판결을 내리지 않았다.[33] 중국 혼인 가족제도 전문가인 닐 디아망(Neil J. Diamant)은 공산당의 영향력이 도시에 한정되었을 뿐 시골에서의 이혼은 극히 이례적인 일이었다고 하면서, "신중국의 이혼율이 제국주의 시기보다 낮았다"고 기술한다.[34] 덩잉차오가 주장한 무조건적 이혼의 권리는 입법화에는 성공했으나 농촌 종법사회의 두터운 벽을 뚫지는 못했다.

---

32) 마저리 울프, 문옥표 역, 『지연된 혁명』, 한울, 1988, 185면.

33) 당시 산서성 고평현 법원의 판례를 보면, 판결을 내린 170건의 이혼 사안 중 135건이 여자 측에 재산을 주지 않는 것으로 판결하였고, 천진시의 1951년 자료에 의하면, 95건의 이혼 사안 가운데 여자측이 제기한 것이 72건, 그 중 54건이 여성측에 재산 판결을 해주지 않았다. 여성들이 정당한 재산권을 무시당한 결과는 몹시 참혹해서 이혼 후 자살하는 사례가 적지 않았다. 그럼에도 불구하고 여성의 이혼 요구는 줄지 않아 광뚱성의 1952년 6월분 조사에 의하면 혼인 안건 11,259건 중 여성이 혼인 문제 혹은 기타 원인으로 피살된 인명사건이 235건, 이혼 사안이 9,300건이었다. 『人民日報』, 1953.2.1, 제1면.

34) Neil J. Diamant, *Revolutionizing the Family-Politics, Love, and Divorce in Urban and Rural China 1949~1968*, California U. press, 2000, p.4.

(2) 도시 – 이혼당하는 '조강지처'

도시에서 혼인법 실시가 미친 효과와 양상은 농촌과 달랐다. 도시 여성들의 반응이 드러나 있는 상하이 여성지의 투고 글인 "혼인문제에 대한 나의 견해"를 보면 도시에서 혼인자유는 별로 새로울 것이 없는 법안이었음을 알 수 있다.[35] 즈인[芷茵]은 신해방구(1949년 이후 공산당의 점령지역), 특히 상하이와 같은 대도시는 과거에 비교적 일찍이 신사상을 받아 들였고, 혼인자유의 개념도 일찍부터 존재했기 때문에 현 시점에서 주목해야 할 문제는 "농촌의 중하급 간부들이 시골의 풍속습관으로 인해 혁명과 토지개혁은 지지하면서도 혼인문제에서는 여전히 낡은 봉건잔재의식을 지니고 있는 현실"이라고 하였다.[36] 즈인의 지적처럼 혼인자유는 도시에서 이미 어느 정도 보편화된 관념이었기 때문에 일간지에는 구식혼인으로 인한 갈등보다 대도시의 일반적인 남녀문제가 더 많이 기사화되었다.

상하이의 『해방일보』에는 혼인법이 발표된 지 한 달 쯤 뒤인 6월 17일, "혼인법을 결연히 수호하자"라는 제목 하에 한 이혼판례가 실렸다.[37] 내용은 외도로 인한 이혼건으로, 두뇌가 총명했지만 집안이 어려웠던 남성 왕수팡[王樹芳]은 지주의 딸인 장수윈[張書云]과 결혼하여 그녀로 하여금 학비조달과 시부모 봉양을 25년 동안 하도록 한 뒤, 나이가 들고 생계능력이 없어지자 아내에게 이혼을 요구하였다. 이혼사유는 문화적 수준 차이와 생활방식이었다. 당시 칭화[清華]대학교수를 거쳐 베이핑(北平–1949년 이전 일제점령기의 베이징)시 수도국 국장을 맡고 있던 그는 이미 다른 돈 많은 남자의 첩인 여성과 동거상태였고, 한편으

35) 1953년 제1차 인구조사에 따르면 상하이는 인구 500만의 전국 최대의 도시였고 베이징의 인구는 200만, 광조우[廣州]는 100만이었으며 총 5억이 넘는 인구 가운데 6,000만 명 가량이 도시 거주 인구였다.

36) 위의 글.

37) 기사제목 원문은 「堅決衛護婚姻法」.

로는 동거녀를 통해 정부(情夫)의 재산을 빼돌리도록 하고 다른 한편으로는 본처 장수윈에게 이혼을 요구하였다. 판결은 이혼허가로 났다. 다만 원고 왕수팡은 간통과 비열한 행위로 인해 실형 2개월과 아내의 생활비보조를 명령받았으며, 필사적으로 이혼을 거부하던 아내 장수윈은 혼인법 17조의 "애정이 없으므로" 이혼을 허락한다는 조항에 따라 이혼을 받아들여야 했다.[38)]

출세한 남편 천스메이가 조강지처인 친샹롄을 버린 것을 극으로 만든 희곡 『친샹롄[秦香蓮]』, 1950년대의 공연 포스터

이 판례는 전형적인 "천스메이[陳世美]"[39)] 형 이혼으로 혼인법이 악용된 사례에 속한다. 중국 사회주의는 여성의 남성에 대한 종속을 경제·사상적인 면을 통해 해결하고자 하였는데, 경제적인 면으로는 여성에 대한 토지분배와 여성노동을 통해,[40)] 사상적인 면은 금전을 통해 거래되는 성을 폐지하고 남녀 결합의 유일한 근거로서 당사자의 '애정'만을 인정하였다.

따라서 '애정'은 결혼 파기의 정당한 사유가 될 수 있었다. 그러나 현실 권력관계 속에서 이미 예견된 우려는 현실로 나타났고 이러한 현실은 입법의 취지를 흐릴

38) 판결 원문은 "兩造婚姻關係, 本無感情基礎, 根據婚姻法制十七條自應准許離婚"
39) 송나라 때 과거에 급제하여 시골의 조강지처 친샹롄[秦香蓮]을 버리고 황제의 사위가 된 인물. 출세하고 난 뒤 아내를 버린 남성의 대명사이다.
40) 신중국에서 여성이 이혼을 요구할 수 있는 경제적 기초는 토지개혁에서 분배받은 토지였고 이러한 여성 몫의 토지와 혼인법의 관계에 대해서는 당시 신문기사와 만화를 통해 자주 선전되었다. 그러나 마저리 울프(1988)는 토지 개혁에서 여성이 자기 명목으로 분배받은 토지가 실제로 경제적 독립에 큰 역할을 하지 못했다고 본다. 즉 분배받은 토지는 1953년 집체화가 시작되기 전까지 몇 년 동안 의미가 있었고, 실제 농촌에서 토지 처분권은 가장에게 있었으므로 큰 의미가 없었다고 한다. 특히 미혼여성의 토지에 대한 권리가 누구에게 귀속되는가가 문제였다.

수 있었으므로, 공산당은 1953년 캠페인 시작 직전에 운동방향을 정정할 것을 요구했다. 1953년 2월 2일, 총리 조우언라이[周恩來]는 인민정부 정무원(政務院) 이름으로 다음과 같이 의미 있는 내용을 발표했다.

> 혼인제도 개혁은 농촌의 토지개혁과 달리 인민내부의 사상투쟁이다. 즉 선진 사상이 낙후한 사상을 반대하는 것이므로 인내심 있게 처리해야 한다.(…중략…) 역량을 집중시켜 봉건주의 혼인제도를 무너뜨리기위해 **절대로 문제를 일반 남녀관계와 가정관계 방면으로 확대시킴으로써 운동을 어지럽히지 않도록 한다.**[41](강조는 인용자)

혼인법 캠페인의 목적은 신사회의 건강한 가정이 구식 가정과 다르다는 것을 대비적으로 부각시키는 데 있었다. 따라서 결코 첩이나 외도와 같은 남녀 관계 문제까지 간여함으로써 운동의 초점을 흐려서는 안 되었기 때문에 위 지시에 준하여 왕수팡 류의 사건은 구사회의 봉건혼인의 폐해가 아니라 별도의 범주에서 따로 비판되어야 했다. 자본주의적 퇴폐가 그것이다.

'애정'이 무엇을 의미하는 것인가를 이해하는 것은 사회주의 문화건설에서 중요하다. 자유주의적 관점에 따라 개인적인 감정과 프라이버시로 간주하던 현상은 건국 초에 널리 퍼져 있는데 특히 도시 청년들의 태도는 성적 방종에 가까웠다. 상하이 고등인민 법원이 1956년에 작성한 보고서는 다음과 같이 기록하고 있다.

> 남녀 간의 새로운 자유결혼에 있어서 일부 사람, 특히 일부 청년남녀 사이에는 아무 생각 없이 경솔하게 결혼하는 현상이 존재한다. 쌍방이 결합할 때 충

41) 「關于貫徹婚姻法的指示」, 『人民日報』, 1953.2.2.

> 분한 준비가 되지 않아 발생하는 혼인분규가 다소 증가하여 일정 비율을 차지했다. 예를 들어 황포구 법원이 1956년 상반기에 처리한 246건의 혼인분규 가운데 이런 유형은 22%나 된다. 이들이 서로 알게 되어 결혼에 이르고 또 이혼을 하기까지의 과정은 지극히 간단하다.(…중략…) 혹자는 춤 한두 번 추어보고 "평생반려"를 논하고,(…중략…) 다수의 사람들은 결혼등기를 하지 않고 함께 살면서 "등기하나 안 하나 상관없다"고 하는가 하면, 어떤 여성은 결혼해서 함께 살기 전에 이미 임신을 하고 이에 대해 남들이 뭐라고 하면 "봉건"적이라고 한다. 어떤 젊은 남녀 노동자는 소개를 받아 세 번 만난 뒤 결혼을 했고 결혼 후 한 달 만에 별거, 두 달 후에 이혼을 했는데 이 남자는 결혼증서를 받아들 때 이미 마음이 흔들렸다고 한다.[42]

성적 자유를 가로막는 모든 행위를 '봉건'적이라고 거부하는 데카당트한 풍조는 젊은이들 사이, 특히 도시의 공장을 중심으로 성행했으며 이에 공산당은 혼인자유 캠페인의 초점을 사상적 문제에 맞추어 성적 방종에 대한 자아비판을 요구했다. 『현대부녀』에 실린 「천삐샤[陳碧霞]」라는 제목의 문예물은 당시 '애정'에 대한 당의 새로운 해석을 보여준다.[43] 매력과 재기가 넘치는 여성 천삐샤는 전체 직원이 모인 강당에서 두 팔을 좌우 남자에 끼고 고개를 기댄 채 넘치는 자신감과 거리낌 없는 당돌함을 과시하는데, 이에 노조는 태도불량으로 항의 서한을 보내오고 직원들은 눈총을 주며 자아비판을 강요한다. 그녀는 "난 아무것도 안 할 거야.(…중략…) 다들 봉건사상에 젖어가지곤(…중략…) 난 개인의 사소한 생활문제에 남들이 관여할 필요가 없다고 생각해"라고 항변

42) 上海市高級人民法院, 「離婚案件的審判工作總結」, 1956.12.25(上海檔案館(상하이시 문서보관기관, 문서번호 B2-2-44-1 문서번호는 주제별로 A,B,C ……로 나뉘며 그 이하 숫자는 문서의 세부 배열 순서이다).
43) 芷茵, 문예란에 실린 「陳碧霞」라는 제목의 창작물이며 이하 내용의 출처는 이 글임. 『現代婦女』 9기, 1950, 24~25면.

하지만 공개 자아비판문을 붙인 남자친구를 보자 극단적인 고립을 느낀다. 결국 그녀는 “단지 이 일 한 가지만 반성할 게 아니라 자기 사상의 뿌리를 다 들추어 내 반성해야 한다”는 지도부의 요구 앞에 부르주아 상인 가정출신으로서 자기 사상을 근본부터 들추며 비판을 한다.

이처럼 연애는 개인의 프라이버시에 속하는 것이 아니라 사상의 문제였다. 여성 교육자 리페이즈[李培芝]는 「청년의 연애와 결혼을 간략히 논함」[44]에서 요즘 젊은이들이 외모와 느낌에 끌려 연애하는 태도는 소부르주아 온정주의이며 거기엔 혁명입장과 계급관점이 없다고 비판한다. 그녀는 사랑과 미움은 계급적 애증과 동일한 것이므로 ‘사회적인 문제’라고 보는 것이다. 부련 간부의 이러한 견해는 1915년에 레닌이 「자유연애를 논함」[45]에서 천명했던 연애관, 곧 “애정에 있어서 계급관계라는 객관적 논리” 파악의 중요성을 계승한 것이다. 이런 논리에 기반한 집단주의적 도덕교육은 개인의 감성을 계급적 감정과 융화시킬 것을 요구하였다. 이런 점에서 보면 간부 왕수팡의 ‘애정’유무는 존중받을 가치가 없는 계급감정과 무관한 것이라고 할 수 있었다. 그러했기 때문에 조우언라이 담화 이후 『해방일보』에 왕수팡과 같은 이혼 안이 ‘혼인법’ 성공사례로 실리지 않은 것은 당연한 일이었다.

이와 같이 혼인법 관철은 단지 여권 향상이라는 측면에서 뿐만이 아니라 애정관과 가정의 의미를 새롭게 구성하고자 하는 문화운동의 일환이었다. 따라서 분석의 초점은 이러한 이념적 지향이 현실 속에 어떻게 구체화되었는가가 될 터인데, 이러한 사회주의의 근대적인 혼인제도 기획은 자본주의적 근대화를 추진한 여타 국가, 특히 6·25종전(終戰) 이후 남한의 혼인 사건 해결방식과 근본적인 차별성을 보인다.[46] 전근대 사

44) 李培芝, 「略談青年的戀愛與婚姻」, 『新中國婦女』 2기, 1949.

45) Lenin, 「論自由戀愛」, 『新中國婦女』 2기, 1949.

46) 6·25 직후 남한사회에 남아있던 처첩문제는 중년여성을 고통스럽게 했던 심각한 가정 문제였다. 1959년 ‘전(前) 부흥부 차관 오영재’의 본처에 대한 이혼청구 사건은 이러

회의 유제인 다첩제 문제에 대해 남한에서는 남성(남편) 개인의 도덕성 문제로 인식하여 한 가정 내의 문제로 취급함으로써, 남녀 간의 권력관계를 고려한 첩 제도폐지에 대한 문제제기가 공론화되지 않았다.

반면 중국의 경우, 친속법 심사과정에서 "첩 문제는 규정할 필요가 없다"는 견해와 "첩 제도는 마땅히 금지해야 한다"는 상이한 주장이 대립 하였다.[47] 당시 지식인을 포함해 상당수가 첩을 거느렸고 거기서 출생한 자녀들도 많았을 것을 감안하면, 비록 생계나 여타 이유로 해서 과도적인 절충책(기존 첩의 피부양 허용)을 잠정적으로 취하기는 했으나[48] 일부일처제 정착에 대한 제도적 개선 의지는 입법차원에서 분명했고 점차 정착되었다. 이것이 가정 내 문제로 다루어진 남한과 제도 틀을 문제 삼은 사회주의 중국 간의 차이이다.

그러나 봉건잔재의 파괴는 궁극적으로 신국가 건설의 한 과정이었기 때문에 혼인법 실시는 건설의 주요 역량을 끌어안으며 가야하는 고충이 있었다. 그런 점에서 혼인법 실시에 저항하는 촌간부와 같은 상황에 직면했을 경우, 당이 법 실행의 주체인 간부와 피해여성의 충돌을 어떻게 수습할 것인가의 문제는 간단치 않았다. 설사 보수적인 간부를 비판한다 해도

한 가정 내의 문제를 사회적 이슈로 만든 계기였는데, 사건은 오영재가 처를 버리고 첩과 살기 위해 본처에게 춤바람이 났다는 누명을 씌워 소송을 제기한 데서 발단이 되었다. 당시 첩문제로 고통을 겪던 중년여성들은 재판을 보기위해 법정을 메웠고 방청석에 들어가지 못한 부인들은 창에 매달려 유리가 깨지는 등 뜨거운 관심을 보였는데, 오영재가 패소하여 이혼불가 판결을 받자 부인들은 자신의 일처럼 환호했다. 오영재 패소판결은 애정이 법이 관여할 문제가 아니라는 자유주의적 관점에서 보자면 부당한 국가의 개입이라 할 수 있다. 그러나 재판부는 자유주의적 관점이 "가족의 구조와 재산소유 면에 있어서 불리한 위치에 있던 여성의 처지"를 고려하지 않는다고 비판하며 이혼소송을 각하하였고 이는 여성사에서 획기적인 판례로 기록된다. 즉 일제시대 이래 혼외 여성만을 처벌해 오던 간통 단벌(單罰)죄가 아니라 남성을 포함한 쌍벌(双罰)죄를 최초 적용하였다는 점에서 의미가 크다고 평가된다. 李林夏, 「1950년대 여성의 삶과 사회적 담론」, 성균관대 박사논문, 2002, 110~111면, 207~209면.

47) 김지수, 『中國의 婚姻法과 繼承法』, 전남대 출판부, 2003, 58~59면.

48) 입법에 있어서는 첩을 금했지만 실무처리 면에서는 한시적으로 이혼 요구 당사자가 첩이라는 이유로 이혼을 주장하는 경우에만 법에 따라 처리했다. 위의 책, 59면.

간부는 정책의 수행자로서 도덕성에 의해 권위를 인정받아야 했기 때문에 당은 간부를 배려하지 않을 수 없었다. 그러나 정작 법 실행의 심각한 위기는 사안을 보수적으로 처리하는 간부의 태도가 아니라 간부 자체의 도덕성이 붕괴되어 기득권화하는 상황에서 발생하였다.

간부들 사이에 빈번했던 "새 애인이 생겨 조강지처를 버리는[喜新厭舊]" 경우가 그것인데, 이는 실은 진부하고도 새로운 문제였다. 신중국 성립 이전부터 혁명가들 사이에서는 구식 아내를 버리고 젊은 여자와 결혼하는 사례가 줄곧 있었고[49] 건국 후 도시에서 그런 경향은 일반인들 사이에서조차 상당히 보편화되어 남녀 쌍방이 혼외 연애가 발생하여 이혼한 경우가 전체 이혼의 10~15%를 차지할 정도였다.[50] 이러한 배우자 유기 가운데 사회적으로 문제가 된 것은 혁명에 참가했던 남편이 시골의 아내를 버리고 이혼한 경우였다. 이런 남용에 대한 반응은 1950년대 중반에 이르러 잡지의 고발성 시사만화에 실리거나 일군의 혼인관련 소설로 나타났다.[51]

1954년에 쓰인 소설 『이상한 이혼이야기[奇異的離婚故事]』는 그런 간부 형상을 희극적이고도 생동하게 묘사한 대표작이다.[52] 혁명군 출신의

49) 丁玲, 「三八節有感」(1942). 딩링은 마오쩌둥의 혁명 근거지인 옌안[延安]에서 구식 아내를 버리고 젊은 여성과 결혼하는 간부를 비판한 바 있다.

50) 上海市高級人民法院, 「離婚案件的審判工作總結」, 1956.12.25(上海檔案館 문서번호 B2-2-44-1).

51) 이들 작품은 혼인법의 좋은 점을 선전한 작품인 『白毛女』, 『小二黑結婚』, 『李雙雙』과 달리 혼인법을 빙자한 권력 남용을 비판한 작품으로 『奇異的離婚故事』(1956), 『離婚后』(1958), 『婚姻記』(1955) 등이 있다.

52) 유머와 반전기법을 통해 남편 위수더[于樹德]의 형상을 묘사한 내용 중 일부를 보면 다음과 같다. 몇 년 째 남편 얼굴을 못 본 아내가 기다리다 못해 남편을 만나러 가던 중 동네 어귀에서 남편의 승용차와 맞닥뜨린다. 남편이 자신과 이혼하려고 오는 줄 모르는 아내는 남편의 차가 수렁에 빠진 것을 보고 반갑고도 다급하여 몰고 가던 노새와 함께 바퀴를 미느라 진흙탕 속에서 범벅이 된다. 멀찌감치 부터 아내가 마주 오는 걸 보고도 못 본 체하려 했던 남편은 차가 빠지자 마지못해 문을 빠끔 열고 아내와 눈인사를 하지만 양복에 흙탕물이 튈까 봐 기사와 함께 차 안에 앉아 있다. 이때 남편의 눈에 묘사된 아내는 도시의 애인과는 비교가 되지 않는, 힘만 세고 씩씩대는 또 한 마리

도시 남성간부가 여대생과 관계를 맺어 항일전 당시 생명의 은인이었던 시골의 아내와 이혼한다는 이 소설은 언론이 일시적으로 자유로웠던 1956년, 진실하게 사회를 반영하였다고 호평을 받았으나 1960년부터 문혁 종결 이전까지 비판도서로 지목되었다. 이유는 간부의 비도덕성을 비판함으로써 간부와 군중, 도시와 농촌의 단합을 해치는 반당(反黨)적인 내용을 담고 있기 때문이었다.[53] 간부의 도덕적 권위가 권력으로 변질됨으로써 야기된 이 현상은 바람직스럽지는 않지만 어찌 보면 혁명의 완성이 가져온 자연스런 결과라고 할 수 있었다. 그러나 아이러니한 것은 사회주의적 도덕성을 유난히 강조하는 시기일수록 간부에 대한 비판이 금지되었다는 점이다. 따라서 '애정'에 대한 새로운 정의가 부단히 선전되었음에도 불구하고 현실은 이와 다른 궤도를 향해 갔던 맥락을 추적할 필요가 있는데, 이는 중국 사회주의 여성해방의 위상과 취약성을 이해하는 데 핵심적 요소이다. 다시 말하면, 당의 혼인법 관철의지가 결연했음에도 불구하고 반(反)우파 운동・대약진 같은 사회주의적 도덕성 강조 시기에 특정 정파가 간부에 대한 비판을 금지함으로써 성문제가 가려진 것인가, 아니면 혼인법 캠페인 준비단계부터 간부와 군중의 지도・피지도 관계가 남녀평등 실현보다 우선적 고려 사항이었는가를 규명해야 하는 것이다.

의 노새와 같다. 그의 이 아내는 총각시절 부상당한 그를 업고 산을 넘어 생명을 구해준 은인이었었다. 孫謙, 「奇異的離婚故事」, 長江文藝出版社, 1956. 서문의 저작 년도는 1954년이고 출판은 1956년.

53) 張學正・丁茂遠・陳公正 外編, 『文學爭鳴檔案－中國當代文學作品爭鳴實錄 1949~1999』, 南開大學出版社・百通(香港)出版社, 2002, 103면.

간부가 직위를 이용하여 공산주의 청년단에 입단을 신청하는 여청년에게 결혼을 조건으로 요구하는 행태를 비판한 만화. 그림에 딸린 대사는 다음과 같다. 여청년 : “제가 입단(入團)하는데 필요한 조건이 다 갖추어졌나요?” 단 지부서기 : “아가씨가 날 사랑한다면 조건이야 충분하지!”, 『중국청년』 잡지

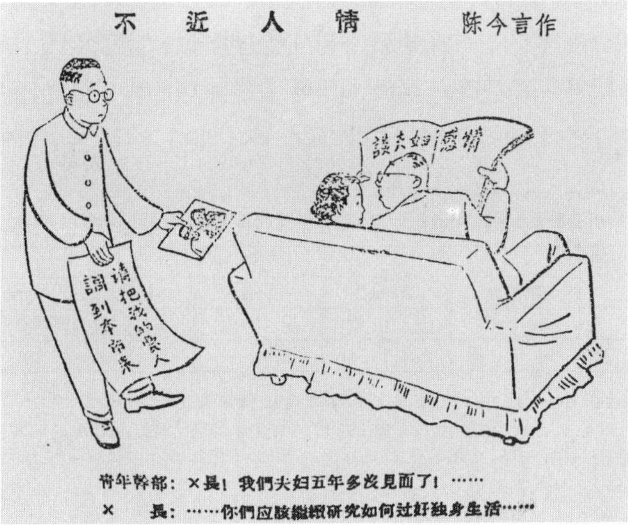

업무를 빙자하여 부하 여직원의 부부생활을 못하게 하려는 간부를 비판한 만화. 그림에 딸린 대사는 청년간부 : “×장님! 우리부부가 얼굴을 못 본지가 5년째인 데요……” ×장 : “…… 당신네 부부는 어떻게 하면 독신생활을 잘 할 수 있는지를 연구해야 돼…….”

(3) 약한 고리–성별갈등과 간부 보호주의

1953년 무렵 급격히 상승한 이혼율은 경기 회복 및 캠페인 종료와 함께 급격히 떨어져 도시와 농촌 모두 1956년 무렵 이후 가정은 초안정구조로 들어갔다. 정부문서 중 이혼을 남녀 중 어느 측에서 제기했는가를 연령대 별로 분류한 기록을 보면, 36세를 분기점으로 그보다 어린 경우에는 여성 요구자가 많고 그보다 고령일 경우에는 남성 요구자가 다수를 차지했다.[54] 직업별로 보면, 젊은 농촌 여성과 혁명군 출신의 남성이 주로 제기했는데, 이 자료가 시사하는 바는 농촌의 젊은 여성은 억압을 벗어나기 위해, 장년의 남성간부는 새 아내를 얻기 위해 이혼했다는 사실이다. 1950년대에는 당시 특권층이라 할 수 있는 혁명에 참가했던 중년세대의 남성이 이혼을 제기한 경우가 사회적으로 큰 문제였는데 이와 같은 간부의 도덕성 관련 사안에 대하여 당은 "당 내부 자료[黨內文件]"로 분류된 상하이 "시위원회 혼인법 관철 캠페인의 달 계획"에 처리원칙을 밝혔다.[55] 지침서의 별도 주의사항 항목에는 "상층 민주인사가 관련되어 있거나(…중략…) 區級 이상에 속하는 대표적 인물의 경우는 市에서 연구하여 처리하도록 한다"[56]고 되어 있다. 이는 일반인의 혼인

54) 上海市離婚登記年齡情况統計, 1954.1月份(上海檔案館 문서번호 B1-68-17-90).

합계	연령									
	18~25		26~35		36~45		46~55		56以上	
	男	女	男	女	男	女	男	女	男	女
526	99	196	226	241	148	77	43	12	10	–

동일한 문서 가운데 직업별로 이혼 요구자를 분류해 놓은 자료 중 농민과 혁명군인을 비교해 보면, 농민은 남 116, 여 491명인데 반해 혁명군인은 남 198, 여 28명이 이혼을 제기하였다. 젊은 농촌여성과 지위가 높은 나이 많은 혁명군인이 이혼을 많이 요구했다는 수치를 통해 당시의 권력관계를 읽을 수 있다. 즉 젊은 여성은 학대를 피하기 위해, 연로한 혁명군인은 새로운 아내를 구하기 위해 이혼신청을 했다.

55) 「市委關於貫徹婚姻法運動月的計劃」, 1953.1.23(上海檔案館 문서번호 A22-2-146).

56) 위의 글. 원문의 내용은 "五. 注意事項與紀律–(四) 對牽涉上層民主人士, (…중략…) 婚姻糾紛, 屬於區級以上的代表性人物應由市研究掌握"

사안이 공개적으로 조정과 재판을 통해 처리된 것과 달리 간부의 경우는 비공개적으로 간부 내부에서 처리하도록 하라는 지시이다. 이 지침은 남녀의 권력관계로 인해 야기된 문제를 간부와 군중의 문제로 전치시킨 것에 다름 아니며, 문서가 증명하듯 그것은 혼인법 캠페인 준비단계부터 명시되어 있었다. 이와 같이 지도-피지도 관계를 우선시한 지침은 결과적으로 현실 속에서 1956년 무렵 경기회복과 함께 사회가 안정기로 접어듦에 따라 남녀의 원래 성별 권력질서로 회귀하고자 하는 경향에 일조함으로써 실제 피해자일 가능성이 높은 여성의 목소리를 봉쇄하는 근거가 되었다.

정리하면, 사회주의 여성해방의 원칙인 여성의 프롤레타리아화는 당이념에 대한 충실을 강조함으로써 성별 갈등을 독자적으로 논의할 여지를 차단하였음은 물론, 여성이 불응할 경우 부르주아 개인주의라는 비판을 가함으로써 여성들이 혁명적 정체성과 여성정체성 사이에서 질곡을 느끼도록 몰아갔다.

4) 여성과 국가의 로맨스-일하는 여성

(1) 혁명의 아이콘 '여성'

신중국의 혼인법 실시와 5·4 시기의 자유연애를 비교한 글을 보면, 5·4 당시 봉건결혼에 대한 반대가 거세었던 것과 비교 할 때 실제 일반 여성들의 일상은 거의 변화가 없었다고 한다.[57] 연애가 당시 지식인들에게만 현실적이었을 뿐 농촌이나 노동계급 여성들과는 전혀 무관했기 때문에 오히려 연애론은 대가족제도 하에서 나름대로 적응해 오던

57) 마저리 울프, 문옥표 역, 『지연된 혁명』, 한울, 1988, 25면.

농촌 여성의 삶 자체를 위협하는 것으로 받아 들여졌기 때문이다. 상대적으로 신중국의 혼인자유법은 노동계층 여성이나 농촌여성이 부모, 특히 아버지가 정해놓은 결혼 대상과 결혼을 원치 않을 때 부련 간부나 남성 간부를 동원해 도움을 청하는 적극적인 길을 터주었다.

혼인법 실행에서 부녀연합 여간부의 역할이 컸는데 이들은 부모의 강제를 피해 여성을 피신시키거나 간부들을 동원해 아버지를 설득하기도 했다. 당과 간부의 이러한 배려는 여성으로 하여금 일간지에 자신의 결혼은 원해서 하는 것이므로 다른 사람과의 결혼을 추진하는 아버지를 교육시켜 이를 막아달라는 광고가 실리도록 하기도 했는데,[58] 이처럼 여성과 국가사이에 존재하던 가족이란 완충지대(가부장권)가 약화되고 여성이 직접 국가와 관계하는 상황이 출현했다.

여성에 대한 사회통합교육은 주로 야학을 통해 이루어졌으며 1951년 『현대부녀』에 실린 사례는 간부의 여성지원 방식을 보여준다. 면화공장 여공인 펑훵잉[彭鳳英]은 남편과 시댁의 반대를 무릅쓰고 야학에 다니다 폭언과 폭행을 당했는데, 이에 공장의 주임과 여공은 그녀를 대신해 인민법원에 고발장을 내서 다음과 같은 판결을 받아 내었다.

> 첫째, 부녀의 자유를 방해하지 말라. 노동자는 국가의 주인이므로 모욕당해서는 안 된다.
>
> 둘째, 시어머니는 며느리를 구박하지 말라. 그녀의 공장업무는 몹시 힘들다. 보호해주어야 한다.
>
> 셋째, 시동생은 형수를 때려서는 안 된다.[59]

58) "독자투고[讀者來信]"란에 실린 「我的婚姻完全是自願的」라는 글을 보면, 공장의 여공인 리슈란[李秀蘭]은 아버지가 다른 사람으로부터 예물을 받고 자신의 연애를 막자 아버지의 구타를 피해 집을 도망쳐 나와 혼인신고를 하였다. 그리고 그녀는 투고를 해서 자신의 결혼을 막은 아버지의 봉건사상을 교육해 줄 것을 요구했다. 『人民日報』, 1953.2.13.

59) 女工幹部學習班通訊組, 「解決女工切身問題推動與工作的幾個實例」, 『現代婦女』 5기, 1951.

주임이 판결문과 함께 향후 이런 일이 재발할 시에는 콩밥[吃官司]을 먹게 될 거라고 남편에게 경고를 하자 남편은 곧바로 생선과 계란, 고기를 한 상 차려 주임 집에 피신해 있던 아내를 데리러 왔다. 간부가 남편·시어머니·시동생을 한 그룹으로 하는 시댁중심의 가족에 맞서 여성 노동을 지지한 이 사례는 이혼 안건 때와 달리 고발이라는 강력한 수단이 동원되었고 남편은 국가의 주인을 모욕했다는 범법에 준하는 질책을 당했다. 이러한 상황에서 여성은 자신이 사회적으로 중요한 인물이라는 인식을 갖게 되었음은 어렵지 않게 짐작할 수 있으며, 또한 이들은 현실 속에서 가사와 일을 병행하는 육체적 고달픔을 잠시 잊기도 했다.

사회주의 시기에 여성 노동영웅은 "무쇠 처녀[鐵姑娘]"로 불렸는데, 오늘날 중국 여성들은 그 칭호를 일견 뿌듯하면서도 육체적 상처를 남긴 고통으로 회상한다. 반면 권위를 빼앗긴 남성들의 심경은 1990년대 TV드라마 주제가인 "사내대장부가 어디에 있단 말인가"에 잘 드러나 있으며, 시장바구니를 들고 간장을 사러가는 나약한 남자[小男人]가 되어 내심 억울하기 그지없지만, 얼굴에는 미소를 지어야 했다는 회고가 그것이다.[60] 피로감이란 면에서 당시 남녀는 모두 고통스러웠다. 하지만 여성은 상대적으로 정치적 동원의 직접적 목표가 됨으로써 가정이라는 영역을 고수하려는 남성의 이기성과 대비된 혁명의 아이콘으로 위치 지어졌다. 신중국 역사상 여성이 노동이 아닌 정치참여를 고무 받았던 시기는 유일하게 문화대혁명 때였다. 왜 정치 혁명기에 성별범주로서 여성이 동원될 수 있었는가[61]라는 의문은 남성[男權]에 의해 억압받는

60) 王政, 「淺議社會性別學在中國的發展」, 『婦女與社會性別研究』, 天津人民出版社, 2003, 27면.

61) 여성이 남성보다 더 억압을 받고 있으며 그만큼 더 혁명적이란 인식은 마오쩌둥 「호남농민운동 시찰보고」(1927.3)에서 정식화되었다. 마오는 중국 남자들이 받고 있는 政權[국가적 계통], 族權[종족 사당], 神權[미신]의 지배 외에 여성은 남자들에 의한 夫權의 지배를 받고 있다고 보았는데, 문혁 시기의 계급투쟁 당시 여성이 선봉에 서게 된 논리도 여기에 연원한다.

여성이라는 중국혁명의 성별 전략을 이해할 때 납득 가능하다. 즉 마이너리티를 대변한다는 이념을 갖고 있었던 공산당은 政·族·神·夫에 의해 4중의 억압을 받고 있는 여성을 마이너리티로 간주하였고, 그 결과 여성=마이너리티=혁명적이란 도식에 의해 여성을 정치혁명의 선봉으로 불러 모을 수 있었던 것이다.

여성을 혁명의 아이콘으로 의미화하는 것은 가정을 둘러싸고 양성을 표상하던 '공사(公私)', 혹은 '내외' 개념에 균열이 일어나고 전치됨으로써 달성되었다. 중국의 경우 공사(公私)관념은 신축적이어서 때로 가정과 개인관계를 지칭하기도 하고, 國과 家의 관계를 가리키기도 한다. 이때 公(public)은 도덕적 우월성, 곧 공공선을 가진 것으로 여겨지며 私(private)는 탐욕과 등치되는데,[62] 천우칭[陳午晴][63]은 이런 중국적인 인식성향이 신중국의 가정개혁에 그대로 적용되었다고 본다. 즉 천은 당이 가정을 사적 이기심에 의해 유지되는 공공선의 대립항으로 보고,[64] 가정내에서 피억압자인 여성은 공공선의 구현체에 가까우며 상대적으로 남성은 가정영역을 고수하려는 개인주의적이고 보수 성향을 지닌 집단이라고 간주하였다고 지적한다. 남성의 태도에 대한 이러한 분석시각의 적절함은 사회주의를 회고하는 작품들에서 검증이 되기도 하는데,[65] 그런 점을 고려

62) 이는 공적 영역을 생산과 사회영역으로 간주하고 가정을 사적 영역으로 구분하는 자유주의 여성주의의 공사 영역구분과는 층차가 다르다. 중국의 경우가 도덕적 우열관계라면 자유주의 여성주의는 유용성에 따른 구분이라고 할 수 있겠다.

63) 천은 "서양문화의 공사개념에는 이런 가치판단 자체가 포함되지 않지만, 중국문화에서 공사개념은 이런 가치판단을 포함하며 심지어 공사가 의미하는 상대적으로 주체적인 사물의 속성 자체까지도 삼켜 버린다"고 개념정의를 한 뒤 이를 인민공사와 가정개혁 분석에 활용하였다. 陳午晴, 『當代中國的單位變革與家庭變遷』, 河北大學出版社, 2004, 182면.

64) "전에는 처자식에게 따뜻한 잠자리를 마련하는 것을 농민의식이라고 비판했지만, 사실(지금 내가-인용자) 처자식을 돌보지 않으면 누구를 돌보겠는가?" 劉震雲, 김영철 역(『닭털 같은 나날-원제「一地鷄毛」, 소나무, 2004, 22면) 라는 서술이 시사하는 바는 사회주의 시기에는 개혁개방 시기와 달리 가족주의가 비난의 대상이었음을 반증한다.

65) 이러한 남녀에 대한 관방의 담론은 부부관계에 있어서 새로운 현상을 부추겼는데, 아내

할 때 1950년대 중반, 여성잡지에 빈번하게 투고되었던 남성 가장들의 요구, 즉 육아비용을 고려하면 아내가 차라리 집에서 가사와 육아를 담당하는 게 더 효율적이므로 아내가 직장을 그만두고 집에서 살림을 하게 해달라는 요청이 당시 어떤 맥락에서 받아 들여졌을 것인지 어렵지 않게 짐작할 수 있다. 서구 자유주의 페미니즘이 가정 내 남성가부장권을 혹독하게 비판했던 것과 비교할 때, 중국 여성해방의 국가주도 집체주의의 특성은 이들 남성에 대한 당의 비판적 태도에서 잘 드러난다.

(2) 일하는 '애국' 여성

한편 시야를 여성 내부로 돌려보면 개별 여성과 여성지도자의 행동에는 자기모순적인 요소가 종종 확인된다. 사회주의 시기 여성의 이중노동으로 인한 피로감은 시장화 이후에 사회주의 여성해방을 비판하는 주요 내용이었다. 그러나 대대적으로 여성을 동원했던 1956년 면화 재배 경진대회(銀花賽)를 분석한 글을 보면, 농촌 여성들은 연이은 출산과 과도한 밭 일로 자궁이 몸 밖으로 나오는 집단적 탈장 증상으로 육체 훼손이 심각하였음에도 불구하고 이중노동에 대한 회의를 거의 하지 않았고,[66] 자신들이 남성과 동일한 임금을 받기 위해 경쟁하는 것 자체에서 무한한 성취감을 느꼈다.[67]

가 남편의 부패와 비리를 고발하고 남편이 이를 받아들이는 사례가 그것이다. 대표적인 것으로 아내의 고발문 "그는 내 남편이 아니라 국가의 재산을 훔친 도둑이다[他不是我的丈夫, 是偸竊國家財産的盜賊]"과 남편이 쓴 자아 비판문 "나의 아내가 탐관의 무거운 짐을 벗게 해주었다[我的妻子幫助我放下了貪汚的包袱]"가 있다. 『新中國婦女』, 1952.3.

66) 이에 대해 까오샤오셴[高小賢]은 다음과 같이 기록하고 있다. "1950년대의 유명한 여성은 당시를 이렇게 회고한다. '낮에는 종일 일하고 밤에는 돌아와서 집안일을 했는데, 내가 이전에 하던 대로 일을 했다'라고, 이 회고는 이 모범노동자들이 생각에 있어서도 가사 노동이 자기들의 일이라고 여기고 있다는 것을 말해준다. 그랬기 때문에 이들은 베이징에 회의에 참석하러 갈 때에도 바느질거리를 갖고 갔었다." 高小賢, 「'銀花賽'—1950年代 農村婦女與性別分工」, 『百年中國女權思潮硏究』(王政 · 陳雁 編), 復旦大學出版社, 2005, 275면.

또한 부련 여성간부의 역할도 애매한 경우가 많아서, 그들은 한편으로 시어머니를 설득하여 며느리가 문맹퇴치반 야학에 나가 혼인자유가 무엇인지를 깨우치게 하지만 정작 며느리가 구타를 일삼는 남편과 이혼하려고 할 때는 이혼을 하지 말도록 만류하였다.[68]

이러한 여성 딜레마의 원인은 은혜를 베푸는 주체가 억압의 주체인데 있었다. 즉 신중국은 여성들에게 자신의 해방을 프롤레타리아의 해방과 합치시킬 것을 요구하였는데,[69] 노동을 통해 계급의식을 형성한다는 프롤레타리아화는 1950~1953년 무렵, 혼인자유의 캠페인에서 애국과 생산력 향상 요구로 구체화되었다.

공산당은 국가 수립 후 채 1년이 안 된 1950년 11월, 한국전쟁에 개입함으로 인해 심한 물자부족을 겪었다. 국내의 경제와 사회가 채 회복되지 않은 상태에서 30만 군대를 투입한 전쟁을 수행하느라 당은 군수품과 무기 공급이 절실했고, 그 수요는 후방 여성들의 몫이었다. 여성들은 군인들이 영하 20~30도 추위에 전쟁을 수행할 수 있도록 의류와 신발 깔창을 만들어 보내었으며 무기를 기부하도록 요구받았다.[70] '애국공약'이라는 구호 하에 이루어진 후방의 물품보급은 여성들의 몫이었다.

---

67) 1950년대 농촌의 면화재배촉진 정책 당시 섬서성 농촌여성들은 강제 동원되어 연이은 출산과 앉아서 일하는 밭 노동으로 자궁이 몸 밖으로 나오는 부인과 집단 질병을 앓았다. 수면을 취할 때면 덜렁거리는 몸 밖의 자궁을 쥐가 갉아 무는 경우도 더러 있었다. 위의 책, 272~277면.

68) 위의 책, 277면.

69) 원문은 "它希望女性把自己的解放鬪爭同無產階級的解放鬪爭融爲一體", 李銀河, 『女性主義』, 山東人民出版社, 2005, 39면.

70) 福州市民主婦聯, 「初步開展家庭愛國公約的幾個體驗」, 『現代婦女』 8기, 1951. 부녀연합은 모든 가정에 구체적인 실천 사항을 정해 서약을 하도록 하였는데 내용은 "정치, 생산, 학습, 생산 증대와 절약, 비행기와 대포 기부, 군인가족 돕기[政治, 生產, 學習, 增產節約, 捐獻飛機大砲, 擁軍優屬]" 등이었다.

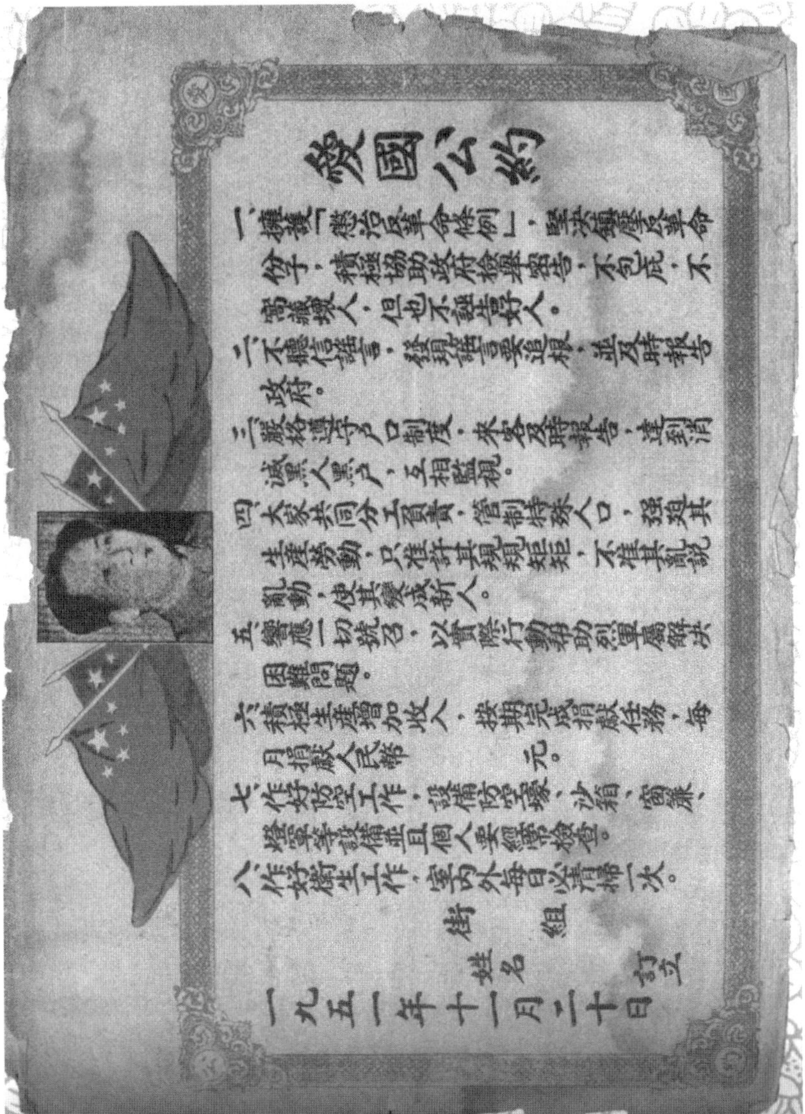
愛國公約

一、擁護「懲治反革命條例」，堅決鎮壓反革命份子，積極協助政府檢舉匪特，不包庇，不窩藏壞人，但也不誣告好人。

二、不聽信謠言，發現謠言要追根，並及時報告政府。

三、嚴格遵守戶口制度，來客及時報告，達到消滅黑人黑戶，互相監視。

四、大家共同分工負責，管制特務人口，強迫其生產勞動，只准許其規規矩矩，不准其亂說亂動，使其變成新人。

五、響應一切號召，以實際行動幫助烈軍屬解決困難問題。

六、積極生產增加收入，按期完成捐獻任務，每月捐獻人民幣　元。

七、作好防空工作，設備防空壕，沙箱，窗簾，燈罩等設備並且個人要經常檢查。

八、作好衛生工作，室內外每日必清掃一次。

街　組　姓名　訂立

一九五一年十一月二十日

애국공약—반혁명분자를 색출하는 데 적극 협조하라는 내용이 적혀 있다(1951).

애국공약을 공장에 걸어 놓고 신발 깔창을 만들고 있는 여성들

비행기를 모금하기 위해 만든 적립금 기록부, 석유 노동자 공장에서 사용한 장부의 표지

6 · 25전쟁 당시 중국과 북조선이 맹방임을 보여주는 행사가 중국에서 자주 열렸다. 사진은 김일성과 마오쩌둥, 북조선의 여성대표와 중국대표 모습이다.

1950년대 초반에 상하이 및 남부지역을 중심으로 발생했던 타이완 침투세력에 의한 무장폭파, 그리고 미국의 협공을 막아 내어 애국적인 전쟁에서 승리하기 위해 여성들은 인정에 매이지 말고 간첩을 고발하는 경각심을 가진 애국자가 될 것을 특별히 요구받았다. 이러한 물리적 ·

정신적 요구에 부련은 적극적으로 응했다. 『인민일보』에 실린 “혼인자유가 실현되고 모범부부와 화목한 가정이 많아지면 군중의 애국열정과 생산열정이 전에 비해 현저하게 높아진다”[71]는 것이 의미하는 바가 이것이었다. 이 지침은 기혼·미혼 여성에게 영향을 미쳤으며, 혼인자유의 성공적인 결과로 뽑힌 ‘모범부부’의 사례가 그 예였다.

‘모범부부’란 생산 일선에서 노동 모범으로 선발된 부부를 가리키는 것으로 전국에서 혁명사업의 선봉을 달렸던 하남성 노산현에서는 1952년 혼인법 모범 대표대회에서 99쌍의 모범부부를 탄생시켰다. 현(縣) 전체에서 1등을 차지한 모범부부를 보면, 결혼날짜를 잡은 약혼 커플에게 회수(淮水) 제방 임무가 하달되자 약혼녀는 결혼 계획을 포기하고 약혼남에게 “회수가 치수되지 않으면 당신은 돌아오지 말아요. 돌아와도 당신과 결혼하지 않을 거니까”라고 선언을 한다. 이에 고무된 약혼남은 용기를 얻어 치수 길에 올랐다. 노산현 부련은 1951년, 비행기와 무기를 기부하자는 당의 캠페인에 호응하여 전투기 한 대를 기부한다는 자체 목표 하에 현금 5억 1천만 원을 기부하였고, 이 모범부부 사례는 기부사실과 함께 신문에 대서특필 되었다.[72]

이런 정황을 감안하면 혼인자유에서 ‘자유(自主)’[73]의 의미는 당사자의 자원여부에 있었던 것이 아니라 사사로움을 희생하는 ‘헌신’에 초점이 맞추어진 것임을 알 수 있다. ‘공’을 위해 ‘사’를 희생하는 사회주의 문화구성 논리에 의해 혼인자유 캠페인에서 ‘자유’의 의미는 ‘헌신’으로 전치되었으며, ‘노동’은 비로소 헌신적인 ‘모범부부’를 매개로 하여 대중에게 ‘애국’의 구체적 실천을 보여주는 기능을 수행하였다. 혼인법 관철의 정점에는 이와 같이 노동이 위치하고 있었다.

---

71) 「河南省魯山縣怎樣貫徹婚執行姻法的」, 『人民日報』, 1953.1.6.

72) 위의 글.

73) 중공에서 자본주의식의 자유연애가 보편화된 것은 1977~1978년 개혁 개방이후이다. 이에 대해서는 李小江 編, 『讓女人自己說話－文化尋踪』, 三聯書店, 2003, 21면.

(3) 생산하지 않는 '가정주부'와 '독신'

맑스주의에서 가사노동은 생산적 노동으로 여겨지지 않기 때문에 신중국의 가정주부들은 남편의 노동에 기생하지 말고 자력으로 노동하라는 요구를 받았다. 도시를 중심으로 보면, 가정주부도 상층과 중하층으로 나뉘어 정부의 정책에 상이한 반응을 보였다. 부련이 여성들에게 야학과 생산에 참여할 것을 촉구하자 대다수 여성들은 일자리를 얻을 목적으로 참여하였고 이를 바라보는 상류층 여성들의 시선은 냉소적이었다. 가정주부는 공산당의 눈에 조직적인 관리가 어려운 유동적 집단이었다. 그들이 지닌 불확실성은 정치적인 면에서는 1949년 이전의 인정에 끌려 적국의 스파이를 숨겨주는 우려스런 것으로 비쳐졌고[74] 노동면에서는 남편의 노동에 기식하는 집단으로 간주되었다. 이에 이들을 사회로 편입시키기 위해 고안된 것이 '가정 부녀연합[家庭婦聯]'이다.[75] 상하이시 가정부련의 경우 15세에서 30세가 주를 이루었고 그외 고르게 분포되어 있었는데, 이들 중 가사 외에 노동을 해본 적이 있는 사람은 2,701명 중 52명에 지나지 않았고 문맹율은 4%로 지식수준이 높았다.[76]

인텔리 여성 쯔이[緇衣]의 자기고백서를 보면[77] 그녀는 가난한 부련 관련자들이 자기 같은 사람을 지도한다는 사실에 코웃음을 쳤으나 점차 바뀌어 매일 출근할 정도로 적극적이 되었다. 그러나 오히려 남편은 가사와 육아 문제로 그녀에게 이혼을 요구하였다. 이때 남편의 태도는 애매해서 소위 '낙후'한 친구들 앞에서는 집안일을 소홀히 하는 아내를 비난하면서도 '진보'적인 친구들 앞에서는 감히 솔직한 심정을 드러내지 못한다. 국가는 이처럼 여성을 성공적으로 가정에서 불러내어 노동에 편

---

74) 「里弄整頓工作總結報告(稿)」, 1955, 11면(上海檔案館 절대기밀[絶密] 문서번호 B2-2-14).
75) 이하 인용 자료 출처는 胡繡楓, 「兩個多月來的家庭婦聯」, 『現代婦女』 1기, 1949.
76) 위의 글.
77) 「我衝出了家庭的樊籠」, 『現代婦女』 5기, 1951.

입시켰으나 사실 이들 가정주부가 할 수 있는 일이란 가사의 연장인 보육, 미용, 방직 정도로 낮은 수준의 일로 경쟁력이 높은 것이 아니었다.

이 점을 감안한다면 굳이 가정에 무리를 줄 필요가 있었겠는가,라고 물을 수 있겠는데, 이에 대하여 건국 직후 부련의 보고서는 다음과 같이 말한다. “특히 눈에 뜨이는 현상은 일반 중상층 부녀들이 먹고 마시며 극이나 보고 마작하는 현상이 줄어들고 전에 비해 소박해지고 학습과 생산, 그리고 가정노동 참여가 점차 증가한 것이다.”78) 부르주아 문화청산과 가정주부의 생산참여가 직결된 문제였음을 보여 준다. 가사노

고급 당간부인 남편의 체면이 손상될까봐 이발사가 되려는 아내를 막는 남편을 다룬 코믹영화 〈여이발사〉

78)「上海民主婦聯籌備會三個月來的工作」,『現代婦女』 1기, 1949.

동이 이와 같았다면 전후 베이비붐이 일었던 50년대에 여성들의 재생산은 어떤 식으로 이야기되었는가?

「나는 어떻게 '독신주의' 입장을 포기하였는가?」[79]라는 글은 사회활동을 통해 성공함으로써 어머니처럼 연이은 출산과 첩제에 시달리며 살지 않겠다고 다짐했던 한 여성의 자아비판문이다. 그녀는 과거에 자신은 "부엌에 들어가는 것이 귀찮고, 아이 낳는 고통, (출산으로 인한—인용자) 실업의 비애를 도피"한 도피자였다고 반성하며, 앞으로는 건강한 육체를 무시하는 관념론자가 아니라 2세 재생산 임무 수행을 통해 진정한 유물론자가 되겠다고 다짐한다. 이런 개인 사례 외에도 집단적인 결혼권유 사례가 남부지역의 독신 처녀촌에서 확인된다. 100여 년이 넘는 전통을 가진 광뚱[廣東]성 순더[順德]를 중심으로 한 '자소녀(自梳女—남자가 아니라 여자가 머리를 올려주는 종신 처녀)'[80]라 불리는 집단 독신촌의 여성들은 보다 직접적인 방식으로 생활방식을 바꾸도록 권유되었는데, 곧 경제독립의 기반인 수입원(출국제재와 농촌 호구제)과 재산 몰수로 인해 이들은 독신을 포기했으며, 자소녀는 신중국 이후 거의 소멸되었다.[81]

자소녀들의 공동거주지였던 빙옥당, 광뚱성 순더 소재.

가정의 안정화는 모든 국가가 추구하는 공통 경향이

79) 方黛, 「我怎樣改變了「獨身主義」的觀點」, 『現代婦女』 3기, 1951.

80) 불교, 채식 생활을 하며 결혼하지 않는 이들은 인접한 싱가포르 등지에서 가정부로 돈을 벌며 현지에서 독신 네트워크를 유지했다. 광뚱성 지역에도 공동 거주지인 '빙옥당(冰玉堂)'을 지어 살기도 했는데, 경제적 능력과 성적 순결을 유지해 주위로부터 존경을 받았다.

81) 李小江 編, 『讓女人自己說話—文化尋踪』, 三聯書店, 2003, 106~118면.

다. 신중국의 경우에는 여성에게 가정내 역할과 사회적 생산활동 모두를 요구하였으며 그 권유방식은 경제적인 토대개혁과 여론에 의한 비판이라는 직접적 개입이었다. 여성은 이데올로기적 측면이나 물리적 측면 모두에서 사회주의적인 가정을 지키고, 이기적인 가정관념을 비판하는 핵심적 기능을 요구받았다고 하겠다.

5) 마치며

1950년의 혼인법 실시는 주체가 미성숙한 상태에서 부르주아 일부일처제 과제를 사회주의 문화건설의 일환으로 수행하고자 했던 야심찬 기획이었다. 혼인법의 실행은 개인주의적인 부르주아 사상을 비판하고 문화를 새롭게 창조한다는 정신교육을 통해 이루어졌는데 그것은 여성들의 일상과 사유방식을 형성하는 데 많은 영향을 미쳤다.

중국의 사회주의 여성해방은 유사한 시기 자본주의적 근대화 과정에서 남성가부장제의 존속 하에 점진적으로 일부일처제를 지향했던 동아시아의 여타 국가와 달리, 약자인 여성의 입장을 계급적 관점에서 지지하고 옹호한다는 원칙 아래 진행되었다. 실행의 결과는 도시의 경우, 직장을 매개로 하여 개인을 국가의 관리 속으로 효과적으로 포섭해 들일 수 있었던 점과 근대적 이념을 일찍부터 접했던 도시화의 영향으로 혼인법의 실행은 상대적으로 순조로웠다. 반면, 농촌은 강한 남성혈연중심과 토지에 묶여 있어 여성이 남성중심적 환경에서 독립적일 수 없었기 때문에 농촌 여성들이 치른 희생에 비하여 효과는 크지 못했다.

도시와 농촌에서 공통적으로 일어난 현상은 간부에 의한, 혹은 지방의 여론지도자에 의한 여성권익의 침해였다. 조강지처 유기와 권력남용이라는 결과로 나타났던 이러한 문제점은 법제차원의 허점이라 할 수 있는

'인치'적 조정방법에서 비롯되었다. '조정'이 여론몰이로 전락하지 않게 하기위해서 보장되어야 할 것은 정책에 대한 당의 확고한 의지였다. 다시 말하면 '개인'의 권리 주장을 이기적인 개인주의라고 매도하지 않고 그런 관점에서 여성들이 자유결혼과 이혼의 권리를 행사할 수 있도록 하는 것은, 결정적으로 당의 정책의지에 달려 있었기 때문이다. 이러한 문제의식에서 출발하여 1950년대 초반의 혼인자유 캠페인을 분석한 결과, 당의 '간부 보호 우선'주의 방침은 사회주의 여성해방의 진정성 자체에 의문을 품도록 만들 소지가 다분한 것이었다는 결론에 도달했다.

둘째로, 농민이 전체 인구의 80%를 차지하는 중국의 현실은 애초에 결혼대상을 자유롭게 선택하도록 한 혼인법의 '혼인자유'의 의미를 '이혼의 자유'로 바꾸도록 한 근본적인 제약요소였다. 신중국 성립 이전에 1%에 불과했던 이혼율이 캠페인 기간 동안에 급격히 상승한 까닭은 건국 이전에 조혼과 매매혼 등으로 더 이상 결혼상태를 지속할 수 없는 억압적인 결혼상태에 있던 여성들이 많았기 때문이다. 이들은 혼인법조항가운데 '애정'의 유무를 근거로 이혼을 요구하였고, 그 결과 혼인법 캠페인을 벌이면 벌일수록 자유결혼을 요구하는 경우보다는 이혼을 요구하는 여성들이 증가하였다. 새로운 사회의 건설과 안정을 위해 혼인법 캠페인을 벌이던 당으로서는 가정의 해체라는 곤경에 처하게 되었으며, 당은 이러한 딜레마에서 벗어나기 위해 이미 개인의 권리라고 인정한 '애정'을 새롭게 의미 규정함으로서 타개책을 찾고자 했다. 즉, 계급적인 동지적 감정을 '애정'이라고 규정하고, 이것에서 벗어난 개인적인 요구를 자본주의적인 타락, 이기주의라고 비판했다. 애초에 개인의 권리라는 차원에서 용인했던 '애정'과는 거리가 먼, 모순적인 해결책을 제시하게 된 것이다.

세 번째로, '혼인 자유'라는 여성해방의 궁극적인 목적은 국가의 생산성 향상에 있었다. 여성을 노동자로 보되, 주부와 아내로서의 역할은

'노동'으로 간주하지 않는 맑스주의 노동관은 여성들로 하여금 가사와 사회적 노동의 이중역할을 수행하는 현실에 대해 근본적인 문제제기를 하기 어렵게 하였다. 성별역할로서 두 가지 노동을 받아들이는 경향이 짙었던 다수의 마오쩌둥 시기의 여성들에게 가해진 이러한 과부하는 육체적인 무리로 나타났고 그 후유증은 마오쩌둥 사회주의가 종결된 이후에 사회적 현상으로 나타났다. 1980년대 이후, '노동하는' 중국의 여성들은 섹슈얼리티의 문제를 폭발적으로 쏟아 내었다. 여성이기 때문에 수행해야했던 '아내와 어머니됨'에 대해 피로감과 피해를 호소하였고, 심미적 영역에서 기존의 금욕주의에 대해 반발하였다. '모성'의 권리와 그간 억압되어 온 '가정'영역에 대한 발견과 요구가 이어졌고, '여성스러움'을 표현하고자 하는 욕구도 표출되었다. 그러나 이처럼 여성이 '노동자'로서만 허용되던 과거정책에 대한 불만 표출의 시기는 길지 않았다. 시장주의적 개혁이 가속화된 1990년대에 사회적인 성적 차별현상이 두드러지자 자본주의적 '현대화'에 대한 회의와 함께 경제적・이념적인 차원에서 국가와 남성중심적인 경향의 대두에 대한 비판이 다시 제기되었기 때문이다.

이러한 문제점에도 불구하고 신중국은 금전적 거래로부터 자유로운 일부일처제 결혼을 단시일에 정착시켰다는 성과는 높이 평가되어야 한다. 동아시아국가 가운데 중국의 사회주의적 현대화의 이러한 성과는 부인할 수 없는 것이라 하겠는데, 자본주의적 근대화를 거친 국가의 경우와 비교할 때는 물론이려니와 사회주의 국가인 북한의 여성정책과 비교 할 경우에도 그러하다. 북한의 경우, 여성이 이혼소송을 제기한 뒤 유효기간을 설정하여 기간내에 여성이 재판 불참시 기소무효처리함으로써 제약을 가했기 때문이다.[82)]

---

82) 『8・15 10주년 기념 김일성종합대학 학술론문집』 사회과학편, 김일성종합대학, 1956, 20~21면.

이러한 제도적인 변화는 일상의 가족문화의 변화를 수반하였다. 사회주의 여성정책은 남성가장이 지니고 있는 부양자로서의 가족에 대한 책임의식을 이기적인 것으로 비판하는 한편, 여성들이 가정 이외의 영역에 진출하여 노동하는 사회인으로써의 정체성을 갖도록 하였다. 그러나 상대적으로 여성의 사회적 존재로서의 가치를 긍정한 이 '노동자'로서의 여성상은 다른 여성집단을 배제함으로써 성립될 수 있었다. '노동'과 '가정' 영역의 분리로 인해 파생된 결과라고 할 수 있는 이 배제는 전업주부를 남편에 기생하는 집단으로, 비혼여성에 대해서는 출산이라는 재생산을 기피하는 이기주의자로 폄하하는 것이었다. 즉, 사회주의적인 가족문화의 건설은 사상적인 차원에서는 남성의 가부장성을 비판하는 긍정적 측면을 지니고 있었지만, 아이러니하게도 여성의 경우에 삶의 방식을 선택함에 있어서 훨씬 더 가정 영역을 중심으로 삶을 재편하도록 하는 결과를 초래하였다고 하겠다.

2. 입시제도 개혁과 '출신가정' 문제 – 세대갈등을 중심으로[83)]

1) 가족사 '기억'하기

과거를 기억한다는 것은 과거로 인한 상처를 치유하는 과정이자, 자아의 현재적 의미를 재구성하는 행위이다. 문화대혁명(이하 문혁)이 종결된 지 30년이 흐른 오늘 날, 펑지차이[馮驥才]가 모은 구술집에는 문혁 당시 10대 소녀였던 구술자의 양심의 가책으로 가득한 반성의 기록이 실려 있다.[84)] 「참회록」이라는 제목의 이 글은 아버지가 우파로 판명되었다는 소식을 전해들은 초등학생의 이야기로 소녀는 선생님으로부터 소식을 듣자 그 날로 부친과 왕래를 단절하고, 단절한 지 2년 만에 부친은 세상을 떴다. 구술자는 부친의 무혐의가 밝혀진 후에야 부친을 찾아가 주검을 맞이했었던 기억을 술회하며, 이미 중년이 된 현재의 자신에게 묻는다. 당시에 아버지가 잘못이 없다는 것을 알면서도 혹여 자신이 아버지와 연루될 것이 두려워, 진로에 불이익을 당할까 봐 부녀관계를 단절한 것은 아니었는가라고.

위 구술자의 말에 따르면, 문혁이라는 정치운동은 자신으로 하여금 아버지가 '수치'스럽게 느껴지도록 만든 원인이다. 이러한 상황에서 그녀는 자신을 지키기 위해서, 비록 부친이 잘못이 없다 해도 부친으로 인해 남들로부터 비난을 받아 자신의 '명예'가 더럽혀질 것이 두려워 부친을 외면했다. 그리고 그 수치스러움에 대한 죄스러움이 오늘날 그녀가 '참회'를 하는 이유이다.

---

83) 이 논문은 『중국현대문학』 제48집(한국 중국현대문학학회, 2009.3)에 실린 내용을 수정, 보완한 것임.

84) 馮驥才, 「懺悔錄」, 『一百個人的十年』, 時代文藝出版社, 2004, 343면.

죄책감을 느끼는 행위인 '참회'는 '자율적인 주체'의 형성과 관련이 있다. '자율'이란 외부에 존재하던 감시의 시선을 자기의 내면으로 들여 놓는 '도덕화' 과정을 의미한다. 그렇기 때문에 '참회'는 자신 스스로에 의한 판단이 선행될 때 일어나게 되며, 이와 달리 '수치'감을 느끼는 데는 그러한 주체적 판단이 필요치 않다. 그러나 위의 구술자는 과거 자신의 행위에 대해 오늘날 양심의 가책을 느끼며, 혈육인 딸로서 차마 부친에게 하지 못할 일을 했었다는 '도덕적'이고 '윤리적'인 차원에서 참회를 한다. 따라서 이 참회에는 주체적 판단에 의한 '죄'의식이 선행되어 있지 않다. 만약 그녀가 '참회'를 하려고 한다면, 참회의 원인으로서 문혁의 공모자로서 자신의 행위를 반성했어야 하며 거기에는 그 공모를 가능케 했던 '그 무엇인가'에 대한 천착이 수반되어야 마땅했다. 그러나 위 구술자의 참회록에는 그 점에 대한 의문과 회의가 드러나 있지 않다.

마오쩌둥 사회주의에서 부모와 자녀세대 간의 문제는 혈육 간의 '도덕적'인 문제가 아니었다. 세대 간의 갈등은 청년들의 취업과 진학에 있어서 당락을 결정하는 선발표준과 관련된 제도화와 관련된 문제였다. 즉, 부친이 어떠한 인물인가를 표시하는 '출신성분'이 청년들의 사회진출을 결정하는 1차적인 요인이 되고, 그것이 제도적으로 정착된 것이 1958년 마오쩌둥의 교육개혁의 주요 내용이었기 때문이다. 그런 이유에서 문혁과 사회주의 시기에 존재했던 세대 간의 갈등을 양심적으로 참회하는 문혁 이후의 글쓰기는 위험하다.85) 따라서 당시의 갈등을 기억하는 과정에는 그것을 제도의 문제로 보고, 제도화의 배경과 과정, 그리고 그것이 청년들의 의식과 행위에 미친 영향을 살펴보는 과정이 필요

85) 도덕주의적 참회와 관련하여 가장 우려되는 바는 역사적 성찰이 결여된 유교적 도덕주의의 부활이다. 천라이[陳來]는 최근 전통적 가치로서 유교가 부활하는 이유로, 구사회주의 이데올로기가 사람들의 정신에서 사라지고 난 뒤에 만들어진 거대한 공허와 빈 공간을 대중들이 유교적 윤리도덕과 민족정신으로 채우고자하는 강렬한 욕구를 지적했다. 陳來, 「孔子與當代中國」, 『讀書』, 2007.11.

하며 이 글의 문제의식은 여기에서 출발한다.

이 글에서는 사회주의 시기의 교육제도와 도덕의 문제를 검토하기 위하여 제도화과정과 청년들의 반응 두 부분으로 나누어 기술하고자 한다. 전반부에서는 1950년대에 이미 발전된 생산력을 갖고 있던 소련과 달리[86] 낙후한 중국의 상황에 맞는 사회주의의 대안으로 선택된 마오쩌둥의 대약진정책이 교육개혁에 어떻게 관철되었는가를 1958년 입시제도개혁을 중심으로 다루고자 한다. 입시선발기준가운데 '성적'보다 '출신성분'을 중시했던 마오쩌둥의 개혁지침이 비공개적으로 실행된 맥락과 그 지시내용이 검토될 것이며, 아울러 1958년에 실행된 입시제도에 대해 불만을 갖고 있던 피해자들의 억압이 분출된 1966년 직후의 논쟁을 함께 다루고자 한다. '혈통론' 논쟁이라 불리는 이 논쟁은 단지 마오쩌둥 교육개혁의 파장이 청년들에게 미친 영향의 폭을 보여준다는 차원에서만이 아니라 기회의 평등을 추구했던 사회주의사회에서 새로운 신분질서로 기능했던 '혈통중심'주의의 양면성을 검토해 본다는 의미를 지닌다.

후반부에서는 마오쩌둥의 선발제도개혁이 청년들에게 야기한 변화와 저항을 청년들의 글쓰기를 통해 살펴본다. 당시 청년들의 글쓰기의 주요 특징가운데 하나는 부친에 대한 기술이 사라지고 모친이 그것을 대신하는 현상이었다. 그 이유는 '우파'가정의 청년들이 자신의 진로에 장애가 되는 부친과의 연루를 꺼리고 상대적으로 부계중심의 연좌제로부터 상대적으로 안전하다고 판단되는 모친과의 정서적인 유대를 유지한데 있었다.[87] 이처럼 마오쩌둥이 실행한 '출신가정'위주의 대입 선발제

---

86) 1960년에 소련은 고졸자의 41%가 대학에 진학할 정도로 발전해 있었으나 신중국은 1.6%(1958)만이 대학에 진학하는 낮은 단계였다. 그럼에도 불구하고 중국에는 초등학생 입학률인 67%(1958)라는 숫자가 대입을 목표로 경쟁하는 비효율적인 불균형 상태에 처해 있었다. 國家統計局, 「中國統計年鑑」, 1983년판, 中國統計出版社, 13면과 김경욱, 「소련의 교육제도와 개혁전망」, 『슬라브 연구』, 한국외국어대 외국학종합연구센터 러시아연구소, Vol.6 No.1, 1990, 214면을 참조.

87) 부계를 기피하고 모계중심으로 재편된 경향에 대해서는 드보라 데이비스, 스티븐 해럴,

도는 가정 안에서 당과 부친의 권력이 경쟁하는 양상으로 나타났으며 청년들로 하여금 '효도'라는 관념을 해체하고 공적인 대의와 사적인 감정 사이의 선택을 강요하였다.

마오쩌둥의 교육사상이 이와 같이 일부 청년들을 비극적인 상황에 빠지도록 한 원인은 마오의 사상 자체가 갖고 있는 양면성에서 비롯되었다. 마오의 사상에는 교육을 통해 개조가 가능하다는 측면과 계급적 속성은 변하지 않는다는 본질주의에 대한 믿음이 공존하였는데 그것이 각각 다른 입장에 있는 청년들로 하여금 마오쩌둥 사상의 한 측면을 자신의 입장에 맞게 해석하도록 하였다. 신중국의 교육개혁에 관하여 선구적 연구를 수행한 조나단 웅거는 '사회주의식 선발기준'과 '경쟁'의 관계라는 점에서 교육제도를 분석한 바 있다.[88] 그는 입시경쟁이 격화될 때마다 '계급성분'이 '성적'보다 중요하게 작용하여 학력저하 문제가 발생했다는 점을 1960년대 교육정책의 문제로 지적하는데, 비판의 초점은 심사기준을 기득권 세력이 권력분배의 도구로 활용했다는 사실에 맞추어졌다.[89] 그의 분석의 문제점은 마오쩌둥의 교육개혁을 류사오치[劉少奇]의 개혁과 대비시켜 '비효율' 대 '효율'이라는 점을 과도하게 강조함으로써 마오쩌둥이 대약진을 할 수 밖에 없었던 중국의 사상적·정치적 맥락에 대한 배려가 부족하다는 점이다. 이러한 인식으로 인해 그의 분석대상에는 1958년의 교육개혁이 포함되지 않았으며 입시경쟁이 격화된 1960년대 이후가 분석의 출발점이 되었다. 그 결과 1957년의 반(反)우파투쟁을 출발점으로 하여 주기적으로 반복되는 마오쩌둥의 '대중노선'과 '전문가

김혜진 역, 『현대 중국의 가족제도－개혁개방정책 이후의 중국사회』, 동방미디어, 2001년을 참조.

88) Jonathan Unger, *Education Under Mao : class and competition in Canton schools 1960～1980*, Columbia U. Press, 1982, pp.12～14.

89) Anita Chan, Stanley Rosen and Jonathan Unger, "Students and Class Warfare-The Social Roots of the Red Guard Conflict in Guangzou(Canton)", *The China Quarterly*, No.83, 1980.9, p.403.

우선' 교육정책의 흐름을 맥락화하지 못하였다.

이와 달리 장윤미는 문화대혁명 시기의 교육혁명을 냉전체제 하의 새로운 실험이란 관점에서 분석하였다. 그녀는 당시 중국사회가 냉전이라는 긴장된 국제환경과 서방세계의 '평화적인 변화'[和平演變] 전략에 대해 두려움을 갖고 있었기 때문에 1949년에 완성된 혁명을 이끌어 갈 차세대 후계자를 양성하는 문제가 시급하였다는 중국의 특수한 상황을 중시한다. 위기감에 대한 구체적 대안이 '계급투쟁'을 중심으로 한 마오의 교육개혁이었다고 보는 것이다. 이러한 접근법은 중국적 사회주의의 모색이라는 점을 고려한 이 글의 접근시각과 근접해있지만 분석결과는 오히려 상치된다. 그녀는 '출신성분'을 배제의 범주로 인식하지 않고 마오주의 교육개혁의 혜택을 누린 계층이 노동자와 농민 가정출신의 자녀들이었다고 보며, 문화대혁명 시기의 교육개혁이 원래의 취지에 부합하는 실질적인 효과가 있었다고 해석하였다. 이러한 장의 분석은 교육개혁의 긍정적 효과를 강조한다는 점에서 '기회의 차단'이라는 관점에서 접근한 이 글과 차별성을 갖는다.

선행연구가 주목하지 않았던 1958년 교육개혁으로부터 분석하고자 하며, 아래에서는 진학과 취업에 있어서 청년들의 공정한 경쟁을 차단한 것이 '출신가정' 문제였다는 관점에서 마오쩌둥의 입시개혁을 살펴보고자 한다.

2) 1958, 자유화와 그 역풍

(1) 청년에 대한 마오쩌둥의 실망

연좌제란 말을 중국식 용어로 설명하면 '출신가정'문제가 된다. 개인의 자질을 판단하는 데 출신가정을 준거로 삼는다는 것은 사회교육의 효과가 가정내의 영향보다 미약하다는 것을 인정한다는 것을 의미한다. 마오쩌둥 사상의 특징이 선(善)을 향해 부단히 노력하는 상대주의적 선 관념에 있다는 점을 상기할 때,[90] 마오가 출신가정문제를 청년들의 입시와 직결시켰다는 점은 다소 모순적으로 보인다. 그러므로 본질주의에 대한 경도라 할 수 있는 이 아이러니를 이해하기 위해서는 먼저 어떤 상황에서 본질주의와 교육을 통한 개조 사이의 균형관계가 깨어졌으며 본질주의적인 방향으로 밀고 간 객관적 상황과 마오 개인 내부의 사상적 갈등과정을 이해할 필요가 있다 하겠다. 마오가 신뢰했던, 신중국에서 자라난 청년세대가 1956년 사상해방 시기에 어떻게 마오의 기대를 저버렸는가를 이해하는 것이 그 출발점이 될 것이다.

1956년의 신중국은 낙관과 여유, 자유로움에 차 있었다. 제1차 5개년 경제개발 계획의 목표가 계획보다 1년 앞당겨 달성되고 소유제 개혁이 완성되자 당은 고무되었고 이에 "과학을 향해 진군하라[向科學進軍]"는 슬로건을 내걸어 지식청년(이하 지청)[91]들에게 대입준비를 하라고 격려했다. 한편 이와 동시기에 상부로부터의 진학 권장과는 다른 흐름으로서 농촌으로부터 도시로의 인구 집중현상이 심해지고 있었다. 상급학교 진학에 실패한 농촌출신의 초·중등학교 졸업생들은 일할 기회가 많은 도시를 향해 급격히 몰려들었는데, 그 결과 도시의 취업난은 가중되고 식량부족이 야기되었으며, 이러한 압박은 1957년에 극에 달했다. 청년과 관련하여 심각하게 등장한 문제는 진학을 원하는 학생은 많았지만 진학률은 턱없이 낮았다는 점이었다. 그 직접적인 원인은 짧은 기간 안에 학생 숫자를 지나치게 늘린 정부의 정책에 있었는데, 당시의 학생 수의 증가

90) 리쩌허우, 김형종 역, 『중국현대사상사론』, 한길사, 2005, 232면.

91) 중·고등학교를 졸업하고 농촌이나 공장에서 직장생활을 하는 청년을 지칭하며, 여기에서는 주로 대학입학에 실패한 청년을 가리킨다. 대학 교육을 받은 이들은 지청이라 불리지 않고 지식인에 속했고, 고급지식인은 대학강사 이상, 주치의, 법관 등을 가리켰다. 「關于教育衛生系統精簡工作的情況和意見」, 1962.4.17(上海檔案館 문서번호 A23-2-825).

속도를 백분율로 계산한 자료를 보면 다음과 같다.

適齡人口就學率表

연도	초등교육	중등교육	고등교육
1949	25%	2%	0.3%
1957	61%	—	—
1958	67%	17%	1.6%
1965	85%	16%	1.4%
1981	93%	46%	1.6%

国家统计局, 『中國統計年鑑』, 1983年版, 中国统计出版社, 13면.

1957년 류샤오치는 대대적인 폐교와 신입생 모집 중단과 같은 교육 긴축정책을 통해 이 문제를 해결하고자 하였다. 갑자기 진학할 상급 학교가 없어진 학생들은 도시에서 실업자가 되거나 상부로부터 농촌으로 내려가라는 압박을 받았다. 학생들은 상급학교에 진학하는 것이 왜 이기주의라 비난받아야 하느냐고 항의했고 부모들도 자녀가 농촌으로 돌아오지 말고 도시에서 자리를 잡기를 바랐다.[92] 류사오치는 「초·중등 졸업생의 농업생산 참가문제에 관하여(一)」를 발표하여 이런 흐름을 강력하게 차단하고자 했다.

> 중·고등학교와 초등학교, 특히 중·고등학교를 졸업한 학생이 시골로 가서 농사를 짓고 농업생산에 참가하는 것은 문제가 있는가? 있다, 문제가 있다. 문제는 사상적인 문제이다. 학교의 정치교육과 사상적 작업이 현실에서 벗어나고 군중으로부터 이탈하는 오류를 범하여 학생이 이러한 신중국이 처한 객관적인 수요와 가능성에 대해 절박하고도 충분하게 인식하지 못했다. **과거 교육행정 부문에서 노동교육을 충분하게 강조하지 않았다.**[93](강조는 인용자)

92) 沈凌, 「有上進心就是“個人主義往上爬”嗎?」, 『中國青年』, 1956.11, 40면.
93) 「關于中小學生畢業參加農業生産問題(之一)」, 『人民日報』, 1957.4.8.

정책적인 오류를 학생들의 사상문제라고 몰고 간 당지도부의 이러한 비난은 학생입장에서 보면 억울한 것이었다. 왜냐하면 당 내부의 문건조차도 문제가 정책상의 오류에서 빚어진 것임을 인정하고 있기 때문이다.[94)]

그렇기 때문에 직장이나 학교에 적을 두지 못한 이러한 실업자 개인들에게 '사상적'인 책임을 추궁해 귀향을 강요해서는 안 되는 것이었다. 그럼에도 불구하고 1956～1957년의 백가쟁명 시기에 학생들이 보여준 태도에

『중국청년』에 실린 삽화로 벽에는 "과학을 향해 진군하자!"라는 당시의 구호가 걸려 있다. 삽화에는 다음과 같은 대사가 딸려있다. 甲 : "자네, 박사논문 쓰는 중인가?" 乙 : "아니, 박사논문 쓰는 건 개인주의적 발상이라고 비판하는 글을 쓰고 있는 중일세."

94) 상하이시의 1956년 연말 보고서는 도시로 되돌아 온 '역류청년(倒流知青]'과 실업자가 늘어난 원인으로 "적지 않은 직장이 실제 수요에 근거하지 않고 맹목적으로 인원을 증가하여 사람이 일자리를 초과하는 현상이 벌어졌다"고 분석했다. 上海市勞動局辦公室, 「市人委關于企事業單位招收人員的通知和市勞動局關于動員壯工, 知青參加國家建設工作情況及外調人員倒流回滬情況的報告」, 1956.12(上海檔案館 문서번호 B127-1-64).

대해서는 별도의 분석이 필요하다고 보인다. 교육긴축정책에 대한 학생들의 반발은 당지도부가 자신들의 진로를 정하는 당의 지도 자체에 대한 거부로까지 나갔으며 당시 베이징 대학의 졸업반 학생이 쓴 글에는 그러한 분위기가 잘 나타나 있다.

> 머리를 잘리고 피를 흘릴 수는 있어도 자유의지를 굽힐 수는 없다!
>
> 나는 금년 졸업반이다. 하지만 졸업 전야인 오늘, 나는 아직도 자신이 어디로 가게 될 지를 알지 못한다. 왜냐하면 나는 모든 졸업생들과 마찬가지로 나의 앞 길을 선택할 권리가 없기 때문이다. 당은 우리에게 배정에 복종하라며 마음대로 우리를 본인이 원치 않는 곳으로 발령을 내고, 본인이 하고 싶지 않은 일을 맡으라고 요구한다. 맹목적으로 복종하는 것이 훌륭한 젊은이라고 간주된다. (…중략…) 왜 우리 청년들은 해방이 된 오늘 날, 왜 이런 비극적인 역할을 맡아야만 하는가. 이런 희생을 감수하는 것은 아무런 의미가 없다.[95]

당에 대한 도전으로 볼 수 있는 이러한 불만은 대담한 것이기는 했으나 당시로서는 그리 보기 드문 현상이 아니었다. 청년들은 업무 외의 시간에 정치교육을 듣지 않고 무선전신이나 탁구와 같은 취미생활을 하거나 입시준비를 하는 것이 문제될 게 없다고 주장하였다.[96] 여학생들은 "왜 무늬 있는 옷을 입으면 안 되는가?"라며 복장의 자유를 요구했고, 명망가들도 이러한 학생들의 편을 들어 주어 자유로운 분위기가 확산되었다.[97] 당이 학생을 동원하고 학업보다 노동에 더 많은 시간을 할애하도록 한 당의 정책에 대해서는 중국 내부는 물론 해외에서도 비판이 있었

95) 譚天榮, 「教條主義産生的歷史必然性」, 『民主接力棒』, 1957.6.6; 陳映芳, 『"青年"與中國的社會變遷』, 社會科學文獻出版社, 2007, 207면에서 재인용.

96) 何其人, 「要幫助和支持在職青年學習文化科學知識」, 『中國青年』, 1957.7, 2~3면.

97) 郁風, 「願你一天比一天更漂亮!」 『中國青年』, 1956.6, 23면; 荒山, 「爲什麽要反對穿花衣服?」, 『中國青年』, 1956.1, 38면.

1956~1957년 무렵, 자유롭게 젊음을 표현하고 싶은 여성들의 욕구가 유머러스하게 표현되어 있다. 『중국청년』

는데 주요한 것이 "학생을 학생으로 대접하라'는 내용이었다.[98]

현대 중국의 사회변화 과정에서 청년들은 각 시대상황과 변혁주체에 따라 상이한 의미를 부여받아 왔다. 5·4운동을 계기로 하여 사회변혁의 주체로 호명되었던 청년들은 1930년대 중일전쟁이 발발하자 국민당과 공산당 양당에 의해 구체적인 쟁탈의 대상으로 떠올랐다. 국민당의 장제스[蔣介石]는 1938년 「삼민주의청년단 조직을 위해 청년에게 고하는 글」에서 "청년은 혁명의 선봉대이며 국가의 새 생명이다. (…중략…) 전국의

98) 한국의 한 잡지에서는 「酷使에 呻吟하는 中共학생들」이라는 제목 하에 학생들이 비료생산과 농지개간에 동원되는 현실을 언급하며 이런 상황에서 학생이 어떻게 학업에 전념할 수 있는가라고 반문하였다. 『사상계』 39호, 1956.10, 150면.

청년은 엄격한 기율로 훈련하고 옛 악습을 고쳐(…중략…) 국민의 독립적인 새로운 정신과 자강적인 새 생활에 충실하도록 힘쓴다"[99]라고 하며 삼민주의 정신으로 단결할 것을 요구하였다. 기존의 권력정당이었던 국민당은 청년들에게 쑨원의 민족・민생・민권의 이념에 맞는 복종과 규율을 요구하였으나 이와 달리 공산당은 보다 근본적인 사회변혁의 역량을 찾고자 하였으며 그러한 인식 하에서 청년의 역할을 재평가하였다. 마오는 1939년 「청년운동의 방향」에서 혁명의 핵심세력은 청년이 아니라 노동자・농민 대중이라고 보고 청년은 이들과 결합해야 한다고 하였다.[100] 5・4 시기에 중국의 청년들에 관한 담론은 실존으로서의 청년을 대상을 논한 것이 아니었다. 노쇠한 중국을 구할 수 있는 청춘, 젊음을 요구받는 정치화된 당위로서의 '청년'담론이었다.[101] 반면, 1939년에 발표된 마오쩌둥의 「청년운동의 방향」은 청년들이 실존적으로 노동자・농민과 직접 결합할 것을 요구한 실천적인 것이었다. 따라서 공산당의 입장에서 청년이 혁명적인가 아닌가 여부를 판단하는 근거는 그들이 노동자 농민과 결합하려고 하는가 아닌가 여부에 달려 있었다.

마오쩌둥은 청년들이 순수하고 과감한 도전의식을 지녔다고 보았기 때문에 그들이 노동자 농민과 결합할 것을 신뢰하였다. 그러나 1956~7년 학생들의 위와 같은 요구와 불만은 마오쩌둥으로 하여금 청년들이라고 해서 다 '순수'한 것은 아니라는 사실을 깨닫도록 하였으며 마오는 1957년 2월 「인민내부의 모순을 정확하게 처리하는 문제에 대하여」에서 청년들에 대하여 이렇게 평했다.

---

99) 羅永生, 「青年與現代性」, 5・4운동 90주년 기념 학술대회, 『중국 '청년문화' 90년을 말하다』자료집, 한국 중국현대문학학회・중국인문학회, 2009.5.16(별도자료), 5면.

100) 마오쩌둥, 김승일 역, 『모택동 선집』 2, 범우사, 2002, 269면.

101) 程凱, 「『不看中國書』与再造 「新青年」的歧路－由1925年"青年必讀書"事件引發的考察」, 5・4운동 90주년 기념 학술대회, 『중국 '청년문화' 90년을 말하다』 자료집, 한국 중국현대문학학회・중국인문학회, 2009.5.16, 51면.

> 지식인과 청년학생 내부에는 최근 일련의 시기에 사상정치 작업이 약화되어 일부 편향이 드러났다. 이들의 눈에는 마치 무슨 정치니 조국의 앞날이니 인류의 이상이니 하는 것들이 아무런 관심을 기울일 만한 필요가 없는 것으로 보였다. 한 때 맑스주의가 유행했지만 이제는 한물 간 것처럼 말이다.[102)]

마오는 청년들에 대한 정치 사상작업이 약화되어서 개인주의적인 퇴행 현상이 출현하였다고 보았다. 그러나 학생들의 불만은 일시적인 사상교화의 부족에서 비롯되었다기보다는 국가 상태와 개인의 관계에 대한 근본적인 데에서 비롯된 것이었다. 이들은 전쟁이 끝나고 국가가 수립된 평화로운 시기에 왜 전시와 같은 동원체제를 따라야 하는가를 물었다.[103)] 이러한 청년들의 상황인식이 마오에게는 1949년 이전으로 퇴행하는 위험한 부르주아 사상으로의 회귀로 받아 들여졌고 학생들은 소부르주아 개인주의자라고 비난받기 시작했다.[104)] 이데올로기 교육을 통해 청년들을 재교육하는 과정이 시작된 것이다.

1957년의 긴축정책은 도시의 실업인구를 농촌으로 분산시키는 하향(귀향)을 통해 이루어졌다. 당시 마오는 청년들의 하향을 류사오치[劉少奇]와 함께 공동으로 추진하였지만 마오와 류사오치 사이에는 미묘한 차이가 있었다. 류사오치는 도－농 격차 해소라는 명분을 내세워 하향의 불가피함을 학생들에게 양해 받고자 하였던 반면, 마오는 농민과 결

---

102) 中國教育年鑑編輯部 編, 「關于正確處理人民內部矛盾的問題」, 『中國教育年鑑 1949~1981』, 中國大百科全書出版社, 1984, 38면. 마오쩌둥의 이 글은 수정을 거친 1957년 6월 판본의 내용이다. 원래 2월의 내용은 헝가리 사태를 지지하고 백화제방을 고무하는 내용이었으나, 내부 토론과 수정을 거쳐 나온 6월 판본은 헝가리 사태를 비판하고 사상해방을 통제하는 입장으로 바뀌었다. 모리스 마이스너, 김수영 역, 『마오의 중국과 그 이후』 I, 이산, 2004, 246면과 260면을 참조.

103) 譚天榮, 「教條主義產生的歷史必然性」, 『民主接力棒』, 1957.6.6, 陳映芳, 『"青年"與中國的社會變遷』, 社會科學文獻出版社, 2007, 207면에서 재인용

104) 紀魯, 「整風運動的幾個問題」, 『中國青年』, 1957.2, 13면.

합하기를 꺼리고 공부를 통해 관리가 되려는 출세주의 자체를 혐오했다. 양자의 이러한 차이는 대약진 실패 후에 류사오치의 교육정책이 부상했던 1961년과, 마오의 교육정책이 다시 주류로 떠오른 1964년 무렵의 교육정책에서 분명한 차이를 노정했다.

류사오치는 지청들에게 하향을 적극 권하여 하향지청의 동원 숫자가 증가했던 1962년 전후에도 지식의 중요성을 여전히 강조하였다.[105] 그는 선진 기술습득에 필요한 영어와 외국어교육을 강조하고 교수의 안식년 보장 등 지식인에 대한 처우개선 등을 골자로 한 "대학교 60항목[高校 60條]"[106] 정책을 실행하였다. 반면, 마오는 1964년 무렵 지식위주 교육의 부작용을 비판하며, 그 폐해가 공부해서 출세하려는 태도[讀書昇官]라고 비난하였다. 그랬기 때문에 마오는 1963년부터 위아래가 고른 학생분포 구조를 지닌 박스형 학제를 만들기 위해 반공반독(半工半讀)과 같은 제도를 만들어 배운 지식을 현장에 곧 바로 활용할 수 있는 노동과 학습 병행시스템을 마련하였다.[107]

마오는 이와 같이 자력갱생을 목표로 한 토착적인 사회주의의 실현이라는 구상을 갖고 있었다. 그러했기 때문에 다음 장에서 다루어질 1958년의 교육개혁의 내용인, '우파' 가정 자녀에 대한 입학배제와 청년들의 농촌으로의 귀향을 징벌로 인식하지 않고, 사회주의 교육, 곧 문화건설의 일환이라고 보았다.[108]

---

105) 周建人, 「讀書與紅專問題」 『中國青年』 13~14기 통합호, 1961, 28면.

106) 中央教育科學研究所 編, 『中華人民共和國教育大事記 1949~1982』, 教育科學出版社, 1983, 295면; 中國教育年鑑編輯部 編, 『中國教育年鑑 1949~1981』, 中國大百科全書出版社, 1984, 237면.

107) 中國教育年鑑編輯部 編, 『中國教育年鑑 1949~1981』, 中國大百科全書出版社, 1984, 945~946면.

108) 정풍운동과 하향의 결합에 관해서는 「進一步正頓和提高團組織的戰斗力」, 1958.7.3(上海檔案館 문서번호 A77-2-510).

(2) 입시선발 기준의 재정립–'출신가정' 기준

① 열리는 교육기회–노동자와 농민출신

1957년 2월에 지식인과 청년에 대한 비판이 이루어진 이후, 마오는 신속하고도 구체적인 지시를 통해 교육개혁 작업에 착수하였다. 1958년 가을 개학시즌에 맞추어 1958년 7월에 하달된 공문을 보면 입학생의 '성분'에 대한 규정이 실려 있다.

> 노동자·농민계급 자신의 지식인 대오를 신속하게 길러내기 위해 대학생의 노동자 농민출신자의 비중을 늘리는(…중략…) 일련의 조치를 취했으나, 여전히 부족하다고 판단된다.(…중략…) 대학 내에 노동자·농민 예과를 만들어 2,400명의 신입생을 선발하고, 별도로 본과에 노동자·농민 성분의 학생을 1,500명 더 뽑도록 한다.(…중략…) 입학조건에 맞는 노간부, 노동자·농민간부, 노동자·농민과 일부 우수한 청년간부를 효과적으로 동원하기 위해 추천제를 채택하며, 추천입학 만이 그것을 보장할 수 있다.[109]

이 지침에 따라 35세 미만의 중·고등학교 졸업수준의 노동자·농민이면 추천입학이 가능해졌다. 대학의 학과도 노동자와 농민이 전공할 수 있는 농과와 공과를 증설하도록 하였고, 이로써 1954년에 확정되어 실행되어 오던 성적우선주의에 의한 대입선발 기준이[110] 1958년에 이르러 출신에 따른 추천(保送)우선이라는 전형방법과 우선순위를 바꾸게 되었다.

사회주의 시기의 대입의 선발기준은 학업성적(academic performance), 가족계급성분(family class-origins), 정치적 표현(political performance) 세 가지였다. 이 세 표준은 정치적 상황에 따라 비중이 달라졌는데 1958~59년 대약진

109) 中共上海市委組織部, 中共上海市委教育衛生工作部, 「關于在各高等學校增設工農豫科幷由各單位保送學生入學的意見(草案)」, 1958.7.18(上海檔案館 문서번호 A23-2-375).

110) 中國教育年鑑編輯部 編, 『中國教育年鑑 1949~1981』, 中國大百科全書出版社, 1984, 934면.

시기에는 정치적 표현, 출신가정이 중시되고 1962년처럼 현대화가 강조될 때는 성적 우수자가 우선권을 차지했으나 1963년부터 무게가 점차 다시 정치적 표현 쪽으로 실리기 시작했다.

이러한 변화에 대하여 조나단 웅거는 졸업생 숫자의 증가 외에 언제나 그래왔듯이 과거 중간계급 출신 자녀들의 시험성적이 우수했기 때문에 기득권층인 혁명간부의 이익을 지키기 위해서 경쟁이 격화될 수록 이들에게 유리한 '정치적 표현'이 강조된 것이라고 본다.[111] 그리고 이러한 정책이 초래한 폐단이 학력 저하 현상이었다고 지적한다.[112] 그러나 '경쟁'과 제한된 '기회'를 둘러싼 자리다툼이란 측면에서 '출신성분'

소방활동 참가, 문맹퇴치 등 방과 후 사회봉사활동에 열심인 학생이 학업을 따라가지 못하는 부담을 표현한 만화이다. 청년들은 학업과 '정치적 표현'이라는 평가 기준사이에서 많은 부담을 느꼈다. 잡지 『중국청년』.

---

111) Jonathan Unger, *Education Under Mao : class and competition in Canton schools 1960～1980,* Columbia U. Press, 1982, pp.12～14.

112) 그는 출신성분 강조가 학력하락을 조장한 원인이었다고 보고 그러한 경향이 극단적으로 강화된 때가 문혁이라고 본다. Anita Chan, Stanley Rosen and Jonathan Unger, "Students and Class Warfare-The Social Roots of the Red Guard Conflict in Guangzou(Canton)", *The China Quarterly*, No.83, 1980.9, p.403.

문제를 바라 본 조나단 웅거의 해석은 결과에 대한 평가에 치중한 나머지 마오의 개혁 의도와 결과를 충분하게 설명하였다고 보기 어렵다.

마오는 '출신성분' 강조를 통해 노동자·농민 출신 가정의 자녀들에게 기회를 주고자 하였다. 그는 이 새로운 입시기준 확립을 통해 1949년 이전 혁명기에 공로가 컸던 고급 간부의 자제들에게 독점적 이익을 줄 수 있는 가능성을 차단하고자 했던 것으로 보이는데, 그러한 의도는 1958년 교육개혁이 실행되기 직전의 문서를 통해 확인할 수 있다. 위에서 인용한 1958년 7월의 지침을 보면, 그는 출신성분을 강조하며 구체적으로 5년 내에 노동자·농민 성분의 학생을 60% 이상 되도록 만드는 목표를 실행하겠다고 천명하였던 것이다.[113] 그리고 단지 추천입학제만으로는 입학 후에 이들이 학습을 지속하는 것이 곤란할 수 있다는 판단하에 당 지도부는 7월의 문건이 하달되기 5개월 앞선 동년 2월에 입시대비용 특별 보충수업을 하도록 제도적으로 지원하였다. 응시생은 대학기관에서 4월 중순부터 7월 상순까지 12주 동안 매일 4시간씩, 혹은 매주 3일 전일로 보충수업을 받도록 지시받았으며, 이러한 입시준비상의 특혜 대상은 "가정이 노동자 농민출신이거나 혁명에 참가한 지 10년 이상 된 간부의 자녀"[114]가 포함된다고 명시되었다.

그러면 개혁의 결과로 과연 기득권층 간부와 평범한 노동자 농민 가정의 자녀가 동등한 입학의 권리를 누렸는가?[115] 마오의 기대와 달리

113) 上海市高等教育管理局, 「關于高校招生貫徹階級路線問題的報告」, 1958.2.13(上海檔案館 문서번호 A23-2-375).

114) 中共上海市委組織部, 中共上海市委教育衛生工作部, 「關于在各高等學校增設工農豫科并由各單位保送學生入學的意見(草案)」, 1958.7.18(上海檔案館, 문서번호 A23-2-375).

115) 마오의 대중위주의 교육개혁이 제도적으로 정착, 실행된 것은 무시험 추천으로 대학입학이 이루어진 1972년 무렵이다. 장윤미는 마오주의적인 개혁 결과, 농촌교육이 급격히 확대되고 농촌지향적인 교과 과정 개발이 촉진되었으며, 교육형태가 피라미드에서 박스형으로 변화되었다고 긍정적으로 평가한다. 장윤미, 「문화대혁명과 노동자의 '교육혁명'」 서울대 국제학연구소, 『國際地域研究』 第16卷 第1號, 2007.3 참조.

1960년 이후, 노동자 농민 신분의 학생 숫자는 60% 할당을 채우지 못하였다.[116] 1958년의 마오쩌둥의 입시제도개혁이 소기의 목적을 달성하지 못한 것이라고 하겠는데, 그 이유는 애초부터 마오의 계획이 무리였다는 점과 혁명간부들의 특권남용, 그리고 대약진운동의 실패로 인해 개혁 자체가 철저하게 실행되지 못했던 점을 들 수 있다.

② 닫히는 입학의 문—'우파' 가정의 자녀

1958년 교육개혁에 의해 하나의 문이 열릴 때 다른 하나의 문은 닫히고 있었다. "절대기밀[絶密]"이라고 분류된 신입생 심사표준에 관한 통지[117]에는 입학시켜서는 안 될 학생의 조건이 11개 항목에 걸쳐 상술되어 있는데 본 주제와 관련된 대목을 보면 다음과 같다.

> 9, 직계친족 가운데 반혁명분자 혹은 반당 반사회주의 분자가 있고 본인의 사상이 그들과 선을 분명하게 긋지 않고 표현이 낙후한 자.
>
> 10, 친밀한 사회관계에 있는 자가 정치적 문제로 당국에 의해 사형・형 언도・관리제약, 혹은 자본주의 국가인 타이완・홍콩・마카오 등지에서 반혁명활동에 종사하며 본인이 사상적으로 이들과 분명한 선을 긋지 않고 표현이 낙후한 자.
>
> 11, 지주・부농・자본가와 반동관리 등 착취계급 가정출신으로 가족과 선을 분명히 긋지 않은 자로 표현이 낙후한 자.[118]

---

116) 교육기회를 살펴볼 수 있는 간접자료로 조나단 웅거의 1960년대 초반의 조사를 참조하면, 광동의 고등학교 학생들의 계급성분은 중점학교의 경우, 혁명간부 자제가 48%, 노동자 농민가정이 11%, 중간인텔리 가정출신이 32%를 차지한다. 노동자・농민은 1960년대 초 여전히 10%남짓에 불과했다. Jonathan Unger, *Education Under Mao : class and competition in Canton schools 1960~1980*, Columbia U. Press, 1982, p.27.

117) 中共上海市委教育衛生工作部轉發教育部臨時黨組報中央宣傳部轉報中央總理, 「"高等學校錄取新生的政治審查標準"(稿)"的通知"」, 1958.7.14(上海檔案館 문서번호 B40-2-2).

118) 上海市高等學校招憑委員會, 上海市教育局, 「關于選送本屆高, 初中畢業生支援外地建設的工作計劃」, 1961.8.15(上海檔案館 문서번호 A23-2-796).

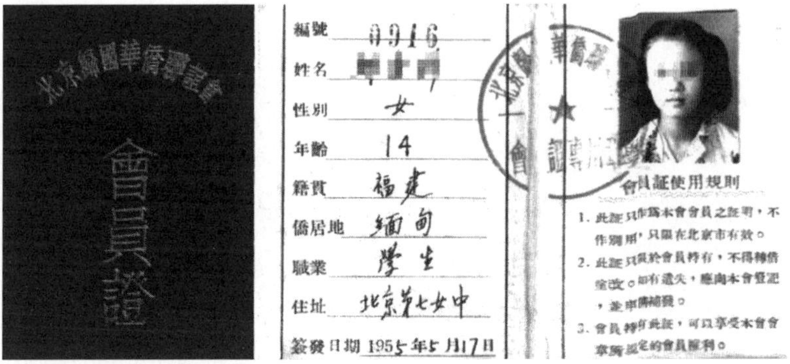

화교는 냉전 시기 경제봉쇄를 타개하기 위한 해외자금원으로 중요하였기 때문에 당지도부는 화교 학생유치와 관리에 관대한 정책을 폈다. 그러나 좌경 이념이 주도적일 때 화교가정 자녀는 비판의 타깃이 되었다. 사진은 버어마 화교 가정 여학생의 신분증이다.

1957년의 '우파 반혁명분자'에 부모가 해당한 경우의 자녀는 9번에 속했다. 그리고 10번은 주로 국내의 화교자녀들이 해당되었는데, 당시 이들은 미국의 경제봉쇄에 대한 경제적 완충역할을 함으로써 해외 자본 유치에 유용한 존재였지만 계급노선이 강조될 때마다 일상과 진학에 영향을 받았다.[119] 그리고 11번은 지주·부농·자본가 등 구사회의 착취계급의 자녀였다. 당시의 계급분류표를 참고하면 이들이 세 부류가운데 어디에 위치하고 있는지를 알 수 있다.

첫째, 좋은 계급 출신[階級成份好的]

① 혁명간부, 혁명군.

② 노동계급, 빈농

119) 1961년, 통일전선 방침이 정해지자 화교자녀는 동일한 조건일 경우 우선 합격대상이 되었고 정치적인 이유로 작년과 본 년도에 탈락한 자는 재심사를 받게 되었다. 上海市人民委員會華僑事務處, 「關于本市應屆高中畢業歸國華僑學生報考高校問題的請示報告」, 1961.5.23(上海檔案館 문서번호 A23-2-782).

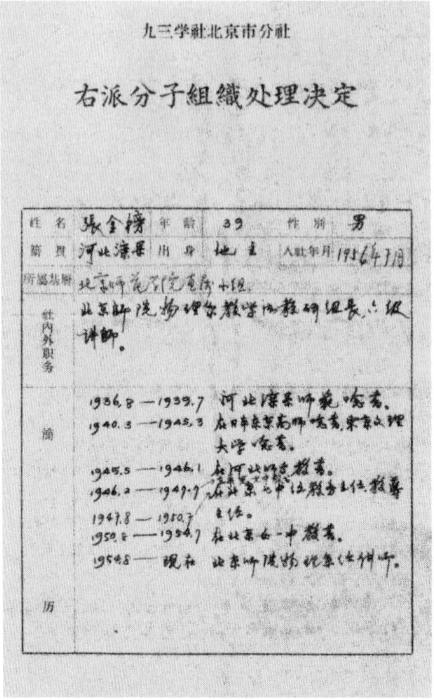

우파로 분류된 사람들이 받은 판결통지문. 지주출신의 39세 남성이 우파로 판결되었다.

둘째, 중간 계급출신[一般成份]

① 非지식인 중간계급(점원, 중농 출신)

② 지식인 중간 계급(교사, 교수)

셋째, 나쁜 계급 출신[階級成份不好的]

① 과거 자본가 가족

② 우파 가족(1957년 백화제방운동 당시 과격한 발언을 한 것으로 낙인찍힌 대상-강조는 인용자)

③ 나쁜 성분 가족(범죄자)

④ 적대 계급, 부농 지주가족[120)]

신중국 건립 이후 지식인은 1950년에 중간계층인 '직원(월급생활자)'으로 분류되었다. 그러나 제1차 경제개발에 참여한 공로로 그들은 당원이 아님에도 불구하고 간부직의 25%를 차지할 정도로 신분이 상승하였다. 그러나 1957년 반우파투쟁이 시작되자 계급 분류상 최하층인 셋째 등급으로 떨어져 전체 500만 명의 지식인 가운데 55만 명이 이러한 추락하는 운명에 처했다.[121)] 앞의 9번 항목인 '반혁명분자'에 해당하는 지식인 가정 출신의 자녀가 그 직접적 영향의 대상이었다. 이들은 중간계층인 직원의 자녀가 아니라 반혁명분자의 자녀로 다시 등록되었다.

앞서 다룬 내용이 입학자격 제한을 통한 1차 선별과정이었다면 2차 선

120) Jonathan Unger, *Education Under Mao : class and competition in Canton schools 1960~1980*, Columbia U. Press, 1982, p.14.

121) 진춘밍 · 시쉬엔, 이정남 외역, 『문화대혁명사』, 나무와숲, 2000, 31면.

별은 전공별 제한에 관한 규정이었다. 이것은 응시자가 중요 직책으로 진입하는 것을 차단하는 것을 목적으로 한 것으로 첫째, 가정에 정치적 오류가 없다 해도 응시자가 반동조직에 참가했거나, 둘째, 응시자가 지주·부농·자본가 가정출신의 자녀일 경우에는 무조건적으로 이른 바 '기밀전공'이라고 분류되는 학과의 입학을 금지한다는 것이었다. 구체적으로 이들이 입학할 수 없는 학과는 물리학·생물학·원자력·지리학 등의 과학기술과 외교관을 양성하는 특정대학의 외국어학과였다.[122] 그리고 이 목적을 착오없이 수행하기 위하여 당지도부는 학생들의 신상에 대해 다음과 같이 요구했다.

> 각 기관은 모든 응시생들을 표준에 근거하여 진지하게 심사하여 각각 「기밀전공에 입학가능」, 「입학가능」, 「입학 부적합」이라는 구체적 결론을 내도록 한다. 초별 심사기관은 초별 심사 자료가(…중략…) 7월 15일 이전까지는 완성되도록 시간을 다잡아 신속하게 처리하여 임무를 기한 내에 완성하도록 한다.[123]

시험을 치르기 전에 비공개적으로 당락을 결정하라는 이 지침은 1957년에 우파로 분류된 가정의 자녀들의 입학에 걸림돌이 되었고, 낙방한 이유를 모른 채 재수·삼수를 하는 나쁜 가정출신의 청년들을 양산하는 직접적인 원인이 되었다.[124] 이 지침이 실행되자 1960년 이후 대학생의 구성은 중간 계급과 좋은 성분의 학생들로 고르게 채워졌다.

1958년 마오쩌둥의 교육개혁의 결과를 보면, 적극적으로 노동자·농민 출신 가정의 자녀를 목표만큼 진학시키는 데는 성공하지 못하였지

122) 中共上海市委教育衛生工作部轉發教育部臨時黨組報中央宣傳部轉報中央, 總理, 「高等學校錄取新生的政治審查標準(稿)的通知」, 1958.7.14(上海檔案館 문서번호 B40-2-2).
123) 위의 글.
124) 劉小萌, 『中國知青史』, 中國社會科學出版社, 1998, 38면.

만, 출신성분이 나쁜 우파 가정의 자녀를 배제시킨다는 목표만큼은 달성하였다고 보인다.

③ '부모와 선을 긋는' 자녀—위험한 부계와 안전한 모계

1958년 신입생 모집 지침은 해당 사항이 있는 가정의 자녀들에게 '직계친족'과 '선을 분명하게 그[劃淸界線]'을 것을 요구하였다.[125] 학생들은 선을 분명하게 그으면 직계친족, 곧 부모로 인한 짐을 벗을 수 있다고 생각하여 무엇이 '선을 분명하게 긋는' 것인지 알고 싶어 했다. 순진한 청년들은 가족이 보내주는 물품을 거절하고 왕래를 끊는 것인가라고 물어 왔으며 이에 대해 상담자는 당사자가 부모와 다른 삶을 사는 것이라고 답했다.[126] 출신가정이 나쁜 학생들은 일상 속에서 자신이 가족성원과 다르다는 것을 보여주기 위해 가족을 당에 고발하는 행위를 감행하기도 하였는데, 그 사실이 주위 사람들에게 알려질 경우에 반응은 둘로 나뉘었다. 인정이 없다는 비난을 듣거나 청렴한 '꼬마 포청천'이라는 영예를 얻곤 하였다.[127] 문혁 시기에 이르면 이러한 사상교육이 한층 강화되어 출신가정이 좋지 않은 청년들은 직접적으로 부모를 비판하도록 요구되었는데, 이러한 분위기 속에서 청년들은 강요에 의해서가 아니라 스스로 그것을 성공적으로 해내고 싶어 했다. 1966년 9월에 한 여학생이 썼던 '문혁 일기'에 대하여 2000년 홍콩의 한 잡지사에서 이루어진 일기저자와의 인터뷰 내용을 보면 다음과 같다.

> 그 애들은 입단(공산주의청년단—인용자) 발전회에서 자신의 부모를 욕하고 자기 집을 사무치도록 증오한다고 눈물을 흘리고 통곡을 하면서 마음과 면모를

---

125) 주 33)을 참조.
126) 臧劍秋, 「怎樣才是正確地和剝削階級家庭劃淸思想界限?」, 『中國青年』 제11기, 1962, 24면.
127) 董加耕, 「還鄉務農日記片斷」, 『中國青年』 제1기, 1964, 17면.

꼬마 홍위병[紅小兵]이라 불리던 문혁 시기의 어린 소녀들

어린 학생들은 버스 안에서도 경쟁적으로 '모주석 어록'을 낭송하곤 했다.

완전히 일신하고, 반드시 공산당과 마오쩌둥이 나를 낳아 준 부모라고 인정하는 결심을 해야 했습니다. 나는 그런 것을 할 수가 없었어요. 그래서 입단하는 것은 거의 불가능하게 되었고. (…중략…) 하지만 다들 그렇게 하려고 노력했어요. 능동적으로 반드시 선을 분명히 그을 수 있다는 각오를 보여 주어야만 했거든요. **자신이 해내지 못한다는 사실에 열등감이 느껴졌어요.**[128](강조는 인용자)

정치적 '태도'표명이란 것은 이와 같이 선을 그으라는 것이었는데, 그것은 단지 통과 의례에 그치지 않고 자녀의 일상에 영향을 미쳤다. 자녀는 이성적인 판단과 사적인 감정 사이에서 괴로워했지만 사사로운 감정을 억누르고 문제있는 부모와 거리를 유지하려고 노력했다. '문혁일기'라고 불리는 당시 청년들 사이에서 유행했던 일기쓰기는 사생활의 기록이 아니라 서로 돌려보면서 사상적 발전을 점검하는 성격의 글쓰기였다. 이들의 일기 속에 드러난 일상사를 보면, 부친의 모습이 사라지고 모친이 이를 대신하는 공통적인 현상이 발견된다. 난징[南京]을 떠나 변방으로 가는 청년은 "나는 어머니와 형, 동생과 헤어져 새로운 집에 도착했다"고 기록하였고[129] 위 인용문의 기록자인 어수[莪術] 역시 자신의 일기에서 아버지가 사라진 이유에 대해 다음과 같은 설명을 한다.

나는 감히 아버지와의 감정적인 유대에 대해 결코 말할 수가 없었다. (…중략…) 왜냐하면 아버지는 우리 집의 가장 큰 문제였기 때문이다. 아버지는 직업과 성분이 나빴고, (불교조직에 가담한-인용자) 역사적인 문제가 있었다. (…중략…) 해방 후 그 조직은 반동조직으로 판명되어 모두 총살당했고 부친은 역사적인 과오를 갖게 되었다. **어머니는 그런 복잡한 배경이 없었기 때문에 나는 오직 어머**

128) 陳順馨, 「回首當年－莪術訪問」, 『基進論團』, 香港文化社會評論期刊 第6期, 2000.12, 36면.
129) 知青日記書信選集編委會 編, 『知青日記選篇』, 中國社會科學出版社, 1996, 7~8면. 일기에 해설을 가한 편집자의 각주에는 1968년 일기의 저자 조우한[周漢]의 부친이 사상범[黑邦]으로 분류되어 일기에 부친이 보이지 않는다는 설명이 실려있다.

니와의 감정상의 유대만을 인정하고 싶었다. 그래서 내 일기에는 거의 아버지에 대한 언급이 없다.[130](강조는 인용자)

모계는 상대적으로 구사회에서의 사회활동이 적었기 때문에 부계보다 안전하게 인식되었다. 이러한 안전감은 일기가운데 자주 발견되는 경향으로, 이러한 안전감이 자녀들로 하여금 모계에 대한 부담을 덜 느끼게 하여, 자녀가 어머니와 친밀한 정서적 관계를 유지하는 것이 가능하도록 만들었다고 보인다.

한편, 최근의 한 연구결과를 참고하면, 이러한 가족내의 혈연관계에 대한 재인식이 단지 재현에 있어서만 그러했던 것은 아니었던 것으로 보인다. 새로운 형태의 골품제도가 특정 시기 신중국의 실제 가족구성에도 영향을 미쳤다는 사회학 연구 결과가 그것인데, 최근의 한 통계조사에 따르면 동일지역에 대하여 1946년 토지개혁 직후, 1950년대 고급합작사 시기, 1966년 세 시기의 가족구조를 조사한 결과, 1966년 문혁 직후에는 인구증가가 없었음에도 불구하고 가구 수가 증가한 현상이 나타났다고 보고한다.[131] 조사를 수행한 왕톄성[王鐵生]은 그 원인 중 하나가 공유제의 영향 이외에 문화대혁명의 사상비판이 원인이라고 분석한다. 즉, 그는 문혁 직후 1인 단독가구 숫자가 늘어 난 이유가 계급관념이 강조됨에 따라 성분이 나쁜 노년의 부모들이 자녀들로부터 버림받은 "선 긋기[劃淸界線]"현상의 결과이며, 그로 인해 가구 수가 증가했다고 설명한다.

이러한 부친 부재의 서사는 1980년 무렵, 문혁을 회고하는 소설에서 부자 관계를 회복함으로써 비로소 종식되었다.[132] 서사의 전복뿐만 아니

130) 陳順馨, 「回首當年蕔術訪問」, 『基進論壇』, 香港文化社會評論期刊 第6期, 2000.12, 39면.
131) 王鐵生, 「1930~1990年代冀南農村家庭規模及其變動」, 『家庭研究的新視野』, 三聯書店, 2004, 440~441면.
132) 문혁 시기에 공개석상에서 아들에게 따귀를 맞았던 '우파'간부 장쓰윈은 문혁이 종결되고 복권이 되자 아들을 찾아가 그 시대를 이해해줄 것을 호소하며 화해를 시도한

라 현실적으로 마오쩌둥 사후 이들이 대대적으로 복권되는 붐이 일자 지식인들은 밀린 급여와 직책을 회복하였으며 그로 인해 80년대에는 집안에 우파 지식인이 있는 것이 영광인 것 같은 분위기조차 형성되었다.

이상과 같이 연좌제는 '문제 있는' 가정의 자녀들로 하여금 가정영역에서 부권과 당권이 경쟁하는 관계를 만들어 내었다. 자녀들은 그로 인해 당에 대한 신뢰, 그리고 현실적으로 자신의 진로를 고려하여 부친과 거리를 유지하기를 원하였고 상대적으로 권력이 없었기 때문에 안전한 모계에 정서적으로 기대는 경향을 보였다. 이와 같이 청년들은 전략적으로 당의 요구에 순응하는 외양을 보이기는 했으나 혈육 간의 정 자체를 죄의식으로 인식하는 감정상의 갈등을 피할 수는 없었다.

3) 1966년 '혈통론' 논쟁

(1) **핏줄의 질곡**–내일의 죄인

1961년 구정 전날, 대학 입시에 실패한 위뤄커([遇羅克], 1942~1970))는 베이징을 떠나 근교에서 농민으로서의 삶을 시작했다. '출신가정'문제로 인해 임시공으로 떠돌다 1966년, 문혁이 발발하자 그는 다음과 같은 글을 썼다.

> 가정의 출신문제는 오랫동안 심각한 문제였다. (…중략…) 만약에 지주 · 부르주아 · 반동 · 나쁜 · 우파분자(흑오류라 불리는 최하층 신분–인용자)가 전 국민의 5%를 차지한다고 치자. 이들의 자녀와 친척의 수는 이 숫자와 비교하면 몇 배로 늘어난다. (…중략…) 출신이 좋지 않은 그 엄청난 숫자의 청년들은 대부분

다. 왕멍, 이욱연 · 유경철 역, 『나비』, 문학과지성사, 2005, 122면.

군에 입대할 수가 없고 주요 기관에 취직할 수도 없다. (…중략…) 그들은 내일의 '죄인'이다. (…중략…) 출신이 좋지 않은 사람들은 남들보다 한 등급 낮은 인간일 뿐만 아니라 심지어 자신의 가정을 배반하고 당 지도부를 지키고 마오주석을 보위하고 홍위병에 참가할 권리마저 빼앗겼다. 이 시기에 얼마나 무고한 청년이 비명에 죽고 출신론의 심연에 빠져 목숨을 잃었는지 모른다.133)

위뤄커는 부모의 정치경력 상의 오점이 자녀를 사회 밑바닥으로 끌어 내리는 것은 물론 자녀가 사상개조에 참여할 기회마저 박탈하는 현실을 비판했다. 이런 글쓰기는 문혁 이전의 청년들의 글과는 구별된다. 이전의 청년들이 가족사로 인한 불이익을 감수하고 노력을 통해 이를 보완하고자 하였다면, 위뤄커는 가족이 개인에게 미치는 영향이 절대적이지 않기 때문에 '연좌제'를 폐지해야 한다고 주장했다. 기록에 따르면 위뤄커의 부모는 1957년 반우파 운동 당시 모두 우파로 분류되었고 그에 따라 위뤄커의 개인기록의 품행도 "우수[優]"에서 "보통[中]"으로 바뀌었다.134) 문혁 이전에는 대학의 입학시험 성적이 공개되지 않았기 때문에 불합격의 원인을 확인해 볼 길이 없었으나 문혁이 끝난 뒤 한 연구자는 교육부에 보관되어 있는 위뤄커의 입학 성적을 확인한 결과, 그가 문·이과 전체에 걸쳐 우수한 시험성적을 받았으나 출신가정문제로 인해 불합격되었다는 사실을 확인한 바 있다.135)

자녀에게 있어서 '출신가정'이란 부모의 삶의 경력을 가리킨다. 반면 자녀의 '개인성분'은 현재 자녀 본인이 무엇에 의존해 생계를 해결하는가를 판단할 수 있는 직업, 혹은 소득의 원천을 명시하는 내용이므로 이들은 부모에 경제적으로 의존적인 '학생'성분일 따름이다.136) 그러나 당지

133) Tan Fang, Zhao Wumian, eds., *Highlights of Da-zi-bao-During the Cultural Revolution*, Mirror Books, 1996, pp.723~724.

134) 定宜庄, 『中國知青史－初瀾(1953～1968)』, 中國社會科學出版社, 1998, 295면.

135) 위의 책, 같은 곳.

위뤄커의 가족 사진. 뒷 줄 두 번째 안경을 쓴 사람이 위뤄커이며, 부모는 외국유학 출신의 전문가였다. 위뤄커로 인해 가족 중 네 사람이 감옥생활을 하였으나 끝까지 가족애를 지켰다. 이 대목은 이혼과 부자단절을 겪었던 장군 펑더화이[彭德懷]의 가족들과 흔히 비교되곤 한다. 남동생 위뤄원[遇羅文]은 『중학문혁보』의 창간자로 형으로 인해 6년간 수감되었고 현재 발명가로 활동하고 있으며 여동생 위뤄진[遇罗锦]은 80년대 '상처[傷痕]문학' 소설가로 알려져 있다.

도부가 개인을 판단하는 준거로 삼았던 '출신성분'은 '가정'과 '개인'을 소거하고 세대간의 상이한 경험을 부모의 경험에 맞추도록 되어 있었다. 이 경우 문제가 되는 경우는 본인은 노동자(지청)'성분'인데 부모가 우파 지식인인 경우이다. 본인은 노동자로 생계를 유지하고 있음에도 노동자로 인정받지 못하고 '출신'에 의해 부친과 연루되는 억울한 경우가 종종 발생하였는데, 위뤄커가 포함되어 있는 이러한 집단은 1966년 '사령부를 포격하라'는 마오의 대자보가 붙자 그간 누적되어 온 '출신성분'에 대한 불만을 터뜨리기에 이르렀다.

위뤄커의 「출신론」은 1967년 1월 18일 『중학문혁보(中學文革報)』라는 한 번 발행되고 폐간된 창간호에 실린 글이다. 문혁기간은 사상통제가

---

136) 「青年如何看待家庭出身」, 『中國青年』, 中國青年社, 1956.11, 18면.

가장 엄격한 시기였지만 중앙은 권력투쟁에 여념이 없어 오히려 민간에는 각종 사조와 언론이 통제를 벗어나 마오쩌둥이라는 기치를 내걸기만 하면 정상적인 사회에서는 상상도 하기 어려운 반정부적인 내용이 유통될 수 있는 혼란스러운 상황이었는데 「출신론」이 대표적인 예에 속했다. 위뤄커는 이 글에서 레닌이나 마오쩌둥도 좋지 않은 가정에서 태어났기 때문에 오늘날 개인을 판단할 때는 출신가정이 아니라 개인의 정치적 태도(업적)를 기준으로 해야 한다고 대담하게 주장하였다.

반면, 부모의 정치적 경력이 자녀에게 유전되는 것은 당연하다는 이른 바 '혈통론' 주장이 이보다 앞선 1966년 7월 29일에 대자보에 붙었다. 사회주의 혁명이 성공하고 17년의 세월이 흐른 1966년 무렵, 건국 이전에 무학에 가까웠던 빈농과 군인들은 개국공신자격으로 혁명간부라는 새로운 통치계급으로 자리 잡아 갔다. 그리고 그 자녀들은 부모의 성분만으로도 자신의 미래를 보장받는 특권층으로 자라고 있었는데, 이러한 혁명 간부의 자제인 탄리푸[譚力夫]는 "아버지가 영웅이면 아들도 호걸이고, 아버지가 반동이면 아들은 개자식"137)이라는 대련(對聯)을 붙였다.138) '출신론'과 구별되어 '혈통론'이라 불리며 핏줄에 따라 사상도 계승된다고 하는 이 주장은 1966년 초중반 시점에서 비판의 타켓을 봉건적이고 자본주의적인 낡은 사상으로 향함으로써 고급 군간부와 그 자녀의 입장을 옹호하는 역할을 했다.

'혈통론'에 대한 마오의 견해는 한 달 후인 1966년 8월에 표명되었다. 발표 이전에 마오의 혁명 간부의 보수화에 대한 경계는 이미 1964년부

---

137) Tan Fang, Zhao Wumian eds., *Highlights of Da-z-bao- During the Cultural Revolutio,* Mirror Books, 1996, p.43.

138) 날카롭게 대립한 '출신론'과 '혈통론'의 결말은 판이했다. 위뤄커(1942~1970)가 1968년에 체포되어 1970년 3월 5일, 27세의 나이로 총살형에 처해졌던 반면, 탄리푸는 1966년 12월 18일 체포되었으나 옌안시절 혁명 간부의 자제라는 점이 고려되어 이듬 해 5월 29일 석방된 뒤, 2년 후에 군에 입대하였으며 얼마 후 군관으로 승진하였고 1996년에 베이징 도서관 부관장을 맡았다. 위의 책, 45면.

터 노골적으로 표현되곤 했는데, 그는 '붉은 색(紅)은 유전되지 않는다'는 언명을 통해 고급간부의 특권화와 그 자녀의 자만에 대해 우려를 표했었다.[139] 1966년 8월 23일, 마오는 「노동자·농민·병사는 혁명적인 학생을 굳건하게 지지해야 한다」는 글을 발표함으로써 기득권층을 비판하는 '조반파(造反派)'의 손을 들어 주고, 혈통론에 대해서는 보수이자 반동이라는 비난성명을 발표했다.[140] 1966년 8월을 기점으로 혁명의 주도권은 당으로부터 대중조직으로 넘어가기 시작했는데, 문혁의 핵심문건인 '문혁 16條'에[141] 집권당 간부가 비판대상이라는 점이 명시된 것이 그 구체적인 표현이었다. "지금 우리의 목적은 자본주의의 길을 걷는 당권파와 투쟁하고 자산계급의 반동적인 학술계의 권위자를 비판"[142]하는 것이라는 마오의 선언은, 비록 혈통이 좋은 혁명 간부라 할지라도 사상적으로 부르주아 사상에 물들 수 있다고 본 것이다. 마오가 문화대혁명을 발동시킨 5·16 통지 이후 3개월이 지난 8월에 표명한 입장은 본질주의로부터 거리를 두고 사상의 가변성을 경계한 것이었으며, 그것은 '교육의 중요성'을 긍정한 것으로 이해할 수 있다.

(2) 1967, 교육개조론에서 본질주의로 회귀

마오는 '문혁 16조' 제1항에서 지금 전개되는 프롤레타리아 문화대혁명은 '인간의 영혼을 건드리는 대혁명'이라고 정의하였다. 이 언급은 사상교육을 통해 혈통이 나쁜 자의 부르주아 사상을, 그리고 혈통 좋은 자의 자

139) 元輝, 「將軍和兒子」, 『人民日報』, 1964.1.3. 신문기사는 혁명가정에서 태어났기 때문에 자녀의 사상도 붉다는 '붉은 가정출신[自來紅]' 사상은 오류로서, 붉은 색은 유전되지 않는다고 하였다.

140) 백승욱, 『문화대혁명－중국 현대사의 트라우마』, 살림, 2007, 45면.

141) 위의 책, 40면.

142) 「中國共産黨中央委員會關於無産階級文化大革命的決定」, 星島環球網, 文革四十週年正文 GMT 中共中央關於文革的決定 (1966, 星島環球網 www.singtaonet.com)

만을 개조한다는 뜻으로 교육을 통한 개조의 가능성을 강조한 것이며, 문혁 시기에 널리 통용되었다. 즉, 당은 기관지 『홍기』를 통해 '고치면 다시 등용한다[改造好了再用]'[143]라는 것을 1970년에 공식적인 언설로 내세웠다.

교육을 통한 사상개조의 가능성을 마오가 어디까지 신뢰하였는가라는 점은 깊이 생각해 볼 문제이다. 마오를 한 사상가로 볼 때, 그 가능성은 신뢰할 수 있을 만큼 연원이 깊다. 1920년대 청년시절의 마오는 "악이라는 것은 차등의 선이다. 그 성질이 본래 악한 것이 아니라 다만 한 등급 낮은 것일 뿐이다"[144]라는 상대주의적 생각을 갖고 있었는데, 이러한 상대주의적 선악관에 대하여 리쩌허우는 마오가 가치 관념과 도덕적 기준이 무너지던 시대에 갖게 된 불신감이 상대주의사상의 원인이었다고 본다.[145] 마오는 인간의 변화가능성에 대해 믿음을 갖고 있었으며, 그것은 단지 마오 개인의 특징을 넘어 숙청 이후에 '복권(平反－정치적・재산상의 권리회복)'이 이루어지는 신중국의 정신적 숙청제도와도 상통했다. 이러한 신중국의 교육위주의 징벌은 1930년대 소련식의 숙청방식이었던 사형을 통한 숙청과 종종 비교되곤 하는데, 중국의 지식인문제 전문가인 이홍영은 교육을 통한 징벌이 중국 사회주의의 한 특성이라고까지 정의한다.[146]

그러나 이와 동시에 마오는 계급의 적에 대한 불신을 버리지 않았다. 불신은 본질주의로의 쏠림을 강화시켰다. 마오가 본질과 교육의 관계를 어떻게 인식하였는가를 이해하기 위해서는 농촌의 정풍(整風)운동이 진행되던 1964년 8월 3일, 인민일보의 선언적인 글로 돌아갈 필요가 있다.

> 혁명의 목적을 계승할 자가 반드시 출신계급이라는 관점에서만 선발되고 배

143) 「爲創辦社會主義理工科大學而奮鬪」, 『紅旗』 8기, 1970, 5～19면.
144) 리쩌허우, 김형종 역, 『중국현대사상사론』, 한길사, 2005, 232면.
145) 위의 책, 230면.
146) 이홍영, 강경성 역, 『중국의 정치엘리트』, 나남, 1997, 102면.

양되어서는 안 된다. 좋은 계급 출신가운데 착취계급의 이데올로기에 굴복한 몇 몇 사람은 사회주의혁명을 끝까지 완수할 수 없을 것이다.(…중략…) 그러나 오랜 세월 계급투쟁을 통해 단련된 좋은 계급과 가족출신이 프롤레타리아 혁명 대오의 핵심적 리더십의 대다수를 대표한다는 사실을 확고히 하는 데 주목해야만 한다.147)

이 글의 특징은 출신가정과 혁명 후계자 문제를 연결시켰다는 점에 있다.148) 1964년은 중국의 대외 외교정책이 좌경 강경노선으로 돌아선 시점이다. 중국은 이 해에 핵무기 개발에 성공함으로써 군사적으로 타이완의 대륙탈환 의지와 담론을 종식시켰다. 그러나 외교적인 차원의 냉전질서는 훨씬 더 긴장된 상황으로 나아가고 있었다. 다시 말하면 같은 사회주의권임에도 소련이 미국을 적대시하지 않고 오히려 중국을 고립시키는 행보를 가속화함으로써 야기된 중국 당지도부의 초조감과 미래에 대한 불안을 전제하고 앞의 글을 읽어야 한다는 뜻이다. 중국 사회주의가 얼마 못 가리라는 미국의 비난 여론에 맞서 마오쩌둥은 혁명을 계승할 차세대가 누가 되어야 할 것인가를 고민하였으며 그 결과 씌어진 것이 위의 글이다. 따라서 혁명의 후계자를 선발할 때 단지 '출신계급에 구애되지 말'아야 한다는 마오의 위 언급을 액면 그대로 '나쁜 계급에게 혁명후계자의 문호를 여는 것'으로 오독하는 우를 범해서는 안 된다. 글의 요지는 비록 출신이 좋은 젊은 세대라 할지라도 중도에 낙오하여서는 안 되며 핵심적 지도세력으로 확고하게 서야 한다는 데 있다. 그러나 마오는 이러한 메시지를 전달하는 데 있어서 표현상 교육의 중요성과

147) "Cultivate and Train Millions of Successors Who Will Carry on the Cause of Proletarian Revolution", 1964.8.3, *The People's Republic of China 1949~1979*(People's daily, Harold G. Hinton eds.) *A DOCUMENTARY SURVEY(VOL.2)*, Scholarly Resources Inc, 1980, p.1292.

148) 장윤미, 「문화대혁명과 노동자의 '교육혁명」, 『중국 노동자의 기억의 정치』, 폴리테이아, 2007, 138면.

계급적 본질을 나란히 강조하는 애매한 표현법을 취하였다. 그러므로 위 글을 읽을 때는 이미 이 시기에 마오쩌둥이 생산력보다는 이데올로기 교육을 통해, 특히 출신성분이 좋은 혁명자제를 차세대의 지도자로 길러 중국 사회주의를 공고히 할 수 있을 것이라는 믿음을 표명하였다는 점을 간취하는 것이 중요하다.

문혁 시기에 당의 계급투쟁에 대한 공식 입장은 "첫째, 성분론이 있고 둘째, 성분론만 있는 것이 아니며, 셋째, 정치적 표현을 중시한다"라는 것이었다.[149] 이 구호는 '성분론'과 '정치적 표현' 두 가지 가운데 어디에 중점을 두어 이해하는가에 따라 전혀 다르게 해석될 여지가 있는 모호한 것이었다. 또한 구호 가운데 성분이 개인의 성분인지, 부모로부터 물려받은 출신성분인지도 분명하지 않았다. 위뤄커의 비극이 위뤄커 자신에 의해 '정치적 표현을 중시한다'라는 데 무게를 둔 '고의적'인 오독에서 비롯되었음은 물론이다. 이처럼 당의 공식입장인 '성분론'은 액면 그대로 볼 때, 성분도 강조하고 태도도 중시하는 양시론적 요소가 다분하였는데, 이러한 모호함의 덫에 걸리지 않기 위해서는 구호가 숨기고 있는 것, 곧 '성분'이란 말 앞에 '출신'이란 단어가 감추어져 있다는 사실을 간파해야 했다. 정치적인 격변의 순간이 도래했을 때, 당사자가 죽기 전에는 결코 바뀔 수 없는 '출신'이란 글자가 당사자의 '성분'앞에 붙어서 이내 '출신성분'이 되어 버렸기 때문이다.

고등학교, 혹은 대학교 진학에 실패하고 농촌이나 생산현장으로 간 청년들은 '지청'이라 불렸다. 이들의 성분은 노동자였으며 이들 가운데 한 사람이었던 위뤄커는 노동자인 자신을 노동자로 인정해 줄 것을 요구했다. 그는 자신이 1958년에 우파 지식인가정 '출신'의 자녀로 분류된 이후, 이 꼬리표를 뗀다는 것이 불가능하다는 것을 경험을 통해 깨달았다. 당의

149) 定宜庄,『中國知青史－初瀾(1953~1968)』, 中國社會科學出版社, 1998, 419면.

슬로건에 따르자면 '성분론'이 마치 당사자의 '정치적 표현'에 의해 바뀔 수 있는 것처럼 보였으나 현실 속의 '성분'판별은 자신의 '성분'이 아닌 부모에 기준이 맞추어진 '출신성분'이라는 것을 그는 알고 있었다. 그랬기 때문에 그는 "'성분'과 '출신'은 전혀 다른 별개의 문제이다, 그런데 (자신처럼—인용자) 어떻게 착취한 적이 없는 착취계급이 있을 수 있는가"라고 「출신론」에서 항변하였던 것이다.

마오쩌둥이 혁명적인 조반파의 손을 들어준 1966년 8월 이후에 형성되었던 당권파를 자유롭게 비판하는 분위기는 그리 오래 가지 못하였다. 1967년 1,2월, 상하이의 공장 노동자들이 100만 명의 집회를 열고 상하이 인민공사를 수립하여 권력탈취에 성공하자 상황은 급물살을 탔다. 2월 들어 당중앙은 이러한 분위기를 가라앉히고 질서를 회복하려는 움직임을 보였다.

당중앙과 마오쩌둥 사이의 견해차이가 있기는 했으나, 2월에 급진적인 혁명파의 견해는 공식적으로 비판되었다. 그 비판을 주도한 세력 가운데는 혈통적인 사고를 하는 사람들이 포함되어 있었다. 이른바 '2月역류'라고 불리는 상하이의 노동자 권력탈취사건 이후에 지금까지 당권파에 대한 비판을 허용했던 마오쩌둥의 지지는 철회되었고 위뤄커는 1968년에 체포되었다.[150)]

마오는 1958년과 1964~1966년 두 시기에 걸쳐 청년들에게 교육의 가능성을 부단히 강조하였다. 그러나 정치적인 판단이 요구되는 시점이었던 1957년 6월 그리고 1967년 2월에 마오는 '과거'의 기준으로 '현재'를 재단하는 계급환원주의적 태도로 돌아 섰다. 그 결과 문혁 시기의 "출신도 보고 정치적 태도도 본다[旣看出身, 也看表現]"[151)]는 애매한 구호

---

150) 백승욱, 『문화대혁명—중국 현대사의 트라우마』, 살림, 2007, 61면

151) Tan Fang, Zhao Wumian eds., *Highlights of Da-zi-bao-During the Cultural Revolution*, Mirror Books, 1996, 729면.

는 문제가정의 청년들로 하여금 희망을 품고 억눌린 요구를 분출하는 계기가 되도록 하기는 했으나 마오가 본질주의로 경도됨에 따라 다시 한 번 혈통에 따른 낙인을 확인하는 것으로 이들의 저항은 종식되었다.

4) 마치며

백승욱은 문혁의 발생 원인에 대하여 문혁 시기가 잠재적 모순이 직접적 사회적 충돌로 이어져 나타날 만큼 심각한 상황이었는가에 대해 회의적인 의문을 표한 바 있다.[152] 저자의 이 글은 백의 입장과 달리 신중국의 사회 갈등의 주요한 요소가 '출신가정'문제로 인한 집단적 배제에 있었다고 보고, 그러한 집단적 배제가 제도화된 1958년의 교육개혁과 그 갈등이 분출된 1966년의 '혈통론' 논쟁을 분석하였다.

개혁개방 이후 시장화된 중국사회에는 마오쩌둥 시기에 보편화 되었던 '인간'의 의미와 가치를 작금의 자본주의적인 것에 대한 대안으로 보려는 경향이 있다. 이는 아마도 영국의 모 인사가 지적한 바, "당신들은 계획경제 시기에 하던 방식이 있었는데, 출신이 빈한하든 부잣집이든 능력만 있으면 모두 선발해서 고등교육이나 좋은 교육을 받게 했다. 그런데 지금은, 한편으로 기회를 늘리기는 했지만 그것은 지불능력을 기초로 한 것이다[153]라는 지적이 의미하는 바와 같이 산업화한 교육에 대한 대안 모색이라는 동기에서 비롯된 것일 것이다. 인간의 잠재적 가능성을 배양하는 것과 경제적 지불능력 두 가지를 기준으로 볼 때, 전

152) 백승욱, 앞의 책, 16면.

153) 교육산업화의 가장 큰 문제점은 입학정원의 40%만을 정규방식으로 뽑고 60%를 기부금 입학으로 선발하여 그 돈으로 학교 재정을 충당하도록 한 현행 제도이다. 座談紀要, 「反思教育産業化」, 『讀書』, 2005.4, 21~25면.

자가 이상적임은 지극히 당연한 이치이다. 그러나 전자를 표방했던 마오주의 시기에도 경제적 능력과 무관하게 평등한 기회를 누리게 하기 위해서는 나름의 선별의 준거가 필요했다. 마오의 교육개혁에 있어서 선별의 준거는 부모의 계급성분을 자녀가 계승하는 '연좌제'적 성격을 띠는 '출신가정'문제였고 그 기준은 청년들의 반발과 함께 그들의 일상과 의식에 지대한 영향을 미쳤다. 마오주의 교육개혁의 원형인 1958년 교육개혁과 그 불만이 분출된 1966년 '혈통론' 논쟁을 분석한 결과를 정리하면 다음과 같다.

첫째, 사상적인 측면에서 볼 때, 1958년과 1966년 마오의 태도는 '교육개조의 가능성'과 '본질주의 우선'가운데 후자로 경사되는 모습을 보였다. 본질주의에 대한 경사는 1958년에 우파로 분류된 55만 명 지식인의 자녀들에게 재기의 기회를 주지 않음으로써 이들이 영원히 감시와 개조의 대상으로 남도록 하였다. 마오가 이렇게 해야 했던 이유는 '계급노선'이 주류로 떠오를 때마다 적대적인 계급에 대한 불신이 바로 이데올로기 투쟁의 동력으로 활용된 것과 관련이 깊다. 따라서 마오주의적인 문화구성은 이들 우파가정의 자녀를 배제한다는 전제 위에 성립되었으며, 이때 이들에 대한 배제는 교육보다는 '징벌'적 성격이 강한 것이었다고 하겠다.

둘째로 마오의 교육개혁의 원형인 1958년의 교육개혁은 청년의 일상에 지대한 영향을 미쳤다. 당은 청년 본인의 성분이 아니라 당사자가 어떤 가정에서 태어났는가를 표시하는 '출신'을 당사자의 '성분'과 동일시함으로써 피해자를 양산하였다. 그 결과 재능있고 정치적 태도가 우수하지만 가정이 좋지 않은 청년들이 진학과 취업에 있어서 배제되었으며, 특히 진학에 있어서 배제 절차는 극히 비민주적이었다. 비민주성의 근거로 이 글은 1958년 당의 기밀문서에 실린 사전 불합격 판정 지침을 제시한 바 있다. 이러한 제도화의 결과로 우파 가정의 청년들은 부모세대를 극복의 대상으로 인식하였으며, 위험한 부계와의 연루를 기피하고 역사적인 오류가 적어 상대적으로 안전한 모계와 친밀한 정서적 관계를 유지하였다.

끝으로 '출신가정'을 선발표준으로 삼은 정책은 사상적으로 문제가 있는 이들에게 불이익을 주는 데 그치지 않고 오늘날까지 지속되는 가족 성원간의 고통스런 기억을 만드는 원인이 되었다. 마오주의 시기에 발생했던 세대 간의 가족비극은 '연좌제'가 파생시킨 결과로 해석되어야 하는데, 이러한 관점에서 씌어진 이 글은 마오주의 시기 가족비극에 대해 목하 중국에서 이루어지고 있는 도덕주의적인 참회서사에 대한 문제제기라는 의미를 갖는다.

제2장 탈냉전 시기

이접과 소통

1. 개혁개방 시기 중국 여성의 성별의식 형성[1)]

1) 현대 중국 여성해방의 비독자성

오늘날, 세계 어느 나라의 여성도 중국의 여성만큼 해방되지 못했으며, 그 어느 나라의 여성도 중국 여성만큼 해방되지 못한 여성 또한 없다.[2)]

이것은 해체주의 평론가인 천샤오밍[陳曉明]이 중국 여성해방의 현실을 두고 한 말이다. 1970년대 초, 미국의 한 여권운동가가 중국을 방문

1) 이 논문은 『중국학논총』 제13집(한국 중국문화학회, 2002.6)에 실린 내용을 수정, 보완한 것임.

2) 陳曉明, 「勉强的解放 — 後新時期女性小說槪論」, 『中國女性小說精選』, 序, 甘肅教育出版社, 1996.

하여 중국 여성해방의 수준이 서구를 능가한다고 극찬하자 천샤오밍은 그에 대해 위와 같이 응수했다. 법제나 형식으로 보장된 중국 여성의 사회적 존재 형식과 실제 여성들 자신의 자아인식 사이에 존재하는 괴리를 다소 과장되기는 하나 적절하게 짚어낸 말이라 할 수 있을 것이다.

현대 중국 사회에서 여성이 주된 관심대상으로 떠오를 수 있었던 것은 결정적으로 남성 지식인들이 주도한 '계몽담론'을 통해서였다. 신문화운동의 선구자들은 20세기 초 영국과 미국의 활발한 여성운동을 보고, 그것을 현대문명의 한 표식으로 받아들였다.[3] 신문명을 접한 남성 지식인들은 여성문제 해결을 돌파구로 하여 전통문화의 억압에서 벗어나고자 하였으며,[4] 그러한 목적 하에 진행된 중국의 여성해방 담론은, 남성과 경쟁하며 투표권을 요구했던 영국의 여성운동이나 직장 여성들이 일과 가정의 양립을 요구했던 미국여성들의 '가정의 정치'와는 뚜렷이 구별되는 것이었다. 왕쩡은 이처럼 반전통이라는 기치 하에 남성과 여성이 함께 변혁의 주체로 이야기된 것 자체가 비서구권 여성해방의 태생적 특징이라고 본다.[5] 그러므로 중국 여성의 해방이 중국사회에서 의제로 떠오른 지 100여 년이 경과한 오늘 날, '중국의 여성만큼 밖에 해방'될 수밖에 없었던 이유를 이해하기 위해서는 남성 지식인들이 주도한 계몽담론이 여성들에게 어떻게 해석되고 재현되었는가를 이해하는 것이 필요하다.

이러한 필요에서 출발하여 글의 1장에서는 개혁개방 시기 성별의식의 형성을 이해하기 위한 전사(前史)를 살펴보고자 한다. 즉, 5・4신문학운동 시기부터 1949년 신중국의 건립에 이르는 여성문학의 발아와 변

---

3) 王政, 「"女性意識" "社會性別意識"辨異」, 『婦女研究論叢』, 1997.1, 10~14면.

4) 위의 글, 15면.

5) 왕쩡은 위의 글에서 "하나(서구-인용자)는 배척하고 하나(중국-인용자)는 포괄하는, 여성에 대한 두 개의 상이한 계몽운동의 태도는, 중국과 서구 여성해방이 상이한 길을 걷게 된 중요한 원인이 되었다"고 하였다.

화, 침묵에 이르는 과정을 민족국가와 여성이라는 관점에서 개관하고자 하며 페미니스트 작가인 딩링([丁玲], 1904~1986)의 작품세계를 중심으로 살펴보고자 한다.

딩링은 5·4신문화의 세례를 뒤늦게 받은 작가로서 중국 현대사의 주요한 전환점마다 문학적 행보와 사상 면에서 의미있는 변화를 보여주었다. 5·4 시기에 딩링은 「소피의 일기」(1928)를 통해 여성의 성적인 욕망을 드러냄으로써, 아버지에서 아들로 이어지는 "家"라는 제도화된 남성 중심사회에서 자아를 가진 여성이 겪는 고통을 묘사하였다. 그러나 그녀가 제기한 이 고민은 스물 세 살의 한 여성 작가, 혹은 개성해방이라는 신사상의 세례를 받은 작가로서는 해결방안을 찾을 수 없는 주제였다. 역사는 반식민지 중국이 개인해방 사상을 통해 탈식민 과제를 수행할 수 없었음을 보여 주었기 때문이다.

「소피의 일기」이후에 딩링은 계급주의 사상을 받아 들였다. 1932년, 그녀는 중일전쟁이라는 민족적인 위기 상황에 처하게 되자 반半식민국가에서 여성해방이 지닌 특수성을 보여주는 장편소설 『어머니』를 창작하였는데, 이 작품에서 딩링은 구국이라는 거대서사와 결합한 새로운 '모성형상'을 그려 내었다. 무릇 어머니라는 존재에게는 "양육의 정체성 외에 다른 정체성은 허용되지 않는"다.6) 딩링은 소설 『어머니』에서 사회질서를 교란시키지 않는 아버지의 아들을 길러 내면서도 혁명적이어야 하는 이율배반적인 어머니상인 '위만전[于曼貞]'을 그려 내었는데, 이 형상은 신해혁명 시기의 여성 혁명가인 치우진[秋瑾]처럼, 여성에게 허용된 역할과 사회개혁이라는 요구가 공존하던 특정한 변혁기에 존재할 수 있었던 남성화된 여성상이었다.

'어머니됨(Mothering)'은 역할 개념이자 여성의 미덕으로까지 칭송되는

6) 박정오, 「새로운 상징질서를 찾아서－뤼스 이리가라이」, 한국 영미문학페미니즘학회, 『페미니즘 어제와 오늘』, 민음사, 2000, 185면.

것으로서 가부장제 문화권에서 가장 안전한 지대에 속한다. 반면, 여성을 설명하는 젠더적 범주인 '여성성(Sexuality)'은 욕망을 지닌 '성적 주체'를 포괄하며 이것은 종종 질서를 교란시키는 불온한 것으로 받아들여진다. 즉, 여성성을 문제 삼는 행위는 개별 존재로서 여성의 자아성취욕구와 성적인 주체성을 강조하는데 남성중심 문화는 이에 대해 사회화를 거치거나 치료되어야 할 대상으로 인식한다. 이러한 모성과 성적 주체라는 구분에 준해 볼 때 딩링은 초기[7]작에서 성적 주체성의 문제에 천착했던 반면, 중기에는 모성 서사를 통해 메시지를 전달하고자 하는 변화된 모습을 보여 주었다고 할 수 있다. 1920년대 후반의 작품들과 그 이후의 창작에서 드러나는 이러한 창작상의 단절 양상은 근대적인 민족국가를 건설하고자 했던 중국의 상황과 밀접한 관련이 있다. 항일전쟁(1931~1945)과 사회주의 혁명의 완성(1949)에 이르는 과정에서, 맑시스트로 전환한 딩링이 사회적 의미를 지니는 여성을 그려내는 데 개인주의적이며 주관적인 세계에 충실한 초기작품의 여성은 더 이상 존재할 의미가 없어졌기 때문이다.[8]

한편, 사회주의 정권이 일단 완성되자 당 지도부에 의해 공인된 모성담론의 내용은 달라졌다. 근대적인 민족국가가 이미 수립되었기 때문에, 모성은 국가와 가족 사이에서 재 정위되었으며 그 구체적인 요구는 자식을 보살피느라 생산에 지장을 주는 어머니, 곧 분리주의자가 되지 말라고 경고하는 것이었다.[9] 여성 해방담론에 있어서 1942년 소비에트 옌안에서

7) 딩링의 창작 시기구분에 관해서는 사상적 경향에 따라 초기 · 중기 · 후기로 구분 할 수 있다. 초기는 1920년대 5 · 4신문학운동 시기, 중기는 항일전쟁 시기에 좌익 사상을 받아들인 무렵의 창작, 후기는 1942년 옌안에서 마오쩌둥에 의해 개인주의적 사상을 지녔다고 비판을 받은 이후의 작품이 속한다.

8) 현대 중국뿐만 아니라 서양 여성운동의 비조라 할 수 있는 울스턴 크래프트도 여성이 교육을 받아야 하는 이유가 아이를 제대로 교육시키기 위해서라고 주장했다. 메리 울스턴 크래프트, 손영미 역, 『여권의 옹호』, 한길사, 2008을 참조.

9) 사회가 안정에 들어서자 자녀와 남편을 챙기는 과거 혁명가 출신여성간부들이 사회

이루어진 지식인을 대상으로 한 정신 교육은 중요한 전환점이다. 이 사상적인 비판운동은 1949년의 건국보다 문예와 사상계 전반에 미친 이데올로기적인 파장이 더 컸기 때문이다.

1942년 당시 공산당의 지도자였던 왕밍[王明]은 여성간부를 길러내기 위해 세워진 옌안의 중국여자대학(中國女子大學)의 개교식에서 여성들을 향해 "남자에 의존하지 않고 독립된 인격, 독립된 생활"[10]을 하는 새 시대의 신여성이 되라고 격려하였다. 그러나 중국여자대학이 폐쇄되어 옌안[延安]대학으로 통합되면서 1943년 2월, 이제까지의 여성운동 방침은 비판의 대상이 되었다. 공산당 중앙은 「각 항일근거지에 있어서 당면한 여성활동 방침에 관한 결정」에서 기존의 방침으로부터 철저한 전환이 필요하며 항일근거지에서의 여성운동은 다음과 같아야 한다고 천명했다.

> ① 각지의 부녀 연합회는 생산을 우선적 목적으로 하여 삼아 촌락 깊숙이 들어 가(…중략…) 농촌 부녀의 생산업무가 좋고 나쁜가가 부녀사업을 재는 척도이다. ② 방직・양잠・농사・식사・가축기르기・집안 일 등등 계획을 형편에 맞게 세운 뒤 이 생산 계획을 그녀의 가정의 생산계획과 결합시켜야 하며 고립적으로 하지 말라. (…중략…) 형식이나 숫자상으로 부녀가 어느 정도의 황무지를 개간했다던가 부녀 개간 숲[婦女林]을 만들었다고 중복되게 하지 말라.(강조는 인용자)[11]

유격전이 아니라 항일근거지에 자리를 잡아 지구전을 수행해야 했을 때, 여성들은 더 이상 구국에 이바지하는 혁명가 어머니가 아니라 생산

적인 비난의 대상이 되었다. 이러한 내용은 劉桂蘭이 쓴 글인 「핵가족의 따스함이 여성간부의 가장 큰 행복인가」에 실려있다. 『中國婦女』 第6期, 總194期, 1963, 14면.

10) 王明, 「王明在延安中國女子大學開學典禮上的報告」(1939.7), 『中國婦女運動歷史資料(1937~1945)』(中華全國婦女聯合會婦女運動歷史研究室編), 中國婦女出版社, 1988, 157면.

11) 「중국공산당중앙위원회의 각 항일근거지 목전 부녀 사업방침에 대한 결정」, 위의 책, 648면.

노동자가 되어야 했다. 당 지도부는 생산영역에서 개별적으로 여성의 노동량을 계산하지 말고 가족단위의 노동성과에 포함시켜 계산할 것을 지시했다. 소비에트 근거지에서 개인주체로서의 여성은 이념적으로나 물질생산영역에서 독자적인 존재로 남아 있을 수 없었던 것이다. 이러한 당의 노선상의 변화가 있던 1942년과 1943년 사이, 딩링은 「3월 8일(여성의 날)소감」(1942)을 썼다.

> 「여성」 이 두 글자는 어느 시대가 되어야 중시되지 않고 특별하게 취급되지 않을 수 있을 것인가? (…중략…) 여성동지의 결혼은 사람들의 영원한 관심거리이지만 사람들에게 만족을 주지는 못한다. (…중략…) 그래도 여자는 어쨌든 결혼을 해야 한다(왜냐하면 결혼하지 않는 것은 더 큰 죄악이어서, 하지 않을 경우, 그녀는 더 많은 날조된 소문의 주인공이 되고 끊임없는 헐뜯음을 당하기 때문이다).12)

여성의 날을 기념하여 쓴 이 수필에서 딩링은 해방구라고 하는 옌안에서도 여성은 여전히 남자들과 달리 취급되는 '특별'한 존재라는 점을 직접적으로 표현하였다. 일과 가정을 양립시키는 여성의 부담은 제도가 달라져도 여전히 존재했고 남성들이 갖고 있는 여성에 대한 이중의 평가기준 또한 변함이 없었기 때문이다. 딩링은 여성이 교환가치(미혼여성)에서 사용가치(아내)로 전환하는 결혼, 또 이것을 거꾸로 돌리는 이혼을 하는 경우에 있어서 남성들이 요구하는 이중의 잣대로 인해 얼마나 고통받는가를 서너 페이지에 달하는 수필에서 격하게 토로하였다. 남자들은 결혼 상대를 고를 때는 '정치적 태도와 애정'이라는 이성적인 기준을 적용하지만, 이혼을 요구할 때는 단 한 가지 이유로 이혼을 요구한

12) 林呐 外編, 「三・八節有感」, 『丁玲散文選集』, 百花文藝出版社, 1991, 231~232면.

앞줄 좌측에서 열다섯 번째가 딩링, 열한 번째가 마오쩌둥이다. 옌안의 이 회의는 사회주의 문예정책의 기본방향이 정해진 중요한 회의

다. 육아와 직장 일로 지쳐 떨어진 아내에게 여자다운 매력이 없다거나, 혹은 두 가지 일을 하다가 포기하고 들어앉은 아내에게는 푹 퍼진 아줌마라는 이유, 오로지 매력 없다는 이유로 이혼을 요구한다는 것이다. 딩링은 여성들이 '성적 매력'과 '사회적 능력' 사이에서 수시로 저울질 당하면서, 결혼을 하면 한 대로, 안 하면 안했다는 이유로 남성들에게 '특별'한 대접을 받는다는 사실을 고발하였던 것이다.

이 글로 인해 딩링은 1942년의 「옌안 문예 좌담회에서의 연설[在延安文藝座談會上的講話]」에서 '남성과 겨룬다'고 당으로부터 비판을 받았고[13] 그 후로 더 이상 여성의 '독립적 인격'과 '자립'을 강조하지 않았다. 이처럼 1943년 이후의 공산당은 여성문제의 독특성을 드러내는 것을 '고립'

13) 상세한 내용은 이 책의 제2부 제3장 「문화대혁명-도덕적인 여성 영웅, '두완상[杜晚香]'을 참조.

적이고 불필요한 행위로 간주하였으며 이러한 흐름은 사회주의 수립 이후에 더욱 강화되었다. 딩링이 마지막으로 '성'과 '혁명'사이의 충돌을 다룬 기념비적인 작품은 1940년에 씌어진 글이다. 「내가 안개마을에 있을 때[我在霞村的時候]」[14]에서 딩링은 일본군 부대에서 스파이로 '침대위

14) 『내가 안개마을에 있을 때』는 공산당과 일본군 사이를 오가며 이중 첩자 노릇을 하다가 성병이 걸려 돌아온 여주인공의 이야기이다. 마을 사람들이 그녀를 노골적으로 창녀, 성병환자라고 멸시하자 여주인공은 따돌림을 견디지 못하여 자신이 숭고하게 품은 '항일'의 꿈을 안고 새로운 세계(공산당 근거지인 옌안)로 떠난다는 내용이다. 일본의 중국 여성연구자 에가미[江上]는 항전 당시 중국의 여성잡지(1937~1945) 분석을 통해 당이 여성들이 "침대위에서 항전"하는 행위를 공공연한 애국적 행위라고 선전했으며, 이때 매춘부들이 동원되었다고 지적하였다. 아울러 항일전 당시 중국에서 이런 주장을 하던 논자들은 일본 여성의 성을 통한 애국행위를 중국 여성도 본받아야 한다며 중국여성에게 그것을 요구하였다고 분석했다. 江上幸子, 「日本軍の婦女暴行と戰時下の中國女性雜誌」, 『論集中國女性史』, 吉川弘文館, 1999 참조.

의 항전'을 하다 성병에 걸려 돌아온 한 중국인 아가씨의 귀향을 그렸다. 딩링은 이 여성이 마을 사람들로부터 고립되어 마을을 떠나게 되는 과정을 묘사함으로써 '민족'과 '성'을 둘러싸고 여성에게 적용되는 이중의 잣대를 드러내고자 하였다.

2) 성별의식의 생장점－개혁개방화

마오쩌둥의 사회주의가 종결된 이후에 중국 여성의 목소리가 문학적인 현상으로 등장한 것은 1980년대 중・후반의 일이다.[15] 무릇, 정체성의 형성은 억압된 것의 회귀이자 새로운 것의 수용을 통해 만들어지며, 개혁개방 시기 여성의식에 대한 고찰 역시 그러한 전후 맥락이 고려되어야 한다. 즉, 포스트 마오 시대를 다룬다 하더라도 마오쩌둥의 사회주의 시기와 개혁개방 시기의 경험 모두를 포괄하여 '근대화'라는 지평에서 다룰 필요가 있다는 의미이다. 그러나 현재 국내의 중국 여성문학의 연구 성과를 보면, 연구대상으로 여성을 다룬 글들은 증가함에도 여성의 자기정체성의 변화를 세밀하게 읽어냄으로써 비판을 담지하고 있는 '여성주의'적 시각에 입각한 연구 성과는 많지 않다.[16] 설사 있다 할지라도

15) 盛英 編, 『20世紀 中國女性文學史』, 天津人民出版社, 1994, 712면.

16) 이러한 예를 다 열거할 수 없으므로 한 논문을 들어 분석해 보면 다음과 같다. 신문학초기 남성과 여성과의 관계를 꼼꼼하게 읽어 낸 「전환기의 자아와 세계, 그리고 남성과 여성」은 위다푸[郁達夫]가 소설 「타락[沈淪]」에서 그린 주인공의 여성에 대한 사랑을 정신적인 사랑의 갈구라고 본 반면, 딩링의 「소피의 일기」의 주인공인 소피의 남성관에 대해서는 '여왕벌 식'의 지배욕, 혹은 집요하게 세계의 투항을 요구하는 것으로 읽었다. 이런 연구는 여성주의적 관점에서 다시 읽어 줄 필요가 있다. 「소피의 일기」에 대해서는 3개월 남짓한 기간동안 씌어진 일기 가운데 일기가 씌어지지 않은 1월 18일부터 3월 4일까지 한 달 반 가량의 침묵하는 기간이 있는데 이 부분의 의미를 천착함으로써 주인공의 내면에 좀 더 심입할 필요가 있다고 보인다. 세상과의 단절로 인한 고통이 죽음의 문턱까지 다다르게 한 것이 일기가 씌어지지 않은 '침묵'이 의미하는 바였

텍스트 분석에 치우쳐 있어[17] 여성주의적 심리분석이 잘 적용될 수 있는 몇몇 작가를 집중적으로 연구하는 풍토가 형성된 측면이 있다. 사회와 제도의 변화가 긴밀한 관련을 맺고 있는 중국 여성문화의 경우, 여성주의적 시각이 갖고 있는 주류 문화에 대한 비판을 견지하는 한편, 시장주의적인 근대화와 사회주의적 근대화 양자에 대한 비판적 거리를 유지하기 위해서는 향후 연구 시야의 확대와 보충이 필요하다.[18] 이와 같이 편면적으로 접근하는 시각이 형성하게 된 원인은 일차적으로 분과 학문체제가 빚은 분절화 된 연구경향을 들 수 있겠고, 보다 근원적인 것으로서 사회주의 체제 30년, 시장경제 30년이란 중국 특유의 역사체험이 해방이래 미국화와 함께 진행된 자본주의화 과정에 익숙한 제3국인의 시각에 의해 '온전하게' 포착되기 어렵기 때문이라는 점을 들 수 있다.

이러한 문제점을 극복하기 위해서 선행되어야 할 것이 사회·역사적 맥락에 대한 이해일 것이다. 전술한 바와 같이 사회주의 신중국이 수립된 이래 '여성'문제가 '계급'문제와는 다른 별도의 범주라는 의견이 처음으로 수면에 떠오른 것은 1980년대 중반의 일이다. 그 배경에는 내적·

기 때문에 연구자는 소피가 이 단절감을 극복하기 위해 친구들과 부단히 소통하고자 했던 노력과 끝내 좌절에 이르는 일기의 내용을 섬세하게 읽음으로써 소피의 남성관이 '지배욕'과 '투항요구'가 아닌 '저항'으로 읽어 줄 필요가 있다고 본다. 강경구, 『중국현대문학』 제13호, 중국현대문학학회, 1997.

17) 여성주의 작가로 가장 많이 연구되고 있는 대상으로 장아이링[張愛玲]을 들 수 있다. 대표적으로 김순진의 「張愛玲 소설에서 보이는 여성의식의 한계」가 있는데, 논문은 장애령이 묘사한 여성이 가부장제하에서 정체성을 찾는 데 실패하고 남성적 권력 형태를 그대로 모방한다고 분석한다. 1930·1940년대 항일전쟁이라는 시대배경 하에서 '전통'적인 세계를 복원해 낸 장아이링의 서사전략에 대한 분석을 성별이라는 관점에서 분석한 점은 성과지만 페미니즘과 전통의 관계 외에 민족, 계층적 시각에 입각한 다층적 읽기가 아쉽다. 『중국현대문학』, 제15호, 중국현대문학학회, 1998.

18) 역사와 여성문제에 대한 연구는 문학분야 보다는 여성학 부문의 성과가 두드러진다. 아시아 8개국(중국·인도·인도네시아·일본·남한·필리핀·타이완·타이)의 편집진이 각국의 현대여성사 운동사를 영어로 펴낸 것이 그것인데, 중국의 연구물은 Du fangqin and Zheng xinrong eds., *Mapping the Social, Economic and Policy Changes in Chinese Women's Lives*, Ewha Women's U. press, 2005가 있다.

외적 원인이 있었으니 포스트 사조라 불리는 해체주의적인 외래 사조의 도입과 중국 사회 내의 개혁의 영향이 그것이다. 이 두 요소 가운데 여기에서는 개혁개방 시기의 여성이 성별의식을 자각하게 된 원인으로 내적 원인이 된 '개혁'이라는 요소를 중시하고자 한다. 그것은 중국의 "여성이 경제 개혁으로부터 영향을 받은 인구 중 최초의 집단"[19]이라는 사실이 중국 여성들에게 준 충격을 주목하고자 한다는 것을 의미한다.

중국 여성이 자각의식을 갖게 된 계기가 80년대의 경제적 개혁이었다는 사실은 제3세계 여성해방의 하나로서 20세기 초 이래 반식민상태에서 남성지식인들의 계몽과 도움으로 시작된 중국여성해방의 특징을 이해하는데 중요한 의미를 지닌다. 독립국가 수립을 위해 여성교육과 전족 풀기로 시작되었던 중국의 여성해방운동이 아이러니하게도 중국의 근대적인 민족 국가 수립이 공고화된 1980년대에 이르러 여성들에 의해 해결되어야 하는 '그녀'들만의 문제로 남겨지고 말았기 때문이다. 남녀평등을 실현했다고 하는 사회주의에서 '국민'으로서 여성의 지위를 새삼 묻게 하는 대목이 아니라 할 수 없다. 그 결과 80년대 중반에 '성'과 '계급'의 관계를 인식함에 있어서 여성들 가운데 마오쩌둥 사회주의 시기와는 다른 시각이 출현하였고, 그 선하를 연 리샤오장[李小江]은 여성의 배제를 실직문제와 관련하여 다음과 같이 표현하였다.

> 일단 사회가 여성을 배척하고 여성과 한계를 분명히 하자, 여성들은 사회적 보호라는 포대기에서 벗어나 필사적으로 여성집단의 이름으로 여성의 자립과 자강의 살 길을 모색하지 않을 수 없었다.[20]

---

19) 臧健, 『동아시아의 근대성과 여성』(한・중・일 국제학술대회 자료집), 이화여대 한국여성연구원, 1999, 11~12면.

20) 李小江, 「改革與中國女性群體意識的覺醒」, 『社會科學戰線』, 1988.4, 300~310면.

평등의 보호막이 사라진 순간의 당혹스러움이 드러나 있는 이 언급은 시장주의적 개혁이 중국 여성들로 하여금 자각의식을 갖게 한 '생장점'이었다는 사실을 보여 준다. 이처럼 중국 여성문제의 특수성은 다 함께 일하는 사회로부터 '효율'적인 남성 가장 중심의 시장주의 체제로 이동하는 과정에서 발생한 결과였다. 여성들은 한편으로는 노동자로서 동일한 권리를 요구하였고 다른 한편으로는 여성을 노동자로서만 인정하던 마오주의 시기의 여성상을 비판하며 '남녀는 다르다'고 주장했다. 이와 같이 1980년대 개혁개방의 시기에는 '차이'의 인정을 주장하는 논리와 평등에 대한 요구가 혼재하였는데, 아래에서는 리샤오장을 중심으로 시장화가 여성담론에 제공한 동력과 억압, 두 측면에 대한 대응을 살펴보고자 한다. 먼저 1980년대 여성주의 담론을 "여자되기[做女人]"라는 당시의 담론을 중심으로 살펴본다.

3) 마오쩌둥 사회주의에 대한 거부―'여자가 되라'

1980년대 중·후반은 마오쩌둥 사후 중국 사회가 급격한 개방화와 함께 사회·정치적 격변을 겪은 시기이다. 1989년 톈안먼[天安門] 사태 직전인 1987~1988년은 중국문화의 개방성이 정점에 달하였던 시기로 '문화열'이라 불리는 과거 역사에 대한 반성적인 검토 붐이 일어난 시기이다. 이 시기에 서구의 포스트 사조들이 유례없이 대량으로 유입되자 중국인들은 그것으로부터 과거를 부정하는 방식을 배우면서 비판을 위한 입론의 근거들을 만들어 나갔는데 여성주의 또한 예외가 아니었다. 주로 미국과 프랑스에서 유입된 여성주의 사조는 사회주의 신중국이 건국된 이후로 한 번도 담론의 대상이 되어본 적이 없었던 '여성성'의 문제를 역사의 수면 위로 떠오르게 한 계기였다. 특히 엘렌 식수, 크리스테바, 루이스 이리가라이로 대표되는 프랑스 페미니즘이론을 접한 중국의 작가들은 그것에 '첫 눈에 반해[一見鐘情]'였다. 작가들은 이들에 대한 온전한 번역서 한 권 없이 발췌와 편역에 기대어 대담하게 '부정의 방식'을 빌려 왔다.

천샤오란[陳曉蘭]은 이런 현상이 급격하게 변화하는 시대상황과 관련이 깊었다는 점을 지적한다.[21] 대내적인 개혁과 대외적인 시장화 개방정책은 개인주의의 발전에 미증유의 공간을 열어 주었으며 그에 따라 도덕적인 혼란과 상대주의적 가치관이 범람하여 갑작스런 가치관의 공백상태가 발생했다. 천은 이와 같은 분위기가 전복적인 "서양 여성주의 사조에 대해 중국이 필연적인 "친화력"을 갖게" 만든 원인이라고 설명한다.[22] 이러한 분석에 기대자면, 포스트 마오 시기 중국의 여성들은 소위 남성 가장에 의한 가부장적 억압이 철폐되었다고 하는 사회주의적 평등관을 해체하는 데 있어서, 아이러니하게도 남성 가장중심의 질서가 단절되거나 전복되어 본 적이 없는 자본주의적 성별질서를 비판하는 담론, 즉 '자본주의적 근대주의에 대한 비판'으로부터 해체의 정신을 빌어온 셈이 된다.

개혁개방 시기의 중국에 서구의 여성주의 비평이 처음 소개된 것은 1981년의 일이다.[23] 이 시기에 미국의 여성주의 사조가 중국에 소개된 이후로, 중국내에서 여성주의를 최초로 주창한 리샤오쟝은 당시 유행하던 프로이드와 싸르트르 등을 읽으면서 인간의 자유와 평등에 대해 다시 생각하는 계기를 가졌고 사회주의 여성해방에서 '해방'의 의미가 무엇이었는가를 고민하였다. 그 결과 그녀는 '자유'에 도달하는 최소한도의 조건이 '평등'이며, 사회주의 여성해방은 물적인 토대면에서 그 평등

---

21) 陳曉蘭, 『女性主義批評與文學詮釋』, 敦煌文藝出版社, 1999, 94면.
22) 위의 글.
23) 중국에 최초로 여성주의 비평을 소개한 것은 1981년 朱虹의 『美國女作家作品選』이다. 역자는 서언에서 미국의 여성주의 사조를 소개한 이래 리샤오쟝과 함께 『性別與中國』(三聯書店, 1994) 시리즈를 출간하였고 2000년 현재까지 제4집을 발간하였다.

에 도달했다고 결론지었다.[24] 이것이 그녀가 만든 신조어인 '사회적인 해방[社會性解放]'이라는 개념이 의미하는 바이다.

리샤오장은 자신을 포함한 소수의 제1세대 여성주의 연구자들이 1980년대에 이러한 고민과 탐색을 통해 도달한 여성의식의 각성과정을 "전통적인(혹은 정통적이라고 하는) 부녀 해방이론에 대하여 의문을 제기"한 것이라고 의미를 부여하였다.[25] 여기서 '의문을 제기했다'라고 하는 것은 가사와 사회적 생산을 다 해내야 했던 사회주의 여성해방에 대한 짙은 피로감이 배어있는 언급으로서 당시 사회주의 시기를 경험한 40~60대 중년 여성들로부터 뜨거운 반향을 불러 일으켰다.

1985년, 처음으로 여성문제를 독자적인 범주로 제기했던 리샤오장은 여성을 지칭하는 용어를 선별적으로 사용할 것을 제안했다. 그는 더 이상 혁명의 부담을 연상시키는 "부녀(동지)"라는 용어가 아니라, 먼저 주체성을 지닌 사람[做人]이 되고, 거기에 남녀의 '차이'를 인정하는 "여인이 되어야[做女人]"야 한다고 하였다.[26] 여성이 더 이상 '혁명'의 대상에 머물 수 없다는 이 주장이 의도한 바는 '계급해방'담론으로부터 여성문제를 독립적 범주로 분리시키는 것이었으며, 이러한 최초의 시도에서 그녀가 분리의 근거로 삼은 것은 남녀의 생물학적인 '차이'였다.

리샤오장은 여자가 한 달에 한 번 생리하는 것을 제외하면 남자와 다를 것이 없이 살아야 했던 마오주의 시기를 비판하며, 여성이라는 것은 "아무리 노력해도 날 때부터 타고난 흔적을 지워버릴 수가 없"는 존재라고 보았다.[27] 리샤오장은 생물학적인 차이를 긍정하였으며, '이러한' 차이의 긍정은 80년대에 중국의 여성들 사이에서 확산된 바, 치마를 입고 화장을

---

24) 李小江, 『關于女人的答問』, 江蘇人民出版社, 1997, 84면.
25) 「新時期婦女研究和婦女運動之我見」, 『中國婦女與發展－地位, 健康, 就業』, 天津師範大學 1993年 署期硏討班專輯, 河南人民出版社, 1993, 26면.
26) 李小江, 『關于女人的答問』, 江蘇人民出版社, 1997, 11~13면.
27) 위의 책, 9면.

함으로써 그 동안 억눌려 온 '여성스러움'을 되찾고 싶다는 보상심리, 혹은 표현의 욕구와 같은 맥락에 있었다. 90년대 중반에 중국의 한 여성연구자는 당시의 이런 주장들이 지닌 복고적 요소를 경계하며 다음과 같이 지적했다. "당시에 역사를 고발하고 반성한다는 것을 빙자하거나, 혹은 거기에 근거하여 씌어진 여성에 대한 담론이란, 실은 전통적인 여성적 규범을 다시금 확인하는 기반 위에 세워진 것이었다"[28]라고.

한편, 생물학적이고 심미적인 특성에 근거한 리샤오장의 이러한 관점은 후기 구조주의적 관점을 지닌 왕쩡[王政]의 견해와 구분된다. 왕쩡은 1980년대에 유행했던 '여성의식(女性意識)'이라는 말이 문화대혁명 이후에 만들어진 것으로서 본질주의적 특징을 띠고 있다는 점을 지적한다. 그러므로 오늘날 여권주의적 맥락에서 사용하는 젠더적인 의미를 "여성의식"이란 개념으로는 전달할 수 없다고 본다.[29] 이와 동시에 왕쩡은 '차이'를 강조하면서도 남녀의 차이를 과장하는 태도가 역으로 여성이 '또 다른 그 무엇'이라는 관념을 조장함으로써 불평등한 처우를 합리화하는 데 이용될 수 있다는 점을 경계한다. 이러한 현실감각은 왕쩡으로 하여금 과연 80년대 중국의 모든 여성들이 "여성이 되자"고 외쳤었던가라는 점을 되묻게 한다.

> 여기서 짚고 넘어가야 할 것은 "여성으로 돌아가라"는 것이 결코 "문혁"이후 전체 중국여성이 추구하던 바가 아니었다는 점이다. 사실은 비록 마오쩌둥시대라 할지라도 중국의 대다수 여성의 경제·사회·문화와 생활현실은 여전히 남녀가 유별했었다. 오늘에 이르기까지 수많은 농촌여성들이 바라는 것은 남자와 같은 일을 하는 것이다. 왜냐하면 최소한 그것은 다소 높은 수입을 의미하기 때문이다.[30]

28) 陳惠芬, 『神話的窺破』, 上海社會科學院出版社, 1996, 4면.
29) 王政, 「"女性意識" "社會性別意識"辨異」, 『婦女與社會性別研究在中國 1987~2003』, 天津人民出版社, 2003, 77~97면. 이 책의 부록에 왕쩡 글의 번역문이 실려 있다.
30) 위의 글, 왕쩡은 개혁개방 시기 윈난[云南省]의 농촌 여성들이 자신들의 생활을 드러

이러한 진술의 결론으로서 왕쩡은 '여성다움의 회복'을 옹호하는 '문화적 여성주의'가 실은 소수 지식인 여성들의 목소리였다고 일축한다. 그리고 그녀는 일찍이 5·4 시기에 여성 청년들이 "여자도 사람이다, 독립적 인격을 지녀야 한다"며 주체의식을 주장했었는데, 어떻게 하여 20세기 말에 이르러 지식인 여성들이 "여자가 되자"고 외치는 반전이 일어나게 되었는가를 되묻는다.[31] 마오쩌둥 시기의 여성해방에 대한 근본적인 질문을 던지고 있는 이 지점이 왕쩡과 리샤오장이 갈리는 분기점이다. 리샤오장은 '사회적 해방'이라는 용어를 빌어 마오쩌둥 시기의 여성해방을 최소한도의 해방이라는 의미로 긍정하고 있으며, 왕쩡은 경제적 측면만이 아니라 지속적으로 존재해 온 '성'과 '계급'의 갈등관계와 '정체성'의 형성과정을 주목한다.

개혁과 여성에 관한 리샤오장의 견해를 보여주는 대표적인 글은 「개혁과 중국여성의 집단의식의 각성」(1988), 「신시기 부녀연구와 부녀운동에 대한 나의 견해」(1993), 「우리는 어떤 담론으로 여성을 사고할 것인가 ―누가 담론을 만들고 그것에 의미를 부여하는가」(1998)[32]이다. 각각의 글은 1988년, 1993년, 그리고 1998년에 걸쳐 10년의 시차를 두고 씌어졌지만 세 편의 글을 관통하는 핵심 논지는 세세한 차이를 무화시킬 만큼

낸 사진첩을 인용하면서, 농촌여성의 고충을 서술하는 한편, 그 여성들은 "오늘날, 남자들이 할 수 있는 일은 여자들도 마찬가지로 할 수 있다"고 자랑스럽게 말한다고 전한다. 왕쩡은 그 여성들에게는 "여성으로 돌아가라"는 인식이 전혀 존재하지 않는다는 점을 지적하였다.

31) 당시에 "여자가 되라"라는 말이 나오게 된 배경에 대한 설명은 다음과 같다. "속담에 '먼저 사람이 되고 다시 여자가 된다'는 말이 있는데, 80년대의 지식여성들은 그 속담을 넘어서서 "여자가 되고, 전인적으로 발전된 인간이 되자!"라는 신념을 갖고 있었다." 이 내용은 李小江, 譚深이 주편한 『知識婦女』씨리즈(河南人民出版社, 1991) 서언에 적혀 있다.

32) 「改革與中國女性群體意識的覺醒」, 『社會科學戰線』(제4기, 1988); 「新時期婦女硏究和婦女運動之我見」(『中國婦女與發展－地位, 健康, 就業』, 天津師範大學, 1993年 署期硏討班專輯, 河南人民出版社, 1993); 「我們用什麽話語思考女人－以及誰制造話語幷賦予它內涵」(『中國婦女與女性主義思想』, 中國社會科學出版社, 1998)에 실렸다.

일관된다. 즉, 리샤오장은 여성의 적을 남성, 남성중심문화로 인식하지 않고 '역사의 선택'으로 보고 있으며,[33] 역사의 선택이란 리샤오장이 늘 강조하는 바인 중국의 여성해방과 서구 여성해방의 차이점을 표현하는 개념이다. 그녀는 「개혁과 중국여성의 집단의식의 각성」에서 "우리(여성주의자—인용자)의 시각은 문화·사회·역사에 중점을 둔 것으로서, 남성들을 대하는 태도가 비교적 부드럽고 공정하다"고 전제한 뒤, 중국의 여성이 5·4운동과 1949년 이래 민족전쟁과 혁명과정에 어떻게 남성과 함께 동참하여 왔는가를 강조한다. 리샤오장의 이러한 강조는 앞서 왕쩡이 강조한 바인 비서구권 여성해방의 특수성을 인정하는 논리와 어느 정도 합치된다. 그러나 리샤오장은 이런 과정을 거쳐 달성된 평등한 권리, 곧 '사회적 해방'을 사회주의 여성해방의 주요 성과로 보고 그것이 자본주의적 여성해방을 '뛰어 넘은' 측면이 있다고 본다. 즉, 사회주의 여성해방에는 서구의 여권주의 운동[34]의 평등한 '권리' 요구보다 훨씬 앞서서 달성된, 중국 여성해방 특유의 선진적인 측면이 존재한다고 생각하며 이 점이 리샤오장을 '본토파' 페미니즘이라고 부르는 이유이다. 한편, 이러한 중국적 특수성에 대한 중국 여성학자의 인식은 한국이나 일본의 여성주의자들로서는 상상하기 어려운 측면이라고 할 수 있다. 한국과 일본의 여성학자들의 경우 '국가'나 '가정'에 있어서 성별 이데

33) 리샤오장은 "비록 이런 사회적 차이(여성의 性적 사회적 차이—인용자)가 거의 예외 없이 남성이 우월한 남성 중심적인 방식으로 표현된다 해도 나는 이것을 남성들 탓이라기보다는 사회역사적인 선택의 결과로 본다"고 하였다. 「婦女硏究學科化進程中的若干問題」, 『批判與重建』, 三聯書店, 2000, 10면.

34) 리샤오장은 서구 여권주의의 가장 핵심적 내용이 '남녀평등'이라고 이해한다. 그는 서구 여성주의자들이 담론의 주도권을 행사하는 데 강한 거부감을 드러내며 중국적 특수성을 강조하는 민족주의적 경향이 있다. 중국의 사회주의 경험을 인정하지 않는 그들과의 대화는 할 필요가 없다는 입장을 천명하기위해 그는 의도적으로 베이징에서 열린 1995년 세계 여성대회에 불참함으로써 '부재'를 통한 의사표현에 성공적 효과를 거두었다. 『關于女人的答問』, 江蘇人民出版社, 1997, 241면.

올로기를 비판하거나 자본주의적 발전의 남성 중심성을 비판할 때, '역사의 선택(제3세계적 특수성)'으로 인해 여성해방의 긍정적이거나 혹은 부정적인 문제가 야기되었다고 보지는 않기 때문이다.

리샤오장은 중국적 특수성을 용어문제와 연관짓는다. 그는 중국의 혁명이 가능할 수 있었던 것은 바로 여성들이 '여성'이 아닌 '부녀(婦女)'로 기능했기 때문이며 그것이 중국적인 특수한 상황(語境)(1988)이라고 설명한다. 그러나 앞서 살펴 본 바와 같이 80년대 중반, 리샤오장은 '부녀'라는 용어가 아닌 "여인(女人)"이 되자고 하며, 더 이상 역할담당자로서 호명되지는 않겠다는 의지를 표명한 바 있다. 따라서 리샤오장이 중국현대사의 특징을 긍정적인 것으로 강조할 때 사용하는 '부녀'와 개혁 개방 이후의 극복의 대상으로 '부녀'라는 개념은 각기 다른 맥락에 놓여있다. 따라서 역사에 대한 평가를 담지한 '경험'과 비판적 시각으로서의 '입장'의 충돌로 이해할 수 있는 이 문제를 그녀가 어떻게 통일적으로 인식하였는가를 살펴볼 필요가 있겠다.

왕쩡과 리샤오장이 용어의 문제를 고민했듯이 서양의 중국학 학자 역시 중국여성의 삶을 어떻게 개념화할 것인가를 논했다. 중국여성의 호칭에 대한 분석은 일찍이 후기 구조주의자 타니 발로우(Tani E. Barlow)에 의해 이루어진 바 있다. 그는 중국에서 '여성'과 '부녀'가 혼용되어 사용되지만, '부녀'에는 婦[아내, 며느리], 女[딸]라는 관계론 속에서 수행해야 할 임무가 담겨 있다고 보아 부녀와 '여성'을 구분하였다.[35] 타니 발로우는 여성을 역할 담당자로 보는 '부녀'라는 용어를 '여성'과 차별

35) Tani E. Barlow는 '부녀'에 대해 다음과 같이 인식한다. "this argument locates funu / women synchronically in discursive constellation with other modern categories, like "worker / gongren" and "youth / qingnian" and "prolatariat / wuchanjieji" Funu, that is, forms a part of the "system of designations by (…중략…) which", until the repudiation of Maoism", *Theorising Woman : Funu, Guojia, Jiating(Chinese Women, Chinese State, Chinese Family)*(Interpal Grewal and Caren Kaplan eds.), Scattered Hegemonies, Minnesota U. press, 1994, p.174.

화하였다고 하겠는데, 이러한 이론적인 범주화는 그가 남성적인 가치를 기준으로 한 '근대화'담론을 비판하는 후기 구조주의자라는 점을 고려할 때 자연스런 귀결이라고 볼 수 있겠다. 그러나 리샤오쟝과 타니 발로우 두 사람이 '부녀'를 역할이 할당된 개념이라는 점에서 비판하였다는 점에서는 일치하였지만, 근대적 발전에 대한 양자의 전망은 달랐다. 리샤오쟝에게 있어서 근대적 발전은 '부강'과 직결된 개념으로서 결코 포기될 수 있는 것이 아니었다. 그는 근대적 발전이 여성의 발전과 함께 동시적으로 추구되어야 할 과제로 보며 자신이 그렇게 주장하는 이유를 다음과 같이 설명한다. 즉, 서양의 여권운동은 양성 '평등'과 남성문화에 대한 '비판'을 핵심으로 하지만 비서양 국가는 '발전'을 주제로 하기 때문에, 중국의 경우 '발전'이야말로 '부녀적인 것'이고 '사회적인 것'이라고 강조한다.36)

이 지점에 80년대 중국 여성담론의 딜레마가 놓여 있다. 중국의 여성학자들은 마오쩌둥 시기를 비판하며 시장주의적 근대화에 동조하기 위해 서구의 해체적 페미니즘으로부터 전복의 서사를 배워 왔으나, 정작 해체주의적인 페미니스트들이 근대화를 비판하는 데는 방어적일 수 밖에 없다. 그러나 이러한 모순된 태도를 리샤오쟝 개인의 자기모순이라고 보기에는 무리가 있다. 설사 왕쩡의 지적을 수용하여 문혁 비판이 비록 엘리트에 한정된 것이었다 할지라도 1980년대에 범람했던 마오쩌둥식 사회주의를 부정하는 태도는 특정 시기의 특성으로 이해될 필요가 있기 때문이다. 즉 시장주의를 경험할 충분한 시간을 갖지 못한 80년대 중국의 여성주의자들은 시장주의적 성별질서 재편에 대한 경계가 부족하였으며 문혁으로 상징되는 과거의 역사를 부정하는 데 몰두함으로써, 새로운 참조체계를 모색하는 데 경계심이 부족하였다는 점을 고려해야

36) 李小江, 「婦女研究學科化進程中的若干問題」, 『批判與重建』, 三聯書店, 2000, 6면.

할 것이다.

이상에서 살펴본 바와 같이 개혁개방 시기 중국의 여성주의 담론은 마오쩌둥식 사회주의 경험에 대한 부정에서 출발하였다. 이런 흐름은 1990년대 이후에 체계를 갖춘 관점으로 발전하였는데, 그것은 '국가'와 '여성'의 관계를 중심으로 볼 때 두 갈래로 나누어 볼 수 있다. 중국 현대사의 토착적인 경험을 강조한다 하여 '본토파'라고 불리는 '절충론'적인 관점과 국가가 주도하는 여성해방담론을 억압적이라고 보는 '해체론'적 관점이 그것인데, 다음 절에서는 본토파를 중심으로 두 입장의 쟁점과 내용을 살펴본다.

4) 담론구도-절충적 본질주의와 해체적 페미니즘

중국 여성작가의 경우, 90년대 이전에 성별화된 여성의식을 의식적으로 창작에 적용한 예는 드물었다. 90년대 들어 여성작가들은 은밀한 사생활과 욕망을 노골적으로 드러내는 글쓰기를 하였는데, 이러한 글쓰기는 '탈역사적'이고 '상업화'된 글쓰기라고 비판을 받기도 하였지만 중심해체에 기여하는 효용성이란 측면에서 지지를 얻기도 하였다. 후자적 관점에서 이를 지지하는 천샤오밍은 90년대 여성의 이러한 개인화된 글쓰기를 80년대 문화와의 연장선상에서 그 기원과 가치를 찾는다.[37] 그는 80년대 후반에 실험적 형식의 '선봉파'와 개인화된 글쓰기인 '신사실주의'적인 방식이 형성되었고, 그 중 '신사실주의'적인 글쓰기를 계승한 것이 90년대 여성작가의 개인화된 글쓰기라고 본다. 천샤오밍이 이처럼 우호적으로 여성문학을 평가한 것은 90년대 초, 대담하고도 냉소적인 글쓰

37) 陳曉明, 「勉强的解放－後新時期女性小說概論」, 『中國女性小說精選』, 序, 甘肅教育出版社, 1996, 4면.

기의 대가인 왕쑤어[王朔][38]를 지지함으로써 새로운 비평문화를 선도했던 그답게, 여성작가의 글쓰기가 중심담론의 해체에 유용하기 때문이었다. 그가 여성문학을 긍정한 것은 그가 보기에 "'신시기문학'이 역사를 창조(재건)하려는 강렬한 역사적 욕망을 지니고 있어 남성중심담론의 '목적론'적이고 '결정론'적 특징을 드러"내기 때문에 이에 대한 안티테제로 여성문학이 필요했기 때문이다.[39] 그렇기 때문에 해체론자인 그는 여성문학을 선구자는 선구자이되 "잘못 놓여진 선구자[誤置的前驅]"라고 명명했다. 이런 점을 고려할 때 그의 여성적 글쓰기에 대한 조건적인 긍정은 다른 '선구자[前驅]'에 의해 얼마든지 대체될 수 있는 것이었다.

천샤오밍이 실질적으로 관심을 갖고 있는 것은 '부권'과 '당권'의 경쟁관계이다. 그는 두 권력 사이에서 '여권'은 때로 '당권'에 힘을 실어주기도 하고 때로 '당권'에 저항하며 억압된 '부권'의 복귀를 도와주는 해체적 역할을 하기도 한다고 본다. 남성적 관점을 포기하지 않는 해체주의자의 딜레마를 보여주는 것이 천샤오밍의 경우라 할 수 있겠는데, 그의 이러한 모순적인 관점은 사회주의 시기의 '당권'강화 과정에 대한 따이진화의 해석과 분명한 차이를 보여 준다.

천샤오밍은 사회주의 혁명을 통한 여성의 지위향상이 "남성의 경제적 지위를 끌어 내려서 도달된"것이라고 본다. 사회주의 시기에 "여자가 무의식중에 남자 길들이기에 공모자" 역할을 담당하였다고 비판하는 것이다.[40] 이와 같은 "공모자"라는 시각은 성별대립으로 인식해서는 안 되는 문제를 대립하는 것으로 설정한다는 점에서 문제적인데, 따이

---

38) 왕쑤어는 조롱과 희화적인 글쓰기를 통해 기존의 엄숙한 글쓰기를 해체하였다. 작품으로는 극본 『편집부 이야기[編輯部的故事]』와 소설 『반은 불길, 반은 바닷물[一半是火焰一半是海水]』이 있다.

39) 천샤오밍은 이러한 현상이 일어난 가장 주요한 원인이 여성주의 의식의 희박함에 있다고 보았는데 이 부분에 대한 상세한 내용은 陳曉明, 앞의 글, 2・12・21면 참조.

40) 陳曉明, 「勉强的解放－後新時期女性小說概論」, 『中國女性小說精選』, 序, 甘肅敎育出版社, 1996, 12면.

진화[戴錦華]는 이러한 성별 대립적인 인식이 지닌 오류를 "초월적인 아버지 공산당"이라는 개념을 통해 해체하였다.[41] 따이진화는 남성으로부터 박탈한 권위를 '당'이라는 새로운 '부권(父權)'이 차지했으며, 이에 따라 여성도 남성도 국가라는 '부권'에 포섭되었다는 점을 지적한다. 그는 현대 중국의 영화사를 개괄하면서 남성이 여성을 욕망의 대상으로 보는 권리를 박탈당한 자리에 "초월적 아버지인 공산당, 사회주의체제, 공산주의의 사명으로 채워지는 빈 공간"이 만들어졌다는 점을 강조한다.

한편, 천샤오밍이 탈근대담론에 입각하여 여성의 글쓰기를 '효용성'이란 차원에서 긍정한 데 반해 리샤오장은 근대화와 여성문제의 동시적인 해결을 주장한다. 그러면 리샤오장은 양자의 동시적 발전이 어떻게 해서 가능하다고 보는가? 그는 앞서 언급한 바 있는 기념비적인 논문 「개혁과 중국여성 집단의식의 각성」(1988)에서 개혁개방 시기의 중국 여성에 대한 집단적인 배제의 원인이 여성의 생물학적인 기능, 즉 출산과 육아에 있음을 지적하였다. 아울러 이러한 생물학적인 특성으로 인한 여성의 이중역할이 개혁 개방 이전의 사회주의 시기에도 여성들이 선택의 여지없이 받아 들여야 했던 고통이었다고 언급한다. 그러나 동일한 논문의 말미에서 그는 어조를 누그러뜨리며 이렇게 말한다. 현실적으로 여성은 그다지 위기의식을 가질 필요가 없는데 그 이유는 다음과 같다.

> 전통적인 남성중심 사회 자체가 여성을 보호하는 자연스런 기능(아버지가 딸을, 남편이 아내를, 사회가 가정을 보호·부양하는)을 지니고 있고, 또 사회주의 제도는 대량의 실업군을 오랫동안 방치할 리가 없기 때문에, 반드시 약자에 대해 보호에 상응하는 대책을 세울 것이다.[42]

---

41) 戴錦華, 「성과 내러티브－현대중국영화에서 재현되는 여성」,『동아시아의 근대성과 성의 정치학』(한국여성연구원), 푸른사상, 2002, 218~230면.

42) 李小江, 「改革與中國女性群體意識的覺醒」, 『社會科學戰線』, 1988.4, 305면.

Time 지는 개혁개방 이후 성적 차별이 심화된다는 통계수치와 함께, 개혁개방 시기의 청년문화와 사회주의 시기의 노동문화를 대비시켜 기사화하였다(2003.8.28).

여기에서 리샤오장은 여성의 요구와 존재를 최저한도의 '생존'문제로 낮추고 그 해결책을 가족주의 속에서 찾도록 후퇴시켜 버렸다. 개혁에 따른 여성의 대량 실업사태 문제가 개혁의 주체인 국가, 그리고 가장에 의한 가부장적인 질서 속에서 해소될 수 있다고 모순적인 발언을 한 것이다.

시장주의적 개혁이 진전됨에 따라 여성의 경제적 지위는 남성과 급격한 차이를 보였다. 개혁은 여성에게 다양한 발전의 기회를 제공하기도 하였지만 『타임(*TIME*)』지의 통계에 따르면 갭은 더 벌어지고 있는 것으로 나타난다. 기사는 중국 여성의 임금이 1990년에 평균 남성임금의 83%를 받다가 9년 후인 1999년에는 남성 임금의 70%로 떨어진 사실을 보도한 바 있다.[43] 이와 같이 시장화로 인한 성별간의 격차는 가부장적인 보호질서 속에서 해소될 수 있는 것이 아니라 심화되었다.

오늘날 중국의 여성학자들의 견해는 여성의 권익을 지키는 데 국가의 개입이 필요하다는 입장과[44] 국가권력은 여성에 대해 억압적이라고 보는 비판론[45]으로 나누어진다. 전자는 과거에 국가의 개입은 필요했었

43) "The sky is falling", *TIME*(Asia판), 2003.7.28.

44) 韓嘉玲, 「중국 여성발전상에서의 국가의 역할」, 『동아시아의 근대성과 성의 정치학』, 푸른사상, 1999, 79~96면.

을 뿐만 아니라 시장화 이후에 국가권력의 급격한 축소가 여성 지위하락의 결정적 요인이라고 보는 반면, 후자는 가부장적 속성을 지닌 국가는 항상 발전계획에서 여성을 배제시킨다고 보아 국가권력에 대해 비판적이다.

후자의 입장을 대표하는 사람은 왕쩡이다. 그는 마오주의 시대의 여성해방에 대하여 리샤오쟝과 같이 '역사의 선택'이라고 말하지 않으며, 최종심급에서 벌이는 젠더간 힘겨루기라고 본다. 자신의 이러한 관점을 설명하기 위하여 그는 역사적 사실로서, 1957년에 여성의 권익을 옹호하려 했던 당내 고급 여성간부의 견해가 남성 당간부들에 의해 기각된 사실을 분석한 바 있다. 사안은 여성계의 지도자인 덩잉차오[鄧穎超], 차이창[蔡暢], 장윈[章蘊][46]이 전국 부녀연합 명의로 '남녀의 완전한 평등(complete equality between man and women)'을 강조하는 당 제출용 보고서를 만들어 제출하였을 때, 남성 고급간부들이 이를 기각한 사안이었다.[47] 좀 더 상세히 내용을 살펴보면 다음과 같다.

1957년은 극심해진 도시화문제를 해결하기 위해 당지도부가 경제 긴축정책을 편 시기였다. 정책이 수립되자 당 지도부는 여성들에게 사회활동보다는 가정에 충실할 것을 요구하였으며 슬로건도 "검소하게 나랏일에 기여하고 알뜰하게 집안 살림을 한다[勤儉建國, 勤儉持家]"라는 보수적인 내용을 채택했다. 이에 여성대표들은 양성평등을 요구하며 이의를 제기하였다. 반면 남성 간부들은 "사회주의적인 소유제도에 의해 이미 남녀가 경제적 평등을 획득했다.(…중략…) 그런데 왜 아직도 평등을 요

45) 소홍군, 「제3세계 여성과 여성주의 정치」, 『西方女性主義評價』(鮑曉蘭 編), 三聯出版社, 1995에서 재인용.

46) 20대에 과부가 된 장윈은 덩잉차오 등 다른 인물들이 명사의 아내였던 것과 달리, 투철한 여성주의자였으며 상하이의 여성잡지 『現代婦女(1949~1953)』의 편집장을 역임했고 그 후 전국부련 간부를 맡았다.

47) Wang Zheng, "Chinese State Feminism", *The China Quarterly*, 2003.1.20, pp.915~918.

구하는가? 당신들은 무엇을 더 바라는가?"[48]라고 비난하며 여성계가 올린 완전한 평등을 요구하는 보고서를 기각했고, 상하이와 베이징의 여성조직을 지도해 온 강경파 장윈은 이에 굴복하였다. 분석을 통해 왕쩡은 비록 당간부들이라 하여도 여성의 권익과 관련된 사안에 대하여 여성간부와 남성 간부들의 견해가 때로 불일치했음을 지적한다. 그러나 그럼에도 불구하고 당의 정책이 관철되었던 근본적인 이유에 대해 그는 국가권력이 남성들의 이해관계를 정책의 이름으로 여성들에게 명령하였기 때문이라고 보았다.

반면, 리샤오장은 중국 여성문제의 특수성을 강조한다. 그는 중국 여성해방은 서구 여성해방과 달리 "여성과 국가"가 긴밀한 관계를 갖는다는 점을 강조하는데[49] 이 언급은 당권과 부권에 관한 앞서의 논의에서 살펴본 바와 같이, 사회주의 혁명의 특성을 지칭하는 것으로 이해될 수 있다. 그러나 이 글에서 주목할 부분은 내용보다는 씌어진 시점이다. 리샤오장은 1993년에 이 글을 발표하였고 그 해는 덩샤오핑의 남방 순회연설[南巡講話]을 계기로 하여 개혁에 가속도가 붙은 시점이었다. 따라서 리샤오장의 이 글은 개혁의 주체인 국가의 시장화 논리에 여성도 협조적이어야 한다는 메시지로 읽힐 수 있으며, 그런 점에서 개혁에 따른 여성 지위의 하락을 경계하던 1988년의 논지로부터는 다소 벗어나 있었다고 보인다. 그러면 리샤오장은 왜 이처럼 '여권'에 배치되는 딜레마에 빠지게 되었는가? 이것을 이해하기 위해서는 리의 생산력에 관한 견해를 살펴볼 필요가 있다.

48) 위의 글, p.921 "Notes of Luo Qiong's conveying the important directives on women work by leading comrades of the Secretariat and the Political Bureau of the Central Committee"에서 재인용.

49) 李小江, 「新時期婦女硏究和婦女運動之我見」, 『中國婦女與發展－地位, 健康, 就業』, 天津師範大學 1993年 署期硏討班專輯, 河南人民出版社, 1993, 27면.

해방 이후 30여 년 동안 우리나라의 부녀는 폭넓게 사회활동에 참여하였으나 사회의 생산력이 낮아, 사회적 노동과 가사노동의 이중 부담을 질 수 밖에 없었고, 그 삶의 부담은 배로 가중되었다. 소처럼 무거운 짐을 진 삶이 중국의 부녀가 각고의 노력을 기울여 얻으려고 했던 해방은 결코 아니었다.50)

그는 마오저뚱 시기에 여성의 삶이 고단했던 원인이 낮은 생산력 때문이라고 보았다. 그리고 낮은 생산력 문제를 해결하는 것이 개혁개방 시기의 급선무라는 점에 동조한다.

오늘날의 사회개혁은, 우리사회의 생산력이 낮다는 구체적인 국가적 상황을 직시하고, 생산력발전을 위해 실사구시적으로 일찍이 이론적으로 비판을 받은 바 있는 생산관계와 경제체제를 원위치로 복귀시켰다.51)

이 두 인용문은 리샤오장이 여성문제도 생산력 문제를 해결함으로써 해결될 수 있다고 보는 '생산력 우선주의'론자임을 가감없이 보여준다. 이 시점에서 그가 언급한 '국가와 여성의 관계'는 더 이상 비판적인 의미에서 마오쩌둥 시기에 당의 여성 노동력 동원을 지칭하는 것이 아니었으며, 그는 이미 시장주의가 재편하는 성별 질서를 수용하는 범위 내로 들어와 있었던 것이다.

이상에서 살펴본 바와 같이 현대 중국의 여성담론은 국가가 주도하는 시장주의 개혁을 비판하는 관점과 이를 추수하는 두 입장으로 나누어진다. 리샤오장을 대표로 한 생물학적인 특징에 기반한 '절충론'과 왕쩡을 대표로 한 탈근대적 관점의 '해체적 페미니즘'이 그것이다. 그러나

50) 李小江, 『關于女人的答問』, 江蘇人民出版社, 1997, 85면.

51) 李小江, 「新時期婦女硏究和婦女運動之我見」, 『中國婦女與發展－地位,健康, 就業』, 天津師範大學, 1993年 署期硏討班專輯, 河南人民出版社, 1993, 27면.

양자는 이론상으로는 대등한 분석대상이 될 수 있지만 중국 사회에서 현실적으로 힘을 얻고 있는 것은 전자이다. 시장주의적 개혁 옹호자들은 시장주의적 개혁이 계층을 분화시키기도 하지만 서비스 산업 등의 발전으로 여성에게 새로운 기회가 개혁으로 인해 제공된다는 점을 강조한다. 이들은 국가의 발전을 위해 여성들이 개혁의 댓가를 치르는 것은 감수할 수 있다는 입장을 견지한다.

5) 마치며

마오쩌둥의 사회주의 시기가 끝나고 30년 시장화 개혁이 진행됨에 따라 중국의 여성은 계획경제 시기에는 상상할 수 없었던 계층분화와 가치관의 변화를 겪고 있다. 이 글에서는 개혁개방 시기에 초점을 맞추어 근 100년에 달하는 중국 여성해방 담론의 지형도를 '국가'와 '여성'이라는 축을 중심으로 살펴보았다.

신중국 건립 이전 단계의 여성주의는 딩링의 글을 중심으로 살펴보았다. 딩링은 5·4신문학 시기에 '구국'보다는 성적 주체로서 '개성'을 지닌 "소피"라는 20대 여성을 형상화하였는데, 소설 「소피의 일기」에서 폭발적 에너지를 내장한 반항적이고도 낭만적인 여성을 그려 내었다. 항일전쟁이 임박하고 국민당의 테러가 빈번해지자, 현실에 대해 불만을 품은 불안정한 페미니스트의 에너지는 민족주의와 쉽게 만났으며, 구국의 어머니인 "위만전"이라는 인물이 그 결과물이었다. 그러나 항일전쟁 시기에도 딩링은 '민족'주의와 '성' 사이에서 여성이 겪는 고통을 간과하지 않았다. 중국과 일본 남성사이에서 이중 스파이를 하던 위안부 여성을 다룬 소설인 「내가 하촌에 있을 때」에서 보여준 문제의식이 그것이다. 이와 같은 딩링의 여성주의적 관점이 더 이상 진전되지 않게 된 것은 1942년에 지식인에 대한 사상비판운동을 계기로 해서였다. 그로부터 40년을 격한 1980년대에 중국의 여성들은 사회주의 시기의 여성해방의 피로감을 호소하며, 딩링이 「3월 8일 여성의 날 소감」(1942)에서 제기했던 여성의 이중 역할에 대한 비판을 수면 위로 떠올렸다.

리샤오쟝은 1980년대 중반에 '여성이 되라'라는 구호 하에 억압된 여성성 회복을 선도한 인물이다. 이와 동시에 그는 사회주의 시기에 여성들이 노동과 가사의 병행으로 인해 겪어야 했던 피로감을 호소하였다. 다소 모순적으로 보이는 두 요구는 '사회주의 시기'의 여성해방에 대한 문제제기라는 점에서 '과거'라는 동일한 비판의 타깃을 갖고 있었다고 할 수 있다.

그러나 다른 한편으로 그는 사회주의 여성해방의 성과로 여성이 혁명을 통해 얻게 된 법적 경제적 평등권을 강조한다. 그는 서양 페미니즘이 제3세계 여성주의에 대해 행사하는 담론적 권력을 비판하며, 리샤오쟝 본인이 서구 페미니즘의 특징이라고 인식하는 '평등한 권리'에 대한 요구를 중국의 여성들은 이미 사회와 세도적 개혁을 통해 마오쩌둥 시기에 획득했다는 점을 강조한다.

이와 달리 사회주의 시기 여성해방을 '국가 페미니즘'이라고 부르는 왕쩡은 마오쩌둥 시기의 여성해방을 젠더적 관점에서 비판한다. 그는 1957년 사회주의 정책 결정과정에서 여성 간부들이 제기했던 남녀 간의 완전한 평등요구가 기각되는 과정을 분석함으로서, 어떠한 형태의 국가라 할지라도 여성의 권익을 대변하지 않으며 성별질서를 강요한다는 입장을 분명히 하였다.

양자의 이러한 입장 차이는 시장화 개혁이 진행되고 있는 현 상황에서 향후 국가정책과 중국의 여성주의의 포지션을 어떻게 위치지을 것인가에 있어서 중요한 이해의 실마리를 제공한다.

발전과 저발전을 주요모순으로 보는 리샤오쟝과 젠더갈등을 주요 모순으로 보는 왕쩡의 견해를 페미니즘의 현실적인 대안이라는 점에서 놓고 볼 때, 80년대에 여성주의를 선도했던 리샤오장의 주장이 90년대 이후의 상황에서는 퇴행적인 역할을 한다는 점을 지적하지 않을 수 없다. 그가 80년대에 주장했던 여성들의 남성과의 '차이'에 대한 인식은 한때의 문화적 페미니즘의 기능을 다 하였다. 90년대 이후 그녀는 생산력 우선주의에 동조함으로써 여성을 가부장사회의 피보호자로 위치시키기를 주저하지 않았는데, 이러한 관점은 리샤오장이 더 이상 국가주도의 시장주의 개혁과 비판적 거리를 유지하지 않고 있다는 점을 보여 준다.

한편 젠더갈등을 1차적 모순으로 보는 왕정의 인식틀은 제3세계 민족주의는 물론 탈냉전 시기에 자본을 따라 국경을 넘는 인적 이동과 새로운 여성의 삶이 구성되는 방식을 설명할 가능성을 지니고 있다는 점에서 보다 열린 인식이라고 할 수 있을 것이다.

2. 1980~90년대 한 · 중 · 일 여성담론의 지향과 교차[52)]

1) 한 · 일 간의 주고받기－1990년대 민족주의담론과 성

1990년대 한국 사회의 커다란 변화 가운데 하나를 꼽는다면 냉전구조의 와해에 따라 80년대식 독재와 민주라는 이원적 대립구도가 환경 · 여성 · 시민운동 등 풀뿌리 민주화운동으로 분화, 발전하였다는 점을 들 수 있다. 한국의 90년대 여성운동과 여성연구는 이러한 흐름 속에서 자

52) 이 논문은 『중국현대문학』 제24집(한국 중국현대문학회, 2003.3)에 실린 내용을 수정, 보완한 것임.

2000년 12월 도쿄에서 5일간 열린 "일본군 성노예 전범 국제법정(왼쪽), 북한, 필리핀, 남한, 타이완 등 아시아 각국의 군위안부 피해 증언이 있었고(가운데), 임신한 위안부, 폭행 등 인권침해 자료 화면이 공개되었다(오른쪽).

기 목소리를 분명하게 내기 시작하였는데. 여기에서는 1980~90년대에 한국과 중국, 일본의 여성담론의 교류와 영향관계를 삼국의 국내 상황과 국가 간의 상호 영향관계라는 관점에서 살펴보고자 한다.

먼저 90년대 국내의 여성학 연구는 둘로 나누어 볼 수 있는데 대별하면 다음과 같다. 하나는 1990년대 정신대(挺身隊) 김학순 할머니의 증언을 기폭제로 하여 국제적 사안이 된, 이른 바 민족주의와 여성의 관계를 고찰한 사학과 중심(『여성과 사회』)의 연구경향이다. 다른 하나는 민족, 혹은 국가 담론을 여성 억압적이라고 보고, 성적 차이로 인한 각종 차별 철폐를 주장하는 여성학과 중심의 페미니즘 연구이다. 이 두 입장은 여성에 대한 분석시각에서 차이를 보이는데, 전자는 한국의 근대화과정의 특수성으로서 민족주의와 여성의식 각성간의 상보적인 측면, 혹은 상충적 측면 모두를 중시하는 반면, 후자는 '민족' 담론을 동질화된 남성 중심적인 담론이라 간주하고 그것의 여성 억압적인 측면을 비판한다. 즉 후자는 성별에 따른 억압을 다른 분석범주보다 우선시한다.

1990년에 표면화된 한국의 일본군 위안부 문제는 2000년대 이후까지도 국내외 인권운동에 지대한 영향을 미쳤다. 군위안부 문제가 이슈화될 수 있었던 이유는 1945년 종전 당시 700만 명이라는 엄청난 숫자의 일본 병사의 성적 욕구를 충족시키기 위해 국가가 제도적으로 '성'을 이용하였다는 데 있다. 초기에 이 논의는 민족주의적 울분에 의해 급격하게 확산되기도 하였지만 1994년을 전환점으로 하여 민족이 아닌 '성'의 문제로 논의의 축이 이동함에 따라 국내 여성학계의 이론적 분기점이 되었다.

여성과 민족, 혹은 사회구조와의 연관성을 주목하는 연구는 1990년에 창간된 『여성과 사회』(창작과비평)가 대표적이다. 이들 연구자들은 계급과 여성문제를 사고의 중심으로 삼는 만큼 사회의 변화를 중시한다. 독일의 통일 과정에서 동독여성의 지위가 급속히 하락한 사실을 주목하고 동독여성의 2류 시민화 과정을 고찰한 이 연구자들은 독일의 사례를 기반으로 하여 한국의 분단상황을 분석하였다. 통독 여성문제를 거울삼아, 북한 여성의 실상과 교육, 자아인식을 지속적으로 연구하는 한편, 햇볕 정책 이후 남북한 간 교류확대에 따라, 자의적으로 형성되고 있는 남한 남성들이 지닌 편면적인 북한 여성관의 위험성을 지적하였다. 구체적인 지적 사례를 보면, 대다수의 남한 남성들이 북한 여성들의 거침없는 자기표현과 사회주의 체제를 거쳐 형성된 사회화된 습성과 자립의식은 보지 못하고, 아내와 딸, 며느리로서의 역할을 완벽하게 해내는 '꽃'과 같은 순종적인 이미지만을 주목한 경우인데, 연구자들은 이를 통해 그것이 남한 여성에 대한 가부장적인 인식이 심화되는 것을 경계하고자 하였다.[53)]

반면, 민족주의와 여성의 관계를 비판적으로 인식하는 경향은 『한국

53) 위 연구자들이 지적한 북한 여성의 양면적 성격을 이해하는 데 중요한 것이 여성에 대한 특정한 교육이념의 영향이다. 북한의 경우, 70년대 이전에는 "똑같이 일하고 똑같이 받는다"는 사회주의적 평등개념에 기반한 노동자로서의 남녀평등관이 있었다. 그러나 1968년 김일성 주체사상 수립을 전환점으로 하여 변화된 양상을 보이는데, 이것은 김일성, 김정일, 김정숙의 주요 3종 교과서 가운데 김정숙 교과성에 대한 강조로 나타났다. 북한은 여성교육에 있어서 김정숙 교과서를 통해 가정과 사회의 이중 역할을 해내는 여성상을 부단히 강조하였으며 혁명역사는 물론, 아내와 딸, 며느리의 역할을 완벽하게 해내는 '꽃'과 같은 여성상을 교육목표로 하였다. 월남한 북한여성을 대상으로 한 최근의 설문 결과에 따르면, 이들 북한여성이 큰 거부감 없이 현모양처식의 '꽃'과 같은 여성상을 받아들이고 있는 것으로 나온다.

여성학』(한국여성학회)을 중심으로 전개되었다. 한국의 여성학 연구에서 서구의 민족담론이 이론적인 형태로 소개된 것은 1990년대 이후의 일로서 이러한 민족담론이 대중화하는 데 큰 역할을 한 것이 1994년에 『한국여성학』에 실린 세 편의 글이었다. 여성을 전통으로 회귀시키는 것을 비판한 채터지(Chatterjee)의 민족주의 이론과 앤더슨(Anderson)의 상상의 공동체로서의 민족담론이 당시의 대표적인 민족담론이었다. 윤택림은 이러한 이론에 기초하여 민족주의를 배타성과 단일화를 특징으로 하는 가부장적인 담론으로 규정하고, 그 틀을 차용하여 한국의 근대 여성운동을 분석하였다.[54] 또한 김은실은 군 위안부 문제가 50년 동안 은폐될 수 있었던 원인을 민족담론의 여성억압적인 측면에서 찾았다.[55] 그녀는 "여성이 국가와 가족을 상징하고 민족이나 계급, 그리고 가족이 그들이 원하는 목표를 달성할 미래의 어느 때인가에 비로소 하나의 행위주체성을 획득할 수 있는"[56] 그러한 주체성은 별로 의미가 없다고 본다. 그리고 군위안부는 바로 민족담론이 지닌 그러한 여성억압적 성격 때문에 이제껏 관심의 대상이 될 수 없었음을 지적했다.

새롭게 출현한 이러한 여성주의적 관점에 대한 비판 또한 이와 유사한 시기에 등장했다. 정진성은 위의 연구 경향이 1990년대 이전까지 한국에서 이루어진 근대화 초기, 그리고 식민지 시기 여성과 민족주의 사이의 관계를 분석한 연구성과[57]를 계승하지 않았을 뿐만 아니라, 이와

---

54) 정진성은 윤택림의 논문을 "한국의 페미니즘을 총체적으로 민족주의와 적대시키는 도식을, 서구에서 발표된 인도 민족주의 논의에 의거하여 제시했다"고 평했다. 정진성 「민족 및 민족주의에 관한 한국여성학의 논의－일본군위안부 문제를 중심으로」, 『한국여성학』 제15권 2호, 한국여성학회, 1999.12, 36면.

55) 김은실, 「민족담론과 여성」, 『한국여성학』 제10집, 한국여성학회, 1994.1, 18~52면.

56) 위의 글, 42면.

57) 개화기 민족 발전과 여성계몽 간의 관계를 논한 박용옥(1984)과 이효재(1989), 식민지 시기 여성노동에서 나타난 민족과 성의 이중억압에 대한 연구인 정진성(1988), 분단국가의 관점에서 여성문제를 논의한 연구인 이효재(1989)와 그보다 늦은 정현백(1998)의 연구가 있다. 정진성의 위의 글, 35면.

상반되게 내적으로 동질화된, 여성억압적 담론으로서의 '민족'관념에 기초하고 있다는 점을 문제로 지적했다. 여성학계에 기존의 민족담론으로부터 이러한 단절현상이 일어나게 된 원인에 대하여 정진정은 서구 이론, 특히 인도를 중심으로 한 이론의 영향이 컸다고 보고[58] 김은실의 글에 대하여 다음과 같이 비판한다.

> (김은실은-인용자) 민족을 실체가 없는 상상의 공동체로 규정하는 서구의 논의를 받아들이고, 그것을 개별적인 욕구를 갖는 주체성을 지닌 개인으로서의 여성의 확실성과 대비시키는 인식에서 출발한다. 따라서 민족 간의 관계를 계급과 같은 하나의 분석적 변수로 보는 차원을 놓치고 단지 민족주의 담론의 수준만을 다루고 있다.[59]

이와 같이 정진성은 민족 간에도 제국주의와 식민지라는 계급적인 관계가 중시되어야 하며, 그럴 때 비로소 식민지 여성과 식민 모국(여성) 간의 관계를 온전히 드러낼 수 있다고 주장한다. 여기서 그녀가 경계하는 것은 보편성에 기초한 연대와 역사적 특수성 양자 가운데 보편성에 치중할 경우 쉽게 역사성이 사상될 수 있다는 점이었다. 이러한 우려는 2003년에 그녀가 쓴 군 위안부 문제의 국제적인 이슈화 과정에 대한 분석에 잘 드러나 있다. 정진성은 일본군 위안부문제가 UN 인권위원회를 통과하여 세계적인 공감대를 끌어내는 과정에서, 보고서의 내용이 점차 식민지의 역학관계를 탈각하고, 단지 유고슬라비아 여성과 마찬가지의 '전시(戰時) 하에 여성침해'의 문제로 군위안부문제가 인식되게 되었던 사실을 환기시키면서, 그렇게 된 원인 중 하나가 보편성에 기초한 여성

58) 정진성, 「민족 및 민족주의에 관한 한국여성학의 논의-일본군위안부 문제를 중심으로」, 『한국여성학』 제15권 2호, 한국여성학회, 1999.12, 29~53면.
59) 위의 글, 36면.

주의적 인식 때문이라고 지적했다.[60)]

한편, 이와 같은 국내의 '민족주의적 페미니즘'과 '성적 차별 철폐 페미니즘'이라는 두 경향은 2000년과 2001년에 일본의 주요 잡지인 『사상(思想)』과 『세계(世界)』에 각각 정진성과 김은실의 논문을 대표로 하여 소개되었다. 논문이 소개된 2000년을 전후한 시기에 일본사회는 보수화되고 있었는데, 당시 일본의 상황을 간략히 살펴보면 다음과 같다.

1990년대 일본사회의 주요 변화 가운데 하나는 국가주의적 세력이 급속히 대두하면서 정치와 사회 전반이 그 방향으로 경도되어 갔다는 점이다. 그 이전까지 국가주의적인 세력은 줄곧 미미한 제3의 주변적 세력으로 존재해 왔다. 이들은 제1세력인 전후 일본 경제건설의 주역을 담당해 온 자민당계와 재계중심의 집권당, 그리고 제2세력으로서 집권당과 달리 호헌 평화원리를 기치로 내세워 온 사회당과 공산당원으로 구성된 진보세력 사이에서 명맥만을 이어왔을 뿐이었다. 그러나 90년대 이후 일본 경제가 장기침체에 빠져 기존의 보수세력이 힘을 잃자, 식민지 지배를 정당화하는 국가주의자들이 군사대국화를 지향하며 평화원리를 포기하는 개혁을 관철시켰다. 이러한 역전에 의해 '55년 체제'라 불리는 제1, 제2세력 간의 대립구도가 1995년에 무너지게 되었고 제3세력이었던 국가주의 세력이 부상하였다. 90년대 이후 일본사회의 이러한 국가주의의 대두는 글로벌화의 도전에 대항하여 국가주의에서 돌파구를 찾으려는 일종의 국수화 심리의 발현이라고 볼 수 있다.

이러한 변화의 와중에 한국의 민족주의적인 여성연구가 일본의 학술지에 소개되었다. 90년대 이래 한국의 여성연구가 일본에서 일으킨 반향 가운데 두드러진 점은 한국의 '민족주의적' 관점에 대한 일본학자들의 비판이었다. 우에노 치즈코[上野千鶴子]는 『내셔널리즘과 젠더』에서

---

60) 위의 글, 55면.

한국에서 일본군 위안부 문제 해결이라는 구체적인 운동 목표를 위해 결성된 정신대 대책 협의회가 여성문제를 가부장제 패러다임으로 해석하고 있다는 점을 비판하였다.61) 그녀는 90년대 한국 여성운동이 민족주의적인 경향, 곧 조선 여자를 일본 남성에게 욕보이게 했다는 한국 남성의 민족적 수치감에 호소하고 있음을 비판함과 동시에, 일본 내부적으로는 전전(戰前) 여성운동이 참전과 출산장려(병사충원)를 통해 직접, 간접적으로 국가동원에 참여하였다는 사실 또한 비판하였다. 우에노가 이처럼 일본 내부와 과거의 피식민국 양 방향에 대해서 비판을 할 수 있었던 이유는 그녀가 여성문제가 더 이상 남성적 관점이나 민족국가의 필요에 의해서가 아니라 국경을 넘어 '보편적 인권'차원의 문제로 다루어져야 한다고 보았기 때문이다.

그러나 여기서 간과할 수 없는 것은 이러한 보편주의가 90년대 일본의 국가주의적 경향의 확산 속에서 수행하는 역할이다. 우에노는 반(反)국가주의라는 입장에서 전전 여성운동의 한계를 비판하였다. 그리고 국가주의적인 오류를 번복하지 않기 위해서 전후 일본은 새롭게 인권이란 기준에 입각하여 여성문제를 다루어야 한다고 하였는데, 이때 주의해야 할 것이 전전 일본 여성운동계가 왜 참전이라는 오류를 범하였는가에 대한 그녀의 설명이다. 우에노는 일차적으로 전시 하에서 일본의 국민과 여성은 자신들이 수행하는 전쟁의 정당성과 부당성에 대해 객관적으로 판단할 수 없었다고 본다. 그리고 그러한 인식의 연장선상에서 전전 일본 여성운동이 범한 직·간접적 참전이라는 역사적인 오류는 "어쩔 수 없는 일이었다"라고 결론짓는다. 우에노가 이런 식의 반성을 하게 된 원인은 그녀의 '국가주의'에 대한 경계에 있었다. 그녀는 여성이 '국민'이 되기 위해서는 전쟁도 감수할 수밖에 없다는 데 문제발생의 원인

61) 우에노 치즈코, 이선이 역, 『내셔널리즘과 젠더』, 박종철출판사, 1999, 104~106면.

이 있다고 보았으며, 그러한 질곡에 빠지지 않기 위해서 '국가'의 경계를 초월한 국제 페미니스트간의 연대가 보편적 인권차원에서 이루어져야 한다고 주장한다. 정진성은 이러한 우에노의 '반성'이 어떠한 반성이었는가를 다음과 같이 날카롭게 지적한다.

> 우에노는 당시 한국은 일본의 식민지였으므로 범주상으로 보면 일본인 위안부와 한국인 위안부는 차이가 없으며, 점령지 여성과 차이가 있을 뿐이라고 전제하고, 지금에 이르기까지 **일본인 위안부(한국인이 포함되어 있다)**와 점령지위안부를 문제화하지 않은 것은 일본 여성의 가해성을 현재화하는 것이라고 '반성'하였다.[62](강조는 인용자)

민족을 문제 삼지 않고 국가만을 기준으로 볼 때, 국가가 없는 '조선인' 위안부는 일본인과 같은 '일본인 위안부'가 된다. 우에노식의 이러한 반성에서 피식민지 여성이라는 현실이 탈각되었음을 정진성은 놓치지 않았다.

한편, 우에노의 관점은 일본사회 내에서도 비판을 받았다. 오오코시 아이코는 우에노의 논지가 지니고 있는 이중성을 예리하게 지적해 낸 학자로, 그녀는 먼저 우에노와 마찬가지로 한국의 정신대 문제가 여성문제를 민족문제로 인식하는 측면이 있고 성폭력 일반을 위해 일하지 않는다는 점을 비판하였다.[63] 이와 동시에 그녀는 우에노의 논지 가운데 민족갈등을 간과하는 태도를 문제로 지적한다. 우에노의 이러한 태도는 90년대 일본의 현실 속에서 군사대국화를 지향하는 우익에게 전쟁

62) 정진성, 「민족 및 민족주의에 관한 한국여성학의 논의－일본군위안부 문제를 중심으로」, 『한국여성학』 제15권 2호, 한국여성학회, 1999.12, 42면.
63) 오오코시 아이코, 「페미니즘과 일본군 '위안부'」, 한일여성공동역사교재 편찬 제1회 공개 심포지엄 자료집 18~26면. 발표문은 『여/성이론』 여성문화이론연구소, 2001년 겨울, 통권 5호에 재수록 되었으며 42~46면을 참조.

책임에 대한 면죄부를 주는, 이른 바 '그 때는 어쩔 수 없었다'라는 합리화논리에 다름아니며, 판단자체를 유보하도록 만드는 위험한 반성이라고 그녀는 비판하였다.

이와 같이 1990년대 한・일간의 여성주의자들의 교류와 군위안부 문제를 중심으로 한 국제적인 연대의 과정에는 여성문제를 부각시키는 대신에 식민지 지배가 사상되는 문제점을 노정한 측면이 있었다. 이 점은 향후 여성주의자들이 연대를 할 때, 현존하는 권력관계를 어떻게 새겨 넣을 것인가에 대한 고민을 낳게 하는 대목이다. 특히 2000년 도쿄에서 열린 민간법정에서 군위안부문제가 유고슬라비아의 인종청소, 코소보 전쟁의 여성폭력과 같은 범주로 다루어진 것을 볼 때 더욱 그러하다 하겠다.[64]

이상에서는 여성주의 담론이 활발하게 전개되기 시작한 1990년의 국내 상황을 중심으로 한・일 여성주의자들 사이의 주고받기를 민족주의와 페미니즘의 관계를 중심으로 살펴보았다. 다음 절에서는 1990년대 이전 한국 사회의 여성주의 담론을 1980년대의 한국의 여성노동운동을 중심으로 한국과 중국의 여성해방담론으로부터의 차감과 굴절, 양자간의 소통의 과정을 다루고자 한다.

64) 정진성, 「'2000년 일본군성노예전범 여성국제법정'의 배경과 의의」, 『여성과 사회』 제12집, 한국여성연구소, 2001.3, 167면.

2) 한·중 간의 차감과 소통

(1) 1980년대의 한국, 중국의 사회주의 여성해방서사[65)]

90년대 한국의 여성운동과 이론은 80년대 여성운동과 달리 제도권과 적대적이지 않은 관계에서 점진적인 개량을 성과로 얻어내고 있었다. 80년대 여성운동은 위상과 지향면에서 90년대와 구별되는데, 80년대에는 여성운동이 노동계급의 변혁운동의 하위 범주에 속해 있었기 때문이다. 중산층 여성운동이 활성화되지 않았던 80년대에 한국의 여성 노동운동은 1984년 초와 85년 여름 무렵, 노동운동이 기존의 단위사업장 범위의 활동을 지양하고 연대운동의 틀을 찾아가는 것을 계기로 하여 탄생하였다. 여성노동자들은 자신들이 처한 조건이 일반 남성 노동자들과는 다르다는 점을 자각하기 시작하였고, 이러한 '차이점'으로 인해 겪는 특수한 문제를 이때 비로소 제기하기 시작했다.

1980년대는 한국에서 여성해방적 성격을 가진 여성운동이 본격적으로 태동한 시기이다. 그 이전에도 여성운동이 없었던 것은 아니지만, 여성해방 그 자체가 목적이었다기보다는 사회를 변화시키기 위해 여성의 힘이 필요하다는 식으로 수단적 차원에서 여성운동이 전개되는 경우가 더 많았다. 그 이전의 여성운동은 중산층 위주의 온건한 활동을 펼치거나 관변 단체들의 경우 보수적이고 친정부적인 활동을 전개하였다. 당시에는 종속적 산업화, 독재정치의 횡포로 억압당하고 있는 여성대중의 문제에 대한 인식이 거의 없었을 뿐만 아니라 여권주의의 이념도 실체화하고 있지 않았기 때문이다. 활동 내용도 여성의 자질향상을 통한 가

65) 한국의 여성운동부문에 대한 이하의 글은 장미경·김미란의 공동논문 「1980~90년대 한·중·일 여성담론의 지향과 교차」("동아시아 근현대사회발전 과정중의 Alternative한 역사 경험", 2003.12, 17~29면, 제2차 동아시아문화공동체 포럼 자료집, 성공회대 주관)를 참고함.

정과 사회의 발전, 국가 사회에 대한 봉사활동 등 기존의 정치적 경제 사회적 질서를 깨뜨리지 않는 범위 내에서의 온건한 활동에 그쳤다.

그러나 80년대는 사회변혁적 과제라는 뚜렷한 목적을 가진 학생운동 출신의 여성운동가들을 중심으로 여성문제에 대한 좀 더 과학적인 접근이 이루어지기 시작하였다. 또한 미국 유학파들에 의해 여성운동에 관한 이론이 소개되면서 여성문제에 대해 심도있는 이론적이고 실천적인 천착이 그와 함께 이루어지기 시작했다.

당시의 여성운동은 반독재 투쟁과 기층 민중운동 등 사회변혁 운동에 깊이 관여하고 있던 학생운동 출신들 가운데 일부 여성들이 진보 운동권 및 사회 속에서의 여성억압과 성차별 문제를 문제로 제기하면서 시작되었다. 이들은 당시 사회에 만연해 있던 여성문제를 개인적인 문제로 보는 경향에 대해 이의를 제기하면서 사회운동권 내부에서 여성문제에 대해 가지고 있는 편견을 없애기 위해 노력했다. 즉 사회적인 생산노동 이외의 영역에서 여성들이 갖가지 억압과 차별에 시달리고 있음을 드러내려 하였고, 또한 주요 문제들이 해결되면 부차적인 문제인 여성문제도 자연히 해결된다는 생각, 그리고 남성과 여성이 비적대적 대립관계이므로 남성에 대한 투쟁이 불필요하다는 주장들에 대해 대응해 나갔다. 이러한 대응들은 당시 '성차별적인 사회의 해악성'에 대해 무감각했던 사회에 대한 신선한 도전이었으며, 사회운동권은 물론 여성들 스스로에게도 여성운동의 필요성을 절감하게 하는 계기가 되었다.

이들의 입장이 처음 공식적으로 표명된 것은 80년대 초 크리스찬 아카데미의 「여성인간 선언」으로부터 찾아볼 수 있다. 이 선언은 여성운동을 문화개혁과 인간해방의 운동으로 규정하고 "남성의 정치적 배려에서의 은혜에 불과한 약간의 관리개선을 의미하는 단순한 지위향상이 아닌 일체의 주종(主從)사상, 억압제도를 거부한 여성의 인간화와 인간 전체의 해방된 공동체 사회를 지향하는 운동의 일환"이며, "한국여성운동의 과제는 민주화의 달성과 여성노동의 사회화"에 있다고 선언했다. 83년에 출발한 여성평우회도 "여성운동은 가부장제를 포함하여 여성을 억압하는 사회구조를 변혁함으로써 남녀 모두가 인간답게 살 수 있는 사회를 건설하는 것을 목표로 한다(『여성평우』 2호, 여성평우회)"라고 선언함으로써 여성운동의 개념을 남성과 함께 하는 인간해방운동으로 정의하였다. 이들은 여성운동의 목적을 일반 사회운동과 마찬가지로 민중지향적 민주화, 자주화운동에 두고 현장 노동운동이나 노동자와 빈민 지원투쟁을 통한 기층 중심의 활동을 전개하였으며, 여성운동을 전체 사회운동의 하위 부문운동으로서의 위치를 차지하는 것으로 규정하였다. 민주화청년운동연합회의 기관지는 이를 잘 보여준다.

> 한국의 현 상황에서 여성운동의 주도세력은 어떤 계층에서 찾을 수 있는가? (…중략…) 중산층 여성의 경우는 여성문제를 가장 선명하게 느낄 수 있는 잇점이 있는 반면, 기층여성의 경우는 사회구조적 차원에서 여성문제를 인식하고 해결할 수 있다는 잇점이 있다. (…중략…) 이런 의미에서 볼 때 현 상황에서 여성운동의 주도세력은 기층여성이며, 중산층여성은 그 보조세력으로 성립한다는 당위성이 설정되는 것이다.
>
> — 『민주화의 길』 5호, 민주화운동청년연합

그러나 이러한 기층여성중심의 입장은 그 후 미국 유학파들에 의한 서구 여성학과 여성해방이론의 도입에 따라 입장의 분화를 낳은 '성과 계급'논쟁으로 발전하게 된다. '성과 계급논쟁'은 여성운동 내부에 여성억압의 기원과 본질, 자본주의하에서 여성억압을 규정하는 문제, 여성운동의 목표와 주체를 설정하는 문제 등을 중심으로 치열하게 전개된 논쟁으로, 서구의 경우에는 급진주의 페미니스트들과 맑스주의(사회주의) 페미니스트들 사이의 갈등으로 이 논쟁이 출현했다. 그러나 우리 사회에서 이 논쟁은 사회주의 페미니즘 내의 이중체계론자와 일원론자 사이의 논란으로 전개되었다.[66] 이중체계론이 "또 하나의 문화"와 이대 여성학과를 무대로 활동을 펼친 해외유학파들의 입장이라면 일원론은 '민주화운동청년연합회 여성부', '여성평우회', '한국 여성노동자회', '한국여성단체연합' 등의 조직을 건설하여 활동했던 집단들과 당시의 이론 논쟁을 선도했던 『여성』지 편집팀들이 해당된다.[67]

자본주의 하에서의 여성억압에 대하여 전자는 여성일반이 가사노동을 담당하는 비착취 간접노동계급이라는 위치를 강조하였던 반면, 후자는 자본주의 사회의 모순적 구조를 강조하였다. 여성운동의 과제에 대해서는 전자는 남녀평등권 쟁취, 생산수단의 사회화, 생산의 사회화, 차별적 분업관계의 철폐를 강조하였던 반면, 후자는 여성의 사회적 노동에의 참여, 가사노동의 사회화를 강조하였다.[68]

여성문제가 자본주의 내의 계급문제와 보편적인 사회변혁 문제와 결부되어 있다는 맑스주의, 혹은 사회주의 여성해방론의 이론틀은 당시 한국사회의 병폐를 정치경제적 상황과 민중문제 속에서 파악하고자 했던 학생운동 출신 운동가들에게 매우 중요한 지점이었다. 80년대 당시 젊은 20대들은 억압적인 군부독재와 국가 독점자본주의의 구조 속에서 허리를 졸라매며 힘든 삶을 살고 있던 민중들을 동정하는 한편, 맑스주의 등 좌파사상의 유입과 학습이 차단된 데서 야기된 사상적인 짓눌림을 느끼고 있었다. 이러한 상황은 자연스럽게 이들로 하여금 사회주의에 대한 쏠림 현

---

66) 사회주의 페미니즘은 크게 이중체계론과 일원론으로 구분되는데, 여기서 이중체계론이란 자본주의 하에서의 여성억압의 근본원인을 자본주의와 가부장제(성과 계급)의 두 가지 요인이 모두 동일하게 작용하는 것으로 보는 입장이며, 일원론이란 두 요인 중 자본주의(계급)를 더 근본적인 요인으로 보는 입장이다.

67) 장미경, 「1980·90년대 여성운동 쟁점」, 『石筍』 17집, 고려대 석순 편집위원회, 2000 참조.

68) 여성사연구회 편집부, 「한국여성해방이론의 전개에 대한 비판적 검토」, 『여성2호』, 창작과비평사, 1988, 185~200면.

상을 야기했다. 이들 청년들에게 '사회주의'는 '선'이자 '이상적인 지향점'으로 다가왔다. 이들에게 맑스주의는 억눌린 소망을 풀어 주는 해방적인 사상에 다름 아니었기 때문에 소련과 중국, 북한 등 사회주의 국가들의 민중은 가난과 억압에 찌든 남한의 민중과 비교할 때 이상적인 사회에서 행복하게 살고 있는 것으로 상상되었다. 정보가 차단된 상황 속에서 '연모의 대상'이었던 사회주의 국가는 '언젠가는 도달해야 할 희망의 나라'였던 것이다. 이것은 학생운동권, 사회운동권 내의 진보적 여성들의 경우에도 마찬가지였으며, 80년대에 학생운동의 경험을 가지고 있는 여성들의 체험을 인터뷰한 박현귀는 당시 여학생들이 얼마나 사회주의 이념을 희망이자 대안으로 삼았는지를 다음과 같이 기술하였다.

> 저항으로 시작해서 곧 우리는 사회주의를 받아들이기 시작했지. 이념세대라고 얘기하는 것은 그전에만 해도 이즘이라고 할 과학적인 게 없었고, 나때만 해도 스위지의 자구발(자본주의 구성체 발전논쟁)같은 거 보면서 자본주의의 구조적 문제에 대해 생각하면서 새로운 사회의 대안으로 사회주의, 그 모델로 러시아를 생각했던 거였고 이념세대로 바뀌었다는 건 변화된 사회의 모델을 뭘로 봤느냐는 거지. 그리고 거기에 입각해서 운동의 전략을 잡고 그 속에 자신을 위치지운 거지.
>
> — 김영아[69]

이처럼 이들 학생운동 출신 여성들에게 노동자들과 함께 하는 현장활동은 이러한 이상향을 실현하기 위한 구체적 실천이었다. 또한 인류보편의 해방을 추구하는 맑스주의적 이상이 현실화될 수 있다는 가능성을 깨닫게 해주는 '감동적인 경험'이기도 하였다.

---

69) 박현귀, 「80년대 변혁운동가들의 정체성 변화과정—'운동권' 출신의 여성 모임을 중심으로」, 서울대 석사논문, 1997.

우리가 쓴 유인물을 노동자들이 눈을 반짝 거리면서 읽고, 내가 노동자들 원전 교육시킬 때 보면, 사회주의는 확실히 노동자들을 매료시켜요. 그 사람들한테는 서광이었어요. 정신적 기둥을 딱 세우는 게 느껴져요. 너무나 거리낌 없이 받아들여요. 희망에 부푸는 그 얼굴, 어느 누구도 뺏을 수 없고, 우리들만이 간직한 추억이죠.

—신미경[70)]

이후 많은 학생들은 '혁명적 전위활동가'로의 '존재전이'의 과정을 거치면서 노동현장으로 들어가 '민중'과 함께 하는 생활을 하였다. 이때 이들이 노동자들을 '의식화하고, 조직화하기위해' 주로 봤던 책들이 사회주의권의 노동자 조직과 운동경험을 소개한 이론서적들이었다. 맑스-레닌주의에 기반한 이념의 체계화는 '비합법 전위정당'을 조직발전의 목표로 하는 많은 운동조직들을 낳았고 대부분의 이념적 지향을 가진 활동가들은 이러한 조직에 적을 두고 자신의 활동을 전개해 나갔다.

이러한 80년대 현장운동가들에게 사회주의 여성해방의 경험이 전해졌는데, 그것은 주로 맑스-레닌주의 서적과 중국 여성해방에 대한 번역서들을 통해서였다. 특히 '하늘의 절반[半邊天]'이라고 불린 중국여성해방 서사는 다음과 같은 책들을 통해서 운동가들에게 전해졌고 이 중 중국의 여성 해방 서사가 80년대 한국의 여성운동계에 미친 영향은 지대하였다.

1992년 한중간에 국교가 재개되기 이전, 한국사회의 사회주의 여성에 대한 이해를 주도한 서적은 일본의 중국사 연구가 오노카즈코[小野和子]가 쓴 『현대중국여성사』, 옥스퍼드 대학의 엘리자베스 크롤의 『중국여성해방운동』, 브로이엘 클로리의 『하늘의 절반—중국의 혁명과 여성해방』등 이었다. 이 서적들의 공통점은 중국 혁명 이전과 이후에 달라진 여성의 지위를 대비적으로 부각시킨 점이었으며, 이들이 중국 여성의

70) 위의 책.

지위향상의 근거로 든 것은 '혼인법'의 실행과 '토지개혁'이었다. 엘리자베스 크롤의 저서는 좌파적 관점에서 중국 여성과의 인터뷰와 현지 조사를 한 연구서로, 주로 서구의 1960~70년대 중국에 관한 연구물들을 기초자료로 활용하였다. 그런 까닭에 문혁 종결 이후에 중국에 나타난 사회주의 혁명 자체에 대한 회의나 부정은 반영되어 있지 않았다. 오노카즈코의 저서는 이보다 늦은 1978년 문혁 종결 직후에 씌어진 글이지만, 서술시각 면에서 문혁에 대한 회의적 태도나 비판적 시각이 역시 발견되지 않는다. 오노카즈코의 『현대중국여성사』를 중심으로 당시 국내에 소개된 내용을 살펴보면 다음과 같다.

오노카즈코는 1부 1처제를 인정한 근대적 혼인법의 기원을 1934년 공산당이 제정한 혼인법으로 본다. 그녀는 이보다 6개월 앞서 공포된 국민당의 "중화민국 민법친속편(中華民國民法親屬篇)"과 공산당의 혼인강령을 비교함으로써 혼인법의 기원을 도출하였는데, 그녀가 공산당의 혼인 강령을 근대적이라고 보는 근거는 다음과 같다. 강령은 전통적인 중매혼을 부정하고 일부일처제를 주장하였으며 부모의 의사보다 한 인간으로서 자녀의 권익을 옹호하였다. 이와 비교할 때 국민당의 혼인법은 남편의 축첩을 중혼(重婚)으로 인정하지 않을 뿐만 아니라 아내가 그것을 사유로 해서 이혼을 제기할 수 없다고 규정하였기 때문에 그녀는 국민당의 혼인법이 남녀평등과 인권에 위배된다고 보았다.[71]

오노카즈코의 관점을 보여주는 다른 한 예는 류사오치[劉少奇]의 여성 정책에 대한 그녀의 평가이다. 류사오치는 문화대혁명 시기에 직장 여성의 입장을 고려하여 피임허용과 여성의 양육적 특성을 정책에 반영하고자 하였는데, 오노카즈코는 류사오치의 이러한 정책을 당시의 혁명파(마오주의자)와 동일한 입장에서 비판하였다. 여성의 출산과 자녀에 대한

71) 小野和子, 이동윤 역, 『현대중국여성사』, 정우사, 1985, 203~205면.

양육환경을 중시하는 류사오치의 정책에 대하여 그녀는 이러한 정책이 결국 여성을 가정으로 돌아가게 만드는 빌미가 될 수 있다는 점을 경계하며, 류사오치의 정책이 "여성을 정치적인 투쟁에서 분리시키고자 하는(…중략…) 부르주아 여권주의와 무엇이 다른가?"라고 비판하였다.[72] 여성을 계급적 존재로 보고 노동권에 대한 절대적 평등을 옹호한 오노 카즈코의 이러한 관점은 80년대 한국의 여성노동자들의 부당해고 반대와 노조운동을 전개하는 데 유력한 이론적 근거가 되었다.

그러나 사후적인 관점에서 이러한 지식의 전파가 당시 한국 여성들의 노동권에 대한 구체적인 변화를 이루어 내었는가라는 점을 묻는다면, 그렇지 못하였다는 것이 오늘날의 대체적인 견해이다. 왜냐하면 수입된 지식을 통하여 지식인 여성들이 여성노동자를 변혁의 주체로 부각시키고 의식의 변화를 가져오게 한 것은 사실이지만, 여성노동자의 구체적인 삶의 경험에 기반하기 보다는 이론화와 처방에 익숙한 지식인의 '담론'차원의 논의에 그쳐 여성노동의 권리에 대한 구체적인 변화를 이루어 내지는 못하였기 때문이다.[73]

이와 같이 80년대 중반 한국 여성노동운동은 여전히 '여성'보다는 '노동'에 초점이 맞추어져 있었으며, 여성 특유의 사안인 모성보호나 성적인 자기결정권(성희롱 성폭력)과 같은 이슈가 쟁점으로 떠오르기까지는 90년대의 도래를 기다려야 했다.

(2) 1990년대 이후—굴절과 소통, 그리고 회응

1992년 한국과 중국 간에 국교가 재개되어 양국의 학자들은 직접적

---

72) 위의 책, 254~255면.

73) 김현미, 「한국의 근대성과 여성의 노동권」, 『동아시아의 근대성과 성의 정치학』(한국여성연구원 편), 푸른사상, 2002, 60면.

인 교류를 하게 되었으며 이에 따라 국내에 유입된 정보의 양이나 내용에 많은 변화가 있었다. 사회주의 여성해방의 성과인 높은 고용뿐만 아니라 여성의 이중노동에 대한 피로감이 국내에 소개되었고 중국의 시장화 개혁 이후 남녀 간의 사회 경제적인 격차 확대,[74] 그리고 이데올로기적 측면에서 사회주의 시기의 국가주의가 어떻게 여성을 억압했는가와 같은 내용들이 전해졌다.[75] 이러한 교류는 마오쩌둥 시기의 평등한 '노동'권과 복지를 흠모했던 80년대 중국여성해방론에 대한 환상을 깨뜨렸다. 개혁 개방이후 중국의 시장화개혁은 빠른 속도로 전통적 성별질서의 회귀를 불러왔는데, 이러한 움직임은 80년대 초, 심미적으로 억압된 '여성스러움'을 되찾고자 하는 여성들의 욕구에 의해 일시적으로 유행하기도 하였으나 주요 흐름은 사회 경제적 필요에 의해 남성가장 중심의 재성별화되는 과정으로 나타났다.[76]

두 시기를 정리하면, 80년대 한국사회가 사회개혁이라는 목표하에 중국 여성해방에 대한 '상상'을 통해 변혁운동의 동력을 얻었던 반면, 수교 이후에는 중국의 시장화개혁과 전통적인 남성중심주의의 부활이라는 변화된 상황의 규정을 받으면서, 80년대와 달리 억압적이고 가부장적인 차별을 받는 중국 여성이라는 이미지를 갖게 되었다고 할 수 있다. 이러한 단절적인 인식이 형성된 데는 상이한 역사적 경험과 그에 대한 주관적 해석이 작용한 측면이 있을 수 있다.

그러나 1990년대 후반 이후로 진행되어 온 양국 여성학 간의 교류는 근대화와 자본의 전지구화라는 새로운 환경에 처하여, 양국 학자들 간

74) 臧健, 「근대화와 가정, 여성역할의 재구성」, 『동아시아의 근대성과 성의 정치학』(한국여성연구원 편), 2002, 123~125면.

75) 戴錦華, 「현대 중국영화에서 재현되는 여성」, 『아시아의 근대성과 성의 정치학』, 푸른사상, 2002. 218~230면.

76) 이에 대해서는 이 책의 제2장 제1절에 실린 「개혁개방 시기 중국여성의 성별의식 형성」을 참조.

에 초보적인 관심의 접점이 발견되어 가고 있다. 1995년 베이징에서 열린 세계 여성학대회는 한국과 중국 간의 여성학의 교류가 활발해지게 된 계기였다. 회의 이후 양국의 학자는 '전지구화'라는 환경 속에서 자신들의 역사와 경험을 설명하는 '지역화(localization)'라는 문제에 대해 공통된 관심을 표명하기 시작하였기 때문이다.

양국의 학자들은 기존의 '아시아'라는 지역개념을 '서구'와 구별되는 특수한 역사와 경험을 지닌 '열린' 개념으로 재구성할 필요를 느끼게 되었는데, 그 배경에는 지금까지 아시아에서 유통되던 서구 여성이론 수입에 대한 자성의 분위기가 존재했다. 김은실은 '아시아'라는 개념에는 '식민화의 경험, 민족의 독립과 부흥, 근대화'[77]라는 지역의 공통의 역사 경험이 포함된다고 본다.[78] 두팡친[杜芳琴]은 이러한 아시아 여성 연구를 추동하는 중국의 대표적 여성학 학자로, 그녀는 '여성학의 지구화, 지역화와 토착화' 사이의 관련성을 중시한다.[79] 그녀는 토착성을 강조하면서도, 조화로운 '음양론'과 같은 중국 민족 고유의 본질을 지역화와 연결시키려는 리샤오장[李小江]의 토착적[本土的] 여성학에 대해 거리를 두는 한편, 중국 여성학계가 80년대 이래 서구의 여성학 이론에 대한 수입일변도에서 벗어나 아시아 인접 국가로부터 참조체계를 갖게 된 것을 고무적인 일로 받아들인다. 두팡친은 장필화가 제시한 바 있는 '아시아적 가부장제'라는 개념, 특히 유가문화와 성차별의 관계를 주목하고 그로 인한 차별을 철폐할 이론적 근거를 모색한다.[80] 이와 같이 두팡친에 이르러 사회주의 시기

---

77) 崔鮮香, 「중국에서의 아시아 여성연구동향」, 『움직이는 아시아의 여성학을 찾아서—국가·젠더·지식』, 성공회대 동아시아연구소 제1차 한·중 젠더콜로키움 자료집, 71면에서 재인용.

78) 이러한 변화의 계기를 제공한 외적 요인으로 1996년 "아시아 가부장제와 여성의식의 성장"이라는 주제로 개최된 이화여대 아시아여성학센터의 국제회의가 있었다. 崔鮮香, 「중국에서의 아시아 여성연구동향」, 『움직이는 아시아의 여성학을 찾아서—국가·젠더·지식』, 성공회대 동아시아연구소 제1차 한·중 젠더콜로키움 자료집, 68~71면.

79) 위의 책, 33면.

의 정치적인 여성해방에 대한 평가에 머무르지 않고, 경제와 역사, 문화와 전통이라는 관점에서 '지역화'한 여성학이 탄생할 수 있는 단초가 형성되었다고 볼 수 있다.

국경을 넘는 여성학의 교류가 여성들 사이의 공통의 관심사로 발전한 예는 앞서 살펴본 바와 같이 한국과 일본의 군위안부 문제 논의과정에서였다. 한국에서 군위안부 문제가 국제적 인권문제로 다루어진 2000년 무렵, 중국의 문화연구가 따이진화[戴錦華]는 군위안부 문제에 대한 중국으로부터의 반향을 들려주었다. 아래에서는 90년대 한국과 일본 사이에 군위안부를 둘러싼 '민족주의' 와 '성'이라는 이슈가 중국에서 일으킨 반향을 살펴 봄으로써, 담론의 여행과 생산성을 상기하며 글을 마무리하고자 한다.

중국의 경우, 일본에 의한 半식민화의 경험은 난징[南京]대학살에 대한 기억에 집중되어 있다. 1937년 12월과 1938년 1월의 두 달 사이에 30여만 명이 살해된 난징 대학살은 인명 살상뿐만 아니라 전시 강간이 폭넓게 자행된 사건이었지만 증언 이외에 그 증거를 찾기 어려웠다. 그런데 일본인에 의한 증거 인멸을 결정적으로 뒤집을 만한 사건이 1999년에 일어났다, 당시 기록을 담고 있는 독일인 장교인 '존 라베'가 쓴 일기가 세상에 공표된 것이다. 학살의 물증을 확보할 수 없었던 중국인들에게 서양인이 제공한 일기는 '권위있는' 학살의 증거였으며 곧 이어 열린 국제 전범 재판에서 증거로 채택되었다. 당시 재판장의 한 장면을 따이진화는 아래와 같이 묘사하였다.

> 일본전범을 재판하는 국제법정에서 중국여성에 대한 일본군의 강간 폭행 사실이 진술되는 동안, 중국측 방청석으로부터 킥킥대는 웃음소리가 들려 왔다.

---

80) 두팡친은 중국에서 남녀의 정년연령(남 60세, 여 55세)차 별 폐지, 남아선호로 인한 성별 불균형 문제(도시 100 : 120, 중국의 남부 지역 100 : 130)를 시급한 현안으로 보며, 이런 현상을 야기한 여러 요인가운데 유가사상이 중요한 원인임을 지적하였다. 김현미・두팡친 외, 성공회대 동아시아연구소 제1차 한・중 젠더콜로키움 좌담회, 2009.2.13(출간예정).

> 말할 필요도 없이 이것은 분명히 뻔뻔하기 짝이 없는 쥐새끼 같은 무리의 후안무치한 행동이었겠지만 그럼에도 거기에는 풍부한 상징적 의미가 있다. 사실 점령지 여성을 대규모로 강간, 폭행하는 것은 결코 극악한 일본 놈만의 "특허권"은 아니었다. (…중략…) 방청석에서 들려 온 그 야비한 웃음소리는 우리에게 "중국 국민성"의 이러 저러한 모습을 보여주는 것일 뿐만 아니라, 의심의 여지없이 약한 고리에서 모습을 드러내고 만 남성 중심주의 문화의 곤혹스러움이 아닐 수 없다.[81]

김학순 할머니에 관한 저서가 중국에 출판되어 한국의 군위안부 문제를 알고 있던 따이진화는 중국판 '민족주의'와 '여성'의 관계를 법정의 한 순간에서 위와 같이 포착하였다. 그녀는 방청석에 있던 중국 남성들의 엉큼한 킥킥거림의 의미를 다음과 같이 해석한다. 전시에 강간을 당한 여성은 죽어 시체가 되어 민족의 울분을 증폭시키는 '증거물'이 될 수는 있을지언정 살아서 뻔뻔하게 증언석에 앉아 증언할 수 있는 '증인'은 될 수 없다. 그래서 그녀는 자조적으로 이렇게 말한다. 한국의 한 할머니가 자신이 일본군에게 강제로 폭행당한 전쟁 '위안부'였다는 것을 최초로 밝히고, 공개적으로 일본 정부에 범죄를 인정하고 배상을 요구했을 때, 동아시아라는 이 '문명세계'가 얼마나 불안과 충격에 휩싸였었을까 라고. 그리고 21세기 중국 여성의 현 단계를 다음과 같이 기술한다. "상당수의 중국여성이 일찍이 일본군의 '위안부'였으며 오늘날까지 생존해 있음에도 불구하고, 그녀들은 나서서 역사의 증인석에 앉지 못함은 물론이려니와 우리의 기억 속에서조차 거의 성공적으로 잊혀 버리고 말았다"고.[82]

---

81) 따이진화[戴錦華], 김미란 역, 「증거와 증인」, 『여/성이론』, 여성문화이론연구소 통권 5호, 2002.12, 18~19면.
82) 위의 글.

제2부
국가와 젠더, 문화로 거슬러 읽기

제1장 5·4 신문학, 집밖을 배회하는 신여성, '소피[莎菲]'[1]

1. 딩링의 삶과 세 여성형상

딩링([丁玲], 1904~1986)은 5·4 신문학 운동 후반기에 「소피의 일기[莎菲女士的日記]」[2](1928)를 통해 '권력'과 '성'의 문제를 전면에 부각시킨 작가이다. 정치적 부침을 심하게 겪은 딩링에 대해서는 다양한 평가가 존재한다. 그럼에도 불구하고 「소피의 일기」를 언급할 때 '페미니즘'이란 말을 떠올리게 되는 것은, 80여 년을 격한 오늘날까지도 이 작품이 지니고 있는 여성의 자의식에 대한 도저한 고민이 지닌 생명력 때문일 것이다.

---

1) 이 논문은 『중국현대문학』 제24집(한국 중국현대문학회, 2003.3)에 실린 내용을 수정, 보완한 것임.

2) '소피'라는 이름은 러시아의 여성혁명가 '소피아 페로브스카야'에서 따온 것이다. 딩링의 소설 「멍커」에도 이 이름이 등장하며 「멍커」에는 혁명가 '소피아'[蘇菲亞]로 나온다. 晨光 編, 『丁玲女性小說金作』 下, 湖南文藝出版社, 1995, 395면.

딩링의 창작 가운데 ‘여성’이라는 주제를 중심으로 보면, 세 작품 정도를 선별할 수 있다. 각각 초기와 중기, 후기에 해당하는 이들 작품은 5·4 시기의 개성해방 사조를 대표하는 단편소설인 「소피의 일기」(1928), 신해혁명 시기의 새로운 여성상을 그린 장편소설 『어머니[母親]』(1932), 그리고 1960년대 문화대혁명 기간에 ‘두완샹’이라는 여성영웅을 그린 보고문학 「두완샹[杜晩香]」(1967)이다. 이들 작품은 각각 5·4 시기의 개성해방 사조와 1930년대 항일전쟁 시기의 민족주의와 계급론의 결합, 그리고 사회주의 건국이후의 사회주의 사상을 배경으로 창작되었다.

딩링의 작품 가운데 오늘날까지 가장 사랑받는 작품은 초기작인 「소피의 일기」이다. “죽은 듯이 고요한 문단을 공격한 하나의 폭탄”3)이었다는 평가를 받은 이 작품은 5·4 신문학운동이 퇴조기로 접어든 1928년에 쓰인 소설로, 중국 소설에서 보기 힘든 새로운 솔직함을 보여 준 작품이다. 『홍루몽』을 제외하고는 전통적으로 성장소설 전통이 약한 중국 소설4)에서 이 작품은 나약함과 열정이라는 상치된 이중의 시선을 통해, 부끄러움과 굴욕적인 자아의 모습을 마치 여행을 하듯이 보여 준다. 욕망과 억제의 경계에 위태롭게 서 있는 이 ‘소피’형상은 근 한 세기 동안 중국의 독자들에게 도시적 감수성을 지닌 ‘신여성’으로 뚜렷하게 각인되어 왔다.

딩링은 신문학운동 시기에 등장한 중국의 여성작가 가운데 가장 오랫동안 창작활동을 한 작가이자, 가장 인기를 누린 작가였다.5) 그러나

---

3) 이쩐[毅眞]의 말을 재인용함, 매의자(Yi Tsi Mei Feuerwerker), 조성환 역, 『丁玲의 소설』, 도서출판 중국학 @센터, 2001, 54면.

4) 기독교 전통이 없는 중국에서 자신의 실패를 고백하는 글쓰기는 흔치 않았는데, 그런 점에서 자신의 실패를 서두에 고백하고 시작한 『홍루몽』은 예외적인 작품이다. 메이츠는 5·4 시기의 주관적 글쓰기의 직접적인 전통이 1921년에 중국에 번역된 『젊은 베르테르의 슬픔』에서 비롯되었다고 본다. 위의 책, 54면.

5) Hellen Snow는 중국학생에게 가장 인기있는 작가에 대한 Olga Lang의 연구, 그리고 가장 훌륭한 단편소설 작가와 소설가에 대한 루쉰[魯迅]의 목록을 인용하며, 두 범주에

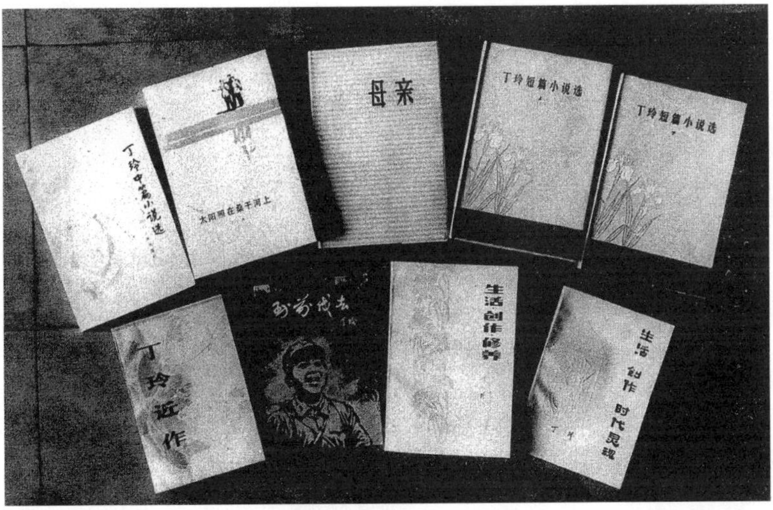

초기작인 「소피의 일기」가 단편소설 선집에 실려 있으며, 대표적 장편소설로 토지개혁을 다룬 『태양은 쌍간강을 비추고』, 자신의 어머니를 모델로 하여 창작한 『어머니』가 있다.

스탈린문학상 수상[6]으로 국제적인 작가로 알려지고 중국 문예계의 실질적 권력의 중심으로 활동하던 그녀가 1958년에 갑자기 사람들의 시야에서 사라졌다. 외부 세계는 20년이 넘도록 그녀의 생사를 알 수 없었으며 그녀의 작품 역시 20년 동안 판금되었다. 1979년 6월에 사람들 앞에 모습을 드러낸 그녀는 노동개조와 오랜 수감생활로 인해 칼끝으로 파낸 듯한 주름이 진, 고난을 견딘 '생존자'의 모습으로 돌아왔다.

1904년, 망해가는 청 제국 말기에 태어난 딩링은 1986년 세상을 뜨기까지 반(半)식민지 사회로부터 사회주의 중국의 수립에 이르는 중국 현대사의 격변기를 두루 겪었다. 그리고 각 시대적 전환점마다 그녀는 늘

유일하게 올라간 작가가 딩링이었다고 하였다(Hellen Snow, *Women in Modern China*, Mouton, 1967, p.191). 메이츠의 위의 책 35면에서 재인용.

6) 딩링은 토지개혁을 다룬 장편소설 『태양은 쌍간강을 비추고[太陽照在桑乾河上]』(1948)로 1952년에 사회주의 사회의 노벨문학상이라 할 수 있는 스탈린문학상 2등상을 수여하였다.

스탈린문학상을 수상한 딩링, 1952년

1975년에 감옥에서 석방된 이후 회의에 참석한 딩링, 1979년의 모습, 75세.

그 중심에 있었다. 그런 만큼 그녀의 작품은 1927년부터 문화대혁명 종식에 이르는 40여 년의 창작기간 동안 사상과 내용면에서 많은 변화를 겪었으며 위의 세 여성형상은 특정 시기의 여성상을 보여 준다.

사회주의 중국이 건립되기 이전인 1930년대 초반, 항일전쟁이 전면화될 무렵부터 딩링의 글쓰기는 초기와는 다른 양상을 보였다. 집단주의적인 창작경향이 뚜렷해지고 하층민이 서사의 세계 속으로 들어오기 시작함으로써 기존에 개인의 내면세계에 천착하여 심리묘사에 주력하던 개성적인 글쓰기가 사라졌는데, 이러한 변화를 반영한 작품이 앞서 언급한 작품 가운데 『어머니』(1932)이다.

대표적인 여성주의 작가로 기억되는 딩링이 어떻게 문학을 통한 사유를 시작하였으며, 그것이 그 후 어떠한 변화를 겪었는가를 이해하기 위해서는 초기창작에 대한 이해가 필요하다. 이에 이 글에서는 미래보다는 과거와의 단절에 치중하였던 딩링의 초기 작품 세계를 이해한다는 목적 하에 작품집 『어둠속에서[在黑暗中]』(1928)에 실린 네 편의 소설인 「멍커[夢珂]」, 「소피의 일기[莎菲女士的日記]」, 「여름방학에[署假中]」, 「마오 아가씨[阿毛姑娘]」를 분석하고자 한다.

2. '집(家)' 밖에서 서성거리는 여자들

여성이 자신의 출로를 모색한다는 측면에서 볼 때, '동성애'적 행위를 통해 위기의식을 묘사한 「여름방학에」는 딩링이 『어머니』를 창작하기 전 단계에 그녀가 봉착한 고민의 막다른 지점을 보여 준다. 딩링은 작품에서 이성애가 아닌 또 다른 '섹슈얼리티'를 탐색함으로써 남성중심

사회로부터 벗어나고자 하는 여성들의 불안한 동거를 묘사하였다.

1927,8년을 전후한 시기에 딩링은 연애와 결혼문제를 주로 다루었다. 그러나 이 시기에 창작된 「소피의 일기」는 물론 「여름방학에」, 「마오 아가

1928년 작품집 『어둠속에서』를 상하이에서 출간할 당시의 딩링. 무명의 시인이던 남편 후예핀이 뒤에 서 있다.

씨」, 「멍커」의 인물들 가운데 그 누구도 결혼과 연애에 성공하지 못하였다.

실패가 필연적일 수밖에 없는 이유에 대하여 딩링은 '구식 결혼은 매음'이기 때문이라고 설명한다. 시골에서 올라와 사촌 집에 얹혀살고 있는 여주인공 멍커는 사촌오빠 샤오숭[曉淞]의 아내로부터 다음과 같은 하소연을 듣는다.

> 특히 구식 결혼을 한 여자의 경우에, 시집간다는 것은 몸을 파는 거나 마찬가지야, 헐값인 것은 말할 것도 없고 통째로(…중략…) 아가씨, 내가 무슨 신경과민에 걸린 거 아니냐는 식으로 말하지 말어. 참 우습기도 하지, 내 나이 스물이 훨씬 넘었고, 리리도 딸려 있으니까 당연히 분수에 맞게 만족을 해야 할 텐데, 그런데 때때로 그런 환상(신식연애－인용자)을 품을 때면 난 내 운명을 더욱 비참하고 더 수습할 수 없는 지경으로 만들어 버리고 싶어져. 지금, 하찮은 일개 창녀가 내 신세보다는 나을 거야! 사실 난 그것조차 부럽거든![7]

딩링은 올케의 말을 빌어 구식결혼의 비인간적인 측면을 '몸을 파는 것'이라고 표현하였다. 그러면 이 여성들에게 신식결혼은 대안이 될 수 있었는가라고 묻는다면 그것도 아니었다. 20대 전후의 여성으로 연애감정을 경험한 바 있는 소피와 멍커는 모두 신식 연애를 한 여성들이다. 그러나 소피는 남성의 외모에 매혹되어 성적 욕구에 굴복한 자신을 천박하다고 저주하며 "조용히 살다가 조용히 죽어버리자, 아, 불쌍한 너, 소피!"라고 하며 베이징을 떠난다.[8] 시골 처녀 멍커 역시 사촌오빠 샤오숭에 대한 연모의 꿈이 깨어지자 자포자기적 심정으로 "그녀의 육체를 통해 사람들에게 짜릿한 욕망의 만족을 주거나 그 욕망 속에서 저질스런 쾌감을 느끼게" 하는 육체파 여배우의 길로 들어선다.[9]

---

7) 晨光 編, 『丁玲女性小說金作』 下, 湖南文藝出版社, 1995, 397면.
8) 위의 책, 366면.

만약 두 여성이 신식 연애에서 실패하지 않기를 원한다면 다음과 같은 상황을 받아 들여야만 한다. 멍커는 여관방에서 사촌오빠가 허리를 굽혀 구두를 닦고 있고, 분홍색 슬립을 입은 요염한 여인이 화장대 앞에서 여유롭게 눈썹을 그리고 있는 현장을 목격했음에도 그것을 사업상의 만남이었다고 둘러대는 사촌 오빠의 말을 믿어야 했으며, 소피 역시 링지스[凌吉士]의 다음과 같은 '애정'을 받아들여야 했다.

1920,30년대 자유연애를 선택했던 음악교사가 아이를 기르기 위해 몸을 파는 매춘부로 전락하는 비극을 그린 영화 '신여성', 여주인공 롼링위[阮玲玉]의 명연기로 유명하다.

---

9) 위의 책, 410면.

그가 생각하는 애정이란 무엇인가? 돈을 사창가에서 물쓰듯하여 얻은 일시적인 육체적 쾌락이며, 부드러운 소파에 앉아서 향수 냄새 풍기는 몸뚱아리를 껴안고 담배를 꼬나문 채, 친구들과 음담패설을 주고받고, 왼쪽 허벅지를 오른쪽 무릎 위에 포개놓는 것이다. 이렇게 놀다가 시들해지면 마누라가 있는 집으로 돌아온다.(…중략…) 그리고 그는 베이징에는 예쁜 여자가 너무나 없어서 유흥업소나 공연장, 극장, 공원에 가는 게 지겹다고(…중략…) 한다.[10]

프랑스 유학을 다녀온 샤오송과 싱가포르 화교 출신인 링지스 모두 배울 만큼 배우고 해외 유학까지 다녀온 여주인공의 연인들이다. 그러나 이들은 사랑과 결혼의 일치를 바라는 여주인공들에게 '수동적인 성적 대상'이나 '남편을 시중드는 것'이 여성의 직무라고 설교한다. 그러므로 이런 상대와의 자유연애 다음 단계가 전통적인 가족제도로의 재편입임은 물론이다. 이와 같이 갈 곳을 찾지 못하고 연애의 문턱에서 좌절하는 인물을 통해 딩링이 문제 삼고자 했던 것은 이러한 남성들을 재생산해 내는 제도로서의 '전통적인 가족'이었다. 기존의 가족제도 속에서 샤오송과 링지스는 인습적인 권력의 주체로서 장차 여성에게 아내(婦)의 직분을 이탈하지 말 것을 명령할, 움직이는 '집'이었기 때문이다. 그러나 자신이 꿈꾸는 연애가 실패하리라는 것을 예견하면서도 「소피의 일기」에서 '소피'는 링지스의 천박한 구애를 거절하지 못한다.

단언컨대, 그가 나를 꼭 껴안고 내가 그의 온 몸을 입술로 애무하게 해 준다면 그리고 나서 나를 바다에 던져 버리거나 불 구덩이 속으로 밀어 넣는다 해도 나는 기꺼이 눈을 감고 나의 사랑을 영원히 간직할 수 있는 그 죽음을 맞이할 것이다. 아. 나는 그를 사랑하고 말았다. 이제 그가 나에게 멋진 죽음을 안겨주기만 하면 되리라.[11]

---

10)『中國新文學大系 1927~1937』小說集一, 上海文藝出版社, 1984, 194면.

주인공 소피는 한 인간으로서 이해받고 존중받기를 갈망하고 있음에도 불구하고 다른 한 편으로는 육체가 원하는 욕망에 몸을 내맡기고 싶어 한다. 그리고 결국 자신이 원하던 바를 가졌다. 그러나 링지스와 깊은 키스를 나누는 순간, 그녀는 만족이 아니라 지독한 '타락'의 모멸감을 느낀다. 정욕으로 이글거리는 그의 눈동자에서 몸을 파는 여성들이 그에게 줄 수 있는 만족의 일부를 자신이 채워 주었을 뿐이라는 것을 보았기 때문이다.

갖고 싶지만 가져서는 안 되는 이 '욕망'과 '타락'의 경계에는 작가의 두 가지 시선이 겹쳐져 있다. 하나는 그녀에게 몸의 쾌락을 허용하지 않는 사회에 대한 반항의 시선이며, 다른 하나는 육체적 욕구의 충족만으로는 채워지지 않는 그녀의 냉철한 자아, 자존감이다. 이 금기와 타락의 경계에서 딩링의 여주인공들은 방황한다. 현실 속에서 대안을 발견할 수 없기에 이 여성들은 '집'밖에서 서성거리고 있는 것이다.

3. 저항을 위한 장치들 —'성욕'과 '병'

1) 성욕에 관한 담론들

중국의 경우 여성운동을 '부녀운동(婦女運動)'이라고 하는데, 이때 '부(婦)'는 '집(家)'이라는 혈통단위 내에서의 한 고리(Women of link)를 의미한다.[12] 즉, '부녀'운동의 '부'는 초월적 범주가 아니라 각각의 집(家)안에서 관계의 틀로서 기능하는 여성의 구체적 직책을 의미한다. 따라서

11) 『中國新文學大系(1927~1937)』 小說集一, 上海文藝出版社, 1984, 203면.

12) Angela Zito, Tani E. Barlow eds., *Body, Subject & Power in China*, Chicago U. press, 1994, p.256.

'부'는 여성성 가운데 '어머니됨(Mothering)'에 상응하는 범주라고 할 수 있으며 반면 '여(Women)'는 집안, 혹은 관계라는 범주 틀을 벗어난 '삶의 주체로서 여성'을 의미한다고 하겠다.

딩링의 초기작품 가운데 여성형상이 지닌 독특성은 '아내(婦)'의 역할을 여성의 '성욕'을 긍정함으로써 집요하게 해체하고자 한 데 있다. 전통 사회에서 '아내'와 '성욕'의 관계는 각각 '생육'과 '쾌락'을 상징하는 대립적인 관계로 인식되었고 양자의 구분은 '도덕적인 것'과 '부도덕한 것'을 의미했다. 그러나 5·4 신문학운동을 계기로 하여 두 개념에 대한 인식은 변하였다. 루쉰[魯迅]은 「나의 열녀관[我的節烈觀]」에서 '성욕을 긍정하는 것'과 '부정하는 것'을 '인간적인 것'과 '비인간적인 것'으로 전도시켰다.

신문학운동 시기에 성욕은 이와 같이 인간의 자연스런 본성의 일부로 긍정되었으나 1949년 이후 사회주의 시기에 들어서면 상황이 바뀐다. 마오쩌둥의 '금욕주의'적인 문화가 주류로 부상하여 성에 대해 논하는 것마저 부르주아적 타락행위로 이단시되었다. 상대적으로 사상이 자유로웠던 1956,7년과 1962,3년에는 인구증가억제라는 명분하에 출산과 피임과 관련된 성 의학지식이 여성잡지인 『중국부녀』와 공산주의 청년단 기관지인 『청년잡지』에 실리기도 하였으나, 문화대혁명이 시작된 1966년이 되면 지면에서 자취를 감춘다.13) 성욕에 관한 담론이 출판물을 통해 다시 등장한 것은 문화대혁명이 종결되고 난 이후이다.

문혁이 종결된 이후 여성의 성욕을 본격적으로 다룬 작품으로는 쟝즈단[蔣子丹]의 소설 「뽕나무 연기는 누구를 위해 피어오르나[桑烟爲誰而起]」가 있다.14) 작품은 여주인공 쑤망[蕭芒]의 '정숙'에 대한 심리적 중압감을 신혼 첫날 밤 사건을 통해 묘사하였다.15) 대학 강사인 쑤망은 정숙함과

---

13) 이러한 변화에 대해서는 전국 규모의 여성잡지인 『중국부녀(中國婦女)』와 청년을 대상으로 한 『중국청년(中國青年)』 1956~1966년을 참조.

14) 陳曉明 編, 『中國女性小說精選』, 甘肅教育出版社, 1994, 440~511면.

15) 위의 책, 455~456면.

음탕함, 불감증과 탐닉 사이에서 심리적인 갈등과 가치관의 혼돈을 느끼는데, 불을 끄지 않고는 남편과 잠자리를 하지 못할 정도로 보수적인 성 관념을 갖고 있다. 사회주의 교육을 받고 자란 그녀는 성에 대하여 무지하였을 뿐만 아니라 대학 강사라는 신분에 맞게 정숙이 미덕이라고 생각하지만 남편은 이러한 아내를 불감증자로 취급한다. 결국 쑤망은 당혹스런 심정으로 남편의 외도를 지켜보게 된다. 장즈단은 이 글을 통해 '억압된 성욕의 표현'을 긍정함으로써 성욕의 표현을 억압했던 사회주의 혁명 시기를 비판함과 동시에, 남편인 닝위[寧羽] 앞에서 남편의 쾌감을 자극하는 행위를 강요하는 남성 중심의 성문화를 고발하였다.

현대 중국에서 여성의 심리적이고 성적인 욕구가 문학에 있어서 직접적인 긍정의 대상이 된 것은 1980년대 후반의 일로 프로이드의 성 심리 이론이 재수용되고 난 이후이다.[16] 80년대 이전인 마오쩌둥 시기에 '자유연애'는 허락되었지만 '성욕'에 대해서는 부르주아사상으로 이단시되었기 때문에 포스트 마오 시기에 마오쩌둥의 사회주의를 넘어서기 위해서는 새로운 문화적 차감과 충격이 필요했다.

남성중심의 성 문화를 비판하기위한 이론적 자원은 서양으로부터 왔다. 80년대에 중국에 도입된 프랑스 페미니즘의 내용을 중국의 한 문학사가는 다음과 같이 인용한 바 있다.

> 여성은 줄곧 죄인이 되는 자리에 있었다. 사사건건 죄를 지었고 곳곳에서 잘못을 범했다. 욕망을 느껴도 죄가 되고 안 느껴도 죄가 되었으며, 모성이 지나쳐도 죄가 되고 모성이 부족해도 죄가 되었다. 아이를 낳아도 죄가 되고 안 낳아도 죄가 되었다.[17]

---

16) 프로이드의 성심리 이론은 1930년대에 널리 수용되어 상하이를 배경으로 한 '신감각파'의 창작에 많은 영향을 준 바 있다.

17) 楊匡漢, 『共和國文學50年』, 中國社會科學出版社, 1999, 331면.

식수의 『메두사의 웃음(The Laugh of the Medusa)』에 실려 있는 이 문구는 성별에 따른 문화적 억압을 거부하는 여성의 목소리를 담고 있다. 80년대 중국의 지식인들은 이 구절을 빌어 남성과 여성 모두에게 물질적 · 성적인 금욕주의를 요구하는 사회주의 문화를 비판함으로써 도덕화된 통치 규범의 반인간적인 측면을 드러내고자 하였다.

이와 같은 80년대의 '성욕에 대한 긍정'을 요구하는 목소리는 60년을 거슬러 올라가 루쉰이 제기했던 '인간적인 것'과 만난다. 양자 사이에 차이가 있다면 그 수혜 대상이 다르다는 점 정도일 것이다. 80년대는 남녀 모두에게 신문학 초기에는 여성에게 해방의 복음이었기 때문이다. 딩링은 5 · 4 시기에 루쉰이 여성의 성욕이 '인간적인 것'이라고 선언해 주었음에도 불구하고 실제 여성의 삶이 '인간'의 범주 바깥에 있음을 작품을 통해 보여주고자 하였다.

2) 히스테리, 위장된 병

여성이 욕망을 지닐 때 어떻게 남성에 의해 징벌을 당하는가를 다룬 딩링의 작품은 「멍커」이다. 멍커의 올케는 부모에 의해 이루어진 애정 없는 결혼생활을 지속하면서 내심 갈등을 느끼고 있는 인물이다. 남편인 샤오송은 진작부터 아내의 가슴 속에 숨겨져 있는 그 갈등을 알고 있었지만 그것이 자신이 책임져야 할 부분이 아니라고 생각하여 방치하였으며, 다른 남자들과 마찬가지로 여자가 결혼을 하고 아이를 낳으면 집에 묶여 있을 수밖에 없다는 점 또한 너무나 잘 알고 있었다. 그는 이 점을 '영악하게' 이용하였다. 그는 "늘 집에 안 들어옴으로써 고의로 아내의 분을 돋구[近來不常在家了. 這是他故意的想個我]"[18]었으며 심지어 아내의 그런 불만을 괘씸하게 여겨 일부러 바깥으로 돌며 방탕한 생활을 하였다. 딩링은 이처럼 서로의 속내를 훤히 알고 있으면서도 아무 일도 없는 것처럼 하루하루 살아가야 하는 올케의 삶을 '몸을 파는 행위'라고 표현하였다.

딩링이 그려 낸 여성의 새로움은 현대식 교육을 받은 소피와 구식 여성인 올케를 경쟁관계로 인식하지 않은 여성중심적인 시각에 있다. 딩링은 이 두 여성이 현대식 교육을 받은 남성에 의해 여전히 애를 낳거나, 남성을 성적으로 만족시켜주는 '아내'이상의 자리를 부여받지 못하는 현실에 분노하였으며, 이 '여성'이라는 관념 자체를 전복하고자 하였던 것이다. 초기 작품에서 딩링의 여주인공들은 과도하게 예민하거나 지나치게 집착하는 경향을 보인다. 시골학교 여교사들의 방학생활을 그린 「여름방학에」에서 교사인 청수[承淑]와 자잉[嘉瑛]의 관계는 이렇게 묘사되어 있다.

> 청수는 비록 적지 않은 곰보 자욱이 있긴 했지만 평소에 그 얼굴은 변함없는 온화한 미소 덕분에 그리 못생기지는 않았다는 생각을 들게 했고 상대에게 친근한 인상을 주었다. 그러나 (자신의 구애의 대상인 자잉이 냉담한 반응을 보이던－인용자) 그 순간 그녀의 얼굴은 분노, 화, 원망, 부아를 참지 못해 예기치 못할 사고라도 칠 기세로 지지 벌겋게 달아올랐다. 잘 드러나지 않던 곰보 자욱은 눈에 띄게 붉어졌고 눈썹은 위로 치솟고 입은 한 자나 벌어져 흉측하게 변했다. 자잉이 자신을 쳐다보자 더 성을 내었고, 그 추한 인상은 자잉의 가슴에 지워질 수 없는 기억으로 새겨졌다.[19)]

동료가 자신을 떠나 다른 남자에게로 갈 것을 두려워하며 동성에게 집착하는 이 여교사들은 방학이 되어도 고향으로 돌아가지 않는다. 서당을 개조해서 만든 허름한 건물에 "자립(自立)학교"라는 역설적인 간판

---

18) 晨光 編,『丁玲女性小說金作』下, 湖南文藝出版社, 1995, 396면.
19) 위의 책, 499면.

을 걸고 있는 학교의 여교사들은 자신들의 심리적인 불안을 변덕과 질투, 포악함으로 드러내며 상대를 곁에 붙잡아 두고자 한다. 이러한 도피적인 자매애에 대해 주방의 아주머니인 '티엔 아주머니[田媽]'는 이들이 '병적인 증상'을 앓고 있다고 쏘아붙인다.

히스테리는 '광범위하고 불안정한 온갖 감정적 · 육체적인 증상, 즉 발작과 기절, 구토와 질식, 흐느껴 울기, 웃음. 마비 등과 한 증상에서 다른 증상으로의 빠른 이동'으로 규정되는 증상이다. 유럽의 경우, 히스테리에 대해서 두 가지 이해 방식이 있어 왔다. 중세 기독교 문화에서 히스테리는 신부 앞에서 고해성사를 해야 하는 도덕적 일탈, 혹은 정신적 죄악으로 간주되는 '금기의 대상'을 지칭하였다. 그러나 19세기에 이르러 성 심리학이 발달하면서 병적 증상의 하나로 진단되었다.[20] 즉 '금기의 대상'에서 '치료의 대상'으로 변화됨에 따라 히스테리는 대중적 병리현상으로 정착되었으며 여성뿐만 아니라 남성의 경우로까지 확대되어 적용되게 되었다.

딩링의 작품에서 인물의 히스테리적 증상은 외견상 '치료의 대상'처럼 위장되어 있다. 소피는 폐병을 앓는 20대 소녀이다, 그러나 그녀는 자신의 병이 약으로 치유될 수 없다는 것을 알고 있다, 실제로 "약이라는 것, 나는 절대로 믿을 수 없다, 약과 병은 이미 아무 상관이 없는 게 아닌가?"[21]라는 그녀의 말처럼, 그녀의 병은 실은 물리적인 약과 직접적인 상관이 없었다. 그녀로 하여금 폐병이 악화되어 각혈로 인해 죽음의 문턱에 이르게 한 것은 '윈 언니[蘊姊]' 의 죽음을 예견하는 편지였다. 소피의 일기는 12월 24일부터 쓰기 시작해서 3월 28일에 끝나는데, 세 달 남짓한 일기 가운데 중간에 한 달 반 가량의 공백이 있다. 즉, 1월 18일부터 3월 4일까지 일기가 쓰여지지 않았는데 이 기간은 윈 언니로 인

20) 리타 펠스키, 김영찬 외역, 『근대성과 페미니즘』, 거름출판사, 1998, 282~283면.
21) 『中國新文學大系 1927~1937』 小說集一, 上海文藝出版社, 1984, 178면.

1919년, 5·4운동이 발발하자, 단발을 하고 적극적으로 사회활동에 참여하던 무렵의 딩링(왼쪽, 15세)과 왕지엔훙(오른쪽) 고향인 후난[湖南]성 창더[常德]에서 찍은 모습

한 충격으로 그녀가 폐병을 치료하기 위해 병원에 입원한 기간이다. 일기가 쓰이지 않던 2월 중순 무렵 윈 언니는 사망한다. 자신을 사경에 이르도록 한 윈 언니에 대해 소피는 이렇게 기록하고 있다.

> 만약 언니가 그 창백한 얼굴의 남자와 사랑에 빠져 정신이 홀려 버리지 않았다면 언니는 그렇게 일찍 죽지 않았을 것이고, 나 또한 베이징으로 흘러 들어오지 않았을 것이다.[22]

다소 원망 섞인 어조의 이 묘사는 개인사적으로 딩링과 왕지엔홍[王劍虹]이라는 아가씨와의 교류를 배경으로 한 것이다. 딩링은 베이징으로 올라오기 전에 고향 후난[湖南]성을 떠나 상하이와 난징[南京]에서 청년 지식인들과 교류를 한 적이 있었다.

당시 러시아에서 돌아온 중국공산당의 지도자 취츄바이[瞿秋白]는 공산주의 사상을 청년들에게 전파하고 있었고, 딩링은 그의 학생이었다. 딩링보다 연상으로 그녀의 정신적 지주였던 왕지엔홍은 선생 츄바이와 연애 끝에 결혼을 하였다. 사회 활동에 적극적이고 지적으로 탁월했던 지엔홍은 츄바이와 결혼한 뒤 한 남자의 여자, 그 이상이 아니었으며, 그렇게 남편에게 충실했음에도 남편의 무관심 속에 폐병으로 세상을 떴다. 딩링은 이러한 상황에 분노와 충격을 받아 상하이를 떠나 베이징으로 올라왔으며, 세상에서 유일하게 자신을 이해해 주던 지엔홍의 죽음은 딩링에게 극단적인 고독과 단절을 느끼도록 했다.

「소피의 일기」에서 병은 하나의 상징이다. 오만하고 괴팍한 주인공이 세상으로부터 이해받지 못하는 단절과 고독감이 폐병으로 상징화된 것이다. 그러므로 소피가 사경을 헤맨 것은 당연하게도 병 때문이 아니라 죽음을 예견하

---

22) 위의 책, 199면.

는 원 언니의 편지 때문이었다.

프로이드는 피억압에 대한 잠재의식 차원의 반응을 다음과 같이 설명한다.

> 오빠는 성도착자인 반면, 여자라서 성본능이 약한 누이는 신경증 환자인 경우가 허다하다. 누이의 증세는 성적으로 더 적극적인 오빠의 성도착과 똑같은 성향을 보인다. 이와 유사하게, 많은 가정에서 남편은 정신적으로 건강하지만 사회적 관점에서 볼 때, 상당히 부도덕한 반면, 아내는 도덕적으로 고결하고 세련되지만 심한 신경증에 시달린다.[23]

여성의 신경증(히스테리)이 남성의 성도착의 음화라는 프로이드의 지적이 시사하는 바와 같이, 「여름방학에」에 등장하는 동성애 군의 성도착적 증세 역시 '성욕의 긍정'이라기보다는 억압적 상황에 대한 거부의 표현이다. 즉 '동성애'를 파격이라 생각했던 딩링이 취할 수 있는 전략적인 글쓰기로 이들을 이해해야 할 것이다.

딩링의 이런 글쓰기는 외국문학의 영향과 무관하지 않았다. 초기 프랑스의 아방가르드들은 성도착의 담론을 '법과 종교적 도덕주의, 부르주아적 권위의 속박에 대한 반란'으로 정의하고 이것을 자신의 예술 개념과 결합시켰다.[24] 1920년대 딩링의 창작은 아방가르드의 기수이자 퇴폐적 유미주의를 대표하는 플로베르(Flewber, 1821~1880)로부터 지대한 영향을 받았는데, 그 점을 상기하면 딩링 글쓰기의 전략성이 한결 명쾌하게 드러난다.[25]

---

23) 리타 펠스키, 김영찬 외역, 『근대성과 페미니즘』, 거름출판사, 1998, 284면.

24) 딩링이 플로베르로부터 받은 영향에 대해서는 賴干堅, 「丁玲的創作與外國文學」, 『丁玲創作獨特性面面觀』(丁玲創作討論會專集編選小組 編), 湖南文藝出版社, 1986년을 참조.

25) 딩링에게 미친 플로베르의 영향은 사상적 측면뿐만 아니라 예술 기교면에서도 적지 않았다. 딩링은 1940년 옌안[延安]으로 간 뒤, 작가들에게 예술기교를 강의할 때 "플로베르는 항상 가장 적합한 한 두 개의 표현을 찾기 위해 며칠씩 사색을 했다"라고 한 바 있다. 丁玲, 『丁玲論創作』, 上海文藝出版社, 1985, 197면.

그러나 「여름방학에」에 등장하는 동성 연애군의 성도착 행위에는 성도착의 특징인 '탐닉'적 요소가 없다. 기껏해야 인물의 행동 방식은 히스테리컬한 범위를 벗어나지 않았는데 이런 점에서 그녀는 세기말의 유미주의 사조를 사상으로 수용했다기보다는 '책략' 차원에서 빌어 왔다고 하는 것이 옳을 것이다.

4. '반(反)전통'—개성해방과 민족주의를 결합시키다

이 즈음에서 '반전통(反傳統)'의 문제로 돌아 갈 필요가 있을 것 같다. 딩링의 억압된 성욕을 '책략'차원에서 읽는다면 다음 단계에서 이루어져야 할 고찰은 그것을 통해 딩링이 어떤 창작상의 효과를 얻었으며, 그 책략과 정신이 후속 작품에서 어떻게 지속, 변화되었는가가 된다. 5·4세대 지식인들의 반전통에 대한 사유방식을 검토하는 것은 딩링이 「소피의 일기」로부터 중기 작품인 『어머니』로 이어지는 과정을 이해하는 데 실마리를 제공할 수 있을 것이다.

리쩌허우[李澤厚]는 현대문학사를 계몽과 구국이라는 2분법적 틀로 설명하였다.[26] 그는 5·4 시기의 계몽적인 신문학이 후에 구국의 논리에 의해 압도당했다고 보는데, 이러한 논지가 봉착하는 곤란함은 한 작가, 혹은 연속적인 사조로 출현했던 1920년대 인도주의 문학과 1930년대 계급문학의 관계를 기계적으로 부정과 단절의 관계로 해석할 여지가 있다는 데 있다.

26) 이택후, 김형종 역, 『중국현대사상사론』, 한길사, 2005, 69~71면.

5·4 시기를 전후하여 '개인'에 대한 지식인들의 견해를 범주화하면 신해혁명(辛亥革命)과 5·4 시기의 담론으로 나누어 볼 수 있다. 신해혁명 시기의 '개인'에 대한 담론은 '개인'과 '집단(국가)'을 분리 불가능한 것으로 보며 이 시기의 개인은 개인해방의 실현과 민족혁명의 필요에 의해 '만들어진' 개인이었다. 이러한 구국의 투사로서의 개인과 달리 『신청년(新青年)』을 중심으로 한 5·4 시기에는 개인의 '절대적' 가치가 주장되었다. 이 '절대성'의 대척 지점은 '전통'이었으며 개인은 전통에 대하여 타협적이지 않다는 점에서 절대적이었다.

개인의 존엄성에 대한 각성은 계몽의 고전적인 주제이다. 신해혁명기와 5·4 시기에 걸쳐 공통적으로 관심의 초점이 되었던 '개인'에 대한 리쩌허우의 해석에 따르면 신해혁명 시기에는 구국에, 5·4 시기에는 계몽에 치우친 것이었다고 해석된다. 그러나 재미학자 리우허[劉禾]는 이러한 이분법적 획분이 간과하기 쉬운 계몽과 구국 사이의 장력에 주목한다. 그녀는 신문학운동이 성공적으로 중국의 '전통'과 그 경전을 개인주의와 인도주의의 대립 항으로 만들어 놓았으나 개인주의의 또 다른 대립항인 민족국가를 오히려 대폭적으로 수용하여 개인주의담론의 합법적인 일부가 되도록 하였다는 점을 지적한다.27) 즉 5·4신문학이 '전통'과 적대적 관계에 섬으로써 신해혁명기의 '민족국가'의 이념을 비적대적인 것으로 수용하게 되었다는 사실을 환기시킨 것인데, 리우허의 이러한 추론은 리쩌허우의 이분법보다 더 설득력이 있어 보인다. 왜냐하면 이것은 「소피의 일기」로부터 30년대 작품인 『어머니』와 「홍수(水)」에서 드러나는 단절에 가까운 창작상의 변화를 한 작가 내부에서 충분히 일어날 수 있는 것으로 납득시켜주기 때문이다. 리우허가 강조하고자 한 바는 5·4 시기의 사상해방이 결코 '최종적으로 사회질서의 급속

27) 劉禾, 『語際書寫』, 三聯書店, 1999, 53면.

한 붕괴 속에서 돌아갈 곳을 잃게' 될 모험을 감행하는 절대적인 자아 해방이 아니었다는 점이다. 그녀는 그런 이유에서 '반전통'의 기치를 내건 개성해방론자가 필연적으로 개성해방과 민족해방서사 사이에서 동요될 수밖에 없다고 말한다.[28)]

소피는 두 가지 죽음에 직면한 상태에서 일상을 살고 있었다. 하나는 링지스와의 쾌락을 맛본 대가로서의 죽음이며, 다른 하나는 폐병으로 인한 죽음이다. 멍커 역시 딩링이 '육욕의 시장'이라고 생각하는 영화계에 몸을 내맡김으로써 '순수한' 사랑을 포기한다. 이 인물들의 공통점은 절망의 정점에 서 있어 그 자체를 제3의 삶의 방식으로 지속할 수 없다는 점이다. '소피'로 상징되는 이들의 절망이 허무나 쾌락이 아닌 삶에 대한 강렬한 열망의 음화, 혹은 절규라고 보아야 하는 이유가 여기에 있다. 이 점을 이해할 때, 5·4개성해방의 산물인 '소피'가 4년 이후에 현실에 개입하는 우국적인 '민족'의 어머니상인 '위만전[于曼貞]'으로 변화하는 내적 맥락을 이해할 수 있게 된다.

28) 그 예로 민족적 '境界'에 선 인물의 심리를 묘사한 郁達夫의 「타락(沈淪)」을 들었다.

제2장 항일전 시기, 강한 어머니 '위만전[于曼貞]'[1)]

1. 전략으로서의 '모성'

딩링은 1920년대 중반 「소피의 일기[莎菲女士的日記]」(1928)를 통해 "성적 주체"라는 관점에서 권력과 성의 문제를 전면에 부각시켰다. 딩링의 이러한 초기의 문제의식은 그녀가 좌익적 성향을 드러내기 시작할 무렵인 1930년대 초에 이르러 다른 내용과 형식으로 변화하였는데, 장편소설 『어머니[母親]』(1932)의 위만전[于曼貞] 형상이 이를 대표한다. 위만전은 '모성'이라는 신분으로 국가와 민족을 위해 자발적으로 혁명에 참여하는 신해(辛亥)혁명 시기의 여성상으로, 기존의 딩링 소설에는 존재하지 않던 새로운 여성상이다. 위만전은 1927,8년 전후의 작품집인 『어둠

1) 이 논문은 『중국현대문학』 제20집(중국현대문학회, 2001.6)에 실린 내용을 수정, 보완한 것임.

속에서[在黑暗中]』에서, 딩링이 '매춘과 다름없다'고 비난했던 구식 가정 속의 여성의 자리에, 남성의 세계로 인식되어 온 '바깥'세계를 끌어 들여 만들어진 여성상이다. 따라서 『어머니』의 인물형상과 사상은 딩링이 4,5년 전에 주장했던 '개인 해방'요구와 상치되는 측면이 적지 않다. 그런 점에서 딩링이 좌익사상으로 경도되기 시작한 1932년이라는 시점에 왜 "모성"이란 틀을 빌려, 신해혁명기의 여성상을 그렸는가는 문제적이라 하겠다. 이에 아래에서는 딩링의 여성의식을 대표하는 세 작품인 초기작 「소피의 일기」, 중기작 『어머니』, 후기작 「두완샹」 가운데, 『어머니』를 중심으로 인물 형상과 이 사상적인 작품이 탄생하게 된 전후 맥락을 살펴보고자 한다.

2. 『어머니』

1) 탐색

딩링은 1927년 소설을 창작한 이래 1986년 세상을 뜨기까지 세 편의 장편소설을 남겼는데 『태양은 쌍간강을 비추고[太陽照在桑干河上]』과 『웨이후[衛護]』, 『어머니[母親]』가 그것이다.

애초에 3부작으로 구상되었었다는 이유 때문에 '미완'이라는 꼬리가 붙어 있는 소설 『어머니』는 9만자 가량의 부피있는 소설이다. 딩링이 자신의 어머니인 위만전[余曼貞]을 모델로 한 이 소설은 전통적인 대가족사회의 대가집 미망인이 겪은 자기 변혁을 그린 작품이다. 이러한 창작 의도는 '미완'이란 수식어와 무관하게 작품에 '위만전'이란 어머니상을 통해 성공적으로 구현되어 있다. 그러나 어떠한 이유에서이든 이 작품은 지금까지 그리 연구자들의 주목을 받지 못한 것이 사실인데[2] 주목받지 못한 사실이 부적절하다고 본 한 평자의 글을 보면 다음과 같다.

> 『어머니』는 작가가 예술의 정상에 도달하는 중요한 계단이자 반드시 있어야 할 중간고리라고 보아야 한다.(…중략…) 만약 「홍수」, 『어머니』와 같은 예술적 축적이 없었다면 『쌍간강 위에[桑干河上]』와 같은 혁명적 현실주의 걸작은 출현할 수 없었을 것이다.[3]

펑수편[彭漱芬]은 『어머니』의 가치가 토지개혁 소설인 『태양은 쌍간강을 비추고』에 이르는 과도기적 작품이라는 점에 있다고 보았다. 펑의 논평에 충실하게 『어머니』를 농민들의 토지개혁을 성공적으로 다룬 『태양은 쌍간강을 비추고』에 이르는 습작단계라고 본다면 그 근거는 『어머니』의 마지막 장인 4장에서 예시된 농민봉기 정도가 될 것이다. 그러나 이 글에서는 『어머니』를 딩링의 여성의식의 한 발전단계라는 측면에서 접근하고자 한다. 이는 위만전이란 여성의 형상화가 딩링의 창작에서 사회적 존재로서의 여성의 정체성 확립에 일보 다가간 것으로 본다는 의미이다. 딩링이 창조한 여성형상 가운데 초기작 「소피의 일기」의 주인공 '소피'는 여성 특유의 심리적 특성을 과장한 히스테릭한 반응을 통해 환경에 저항하였으나 위만전에 이르면 주인공은 이성적인 태도로 환경을 변화시키는 능동적인 태도를 보인다. 그러나 펑수편이 지적한 바와 같이 『어머니』는 과도기적인 작품으로서의 한계를 지닌다. 묘사와 서술에 있어서 일관된 시각이 결여되어 있고 사상적인 측면에서 신해혁명 시기의 여성해방사상을 농민봉기와 직접적으로 접합시키는

---

2) 彭漱芬, 『丁玲創作獨特性面面觀』, 湖南文藝出版社, 1986, 276면.
3) 위의 책, 278면.

등의 무리한 배치가 보이기 때문이다. 또한 시대사조에 영향 받았다는 점을 감안하더라도 여성형상을 묘사함에 있어서 남성적인 것에 대한 동경이 두드러지게 나타난다. 그럼에도 불구하고 『어머니』는 딩링이 국민당이 통치하던 상하이에서 좌익작가로 활동한 이후부터 1942년 『옌안 문예 좌담회에서의 연설』에서 비판을 받아 여성해방의 독자적인 논리를 철회하기 전까지, 그녀가 여성의 주체문제를 사회와 단절되지 않은 시각에서 탐색한 성과물이라는 의미를 지닌다.

딩링은 1932년 5월, 30만자라는 방대한 창작 계획을 세워 신문 연재[4] 소설양식으로 『어머니』를 쓰기 시작하였다. 『어머니』의 시간적 배경은

1911년, 신해혁명이 일어날 당시 친정인 창더에서 여학교 선생을 하던 위만전(오른쪽에서 첫 번째), 유명한 혁명열사인 샹징위[向警予]가 왼쪽에서 세 번째에 앉아 있다.

4) 공산당원 로우스이[樓適夷]는 딩링에게 장편소설을 청탁하여 상하이의 『대륙뉴스[大陸新聞]』에 1932년 6월 15일부터 정간되던 7월 3일까지 연재하도록 하였다. 신문이 정간되자, 딩링은 1932년 가을에 다시 쓰기 시작해서 9만자 분량으로 완성하였고 국민당에 체포된 후, 우인들의 손에 의해 1933년 6월에 단행본으로 출간되었다.

주인공 만전이 남편을 잃은 1909년 10월부터 1911년 신해혁명이 일어나기 직전까지로 2년이 채 못 되는 기간이다.

작품은 남편이 사망한 후 만전이 시댁을 떠나 아이들을 데리고 친정으로 돌아가 신사조의 영향을 받아 전족(纏足)을 풀고 여학교에 입학하는 데서 시작된다. 그 후 만전은 신사상에 눈을 떠 자신의 아이들을 망국노로 만들지 않겠다는 결심을 하고 "천하의 흥망은 필부에게 책임이 있다[天下興亡, 匹夫有責]"라는 신해혁명의 사조에 동조함으로써 소문으로만 떠도는 혁명에 직접 합류할 준비를 하는 데서 소설이 마무리된다.

만전의 좌절과 모색, 변신의 과정을 형상화한 이 작품은 1932년에 씌어졌다. 1932년은 딩링이 이미 좌익작가로 변화한 이후에 해당하며, 1931년, 남편 후예핀[胡也頻]의 갑작스런 죽음으로 인해 스물 일곱 살의 미망인이 된 지 채 1년이 못 된 시점이다. 그녀는 돐이 안 된 아들을 데리고 어떻게 살아가야 할 것인가를 생각하며 향후의 삶 전체를 고민하였다. 당시 그녀가 봉착했던 첫 번째 문제는 창작에 있어서의 돌파구를 찾는 일이었다. 1930년 중국 좌익작가 연맹에 가입하고 난 뒤, 딩링은 농촌의 물난리를 다룬 「홍수」(1931)를 연재하였는데, 당시의 평가는 양면적이었다. 소설 「홍수」는 현대 소설사라는 측면에서 볼 때 "연애+혁명과는 다른 새로운 소설로서 당시에 소설이 나아갈 방식에 있어서 의심할 바 없이 개척적인 의미를 지닌 작품이"[5]었다는 평가를 받기도 하였지만 예술적인 면에서 볼 때 실패작이었다. 작가가 "부단히 주제에 해당하는 공식을 강조하고 있음에도 불구하고" 진실성 있고 그럴 법한 인물을 창조하지 못하였기 때문이다.[6]

---

5) 그 외에 긍정적인 평가로는 "하나 혹은 두 사람의 주인공이 아닌, 한 무리의 대중이 주인공이며, 인물의 심리분석이 아닌 집체적 행동을 전개하였다"는 허단런[何丹仁]의 글 있다. 「關于新的小說的誕生」, 『丁玲研究資料』, 天津人民出版社, 246면.

6) 梅儀慈, 沈昭鏗・嚴鏘 譯, 『丁玲的小說』, 厦門大學出版社, 1992, 111면.

남편 사후, 1931년 11월, 고향의 어머니에게 아기를 맡기러 왔을 때 딩링의 모습, 딩링은 단지 3일을 머물고 상하이로 돌아가 공산당 활동을 적극적으로 시작했다.

이러한 가혹한 비평을 접했을 때 딩링은 아마 '체험'이란 말을 떠올렸을 것이다. 그녀가 그린 농민이 실감을 주지 못하는 이유가 거기 있었기 때문이다. 홍수로 물난리를 만나 관가로 쳐들어가 먹을 것을 털려는 성난 농민들을 그녀는 가까이 접해 본 적이 없었다. 이에 그녀는 자신에게 가장 익숙한 제제를 탐색하였다. 한 살짜리 아들을 맡기러 후난성[湖南省] 고향을 찾아간 그녀에게 영감처럼 떠오른 것은 어머니란 존재였다. 다음의 두 인용문은 딩링이 소설 『어머니』라는 작품 속에 어느 정도의 자기투사를 했는지 보여주는 대목이다.

> 그녀는 그 누구 앞에서도 눈물 한 방울 흘리지 않았다. (…중략…) 하지만 그녀는 여전히 다정다감한 여자였다. (…중략…) 아이를 돌보다가 아이가 심하게 보채 그녀의 심신을 지치게 할 때도 남들에게 결코 약한 모습을 보이지 않았다.[7]

> 그녀는 모든 것을 자신의 힘으로 해야 한다는 것을 분명히 알았다. 하지만 자신은 약하고 무능했지만 결코 다른 사람에게 털어놓거나 남들 앞에서 눈물을 흘리지 않았다.[8]

첫 번째 단락은 선총원[沈從文]이 쓴 「딩링을 기억하며[記丁玲]」라는 산문의 일부로 후예핀이 국민당에게 총살당한 뒤 딩링의 모습을 기록한 것이고, 두 번째 인용문은 『어머니』에서 묘사된 과부 위만전의 모습이다. 놀라울 정도로 흡사한 두 대목에 근거할 때 다음과 같은 추론이 가능하다. 후예핀이 처형당한 뒤 딩링이 고향을 방문하였을 때, 그녀는 젊은 나이에 남편을 잃고 친정으로 돌아와 소학교 교사노릇을 하며 자신을 길렀던 어머니의 삶이 운명처럼 자신의 현재와 겹쳐지는 것을 경험하였을 것이다.

---

7) 위의 책, 14면.

8) 晨光 編, 『丁玲女性小說金作』 下, 湖南文藝出版社, 1995, 143면,

그 순간 어머니를 제제로 한 창작구상을 하게 되었을 것이며, 일단 이러한 오버랩이 이루어지자, 그녀는 자기 내면 깊숙이 침잠할 수 있었고 그 결과 작품의 문체와 풍격이 달라졌다. 심리묘사에 공을 들인 「소피의 일기」는 "어떠 어떠한 나[……的我]"와 "난, 나는……[我, 我……]" 같은 주관적인 반복, 그리고 "아,……"와 같은 감탄사와 짧은 호흡의 문장, 구어적인 것과 서구적 문체가 섞여 매끄럽지 못하였으나 『어머니』에 이르면 『홍루몽(紅樓夢)』식의 묘사라고 할 수 있는, 편안한 풍경묘사와 인물묘사를 병행하는 전통적인 문체로의 변화가 나타났다.

둘째로 『어머니』를 쓰게 된 가장 중요한 동기라고 추측됨에도 불구하고 쉽게 증명하기 어려운 측면으로, 작가의 자기암시라는 측면을 이해해야 할 것이다. 이것은 후예핀의 죽음이 그녀에게 준 부담이라고 표현해도 좋을 내용이다. 무명의 시인이자 공산당원이었던 후예핀이 국민당에게 체포되어 1931년에 총살을 당하자 딩링은 「소피의 일기」를 쓴 베스트셀러 작가로서가 아니라 "좌련 오열사(左聯五烈士)"[9]의 미망인으로 사람들의 주목을 받았고, 이러한 상황은 그녀로 하여금 죽은 자의 몫까지 대신해서 살아야하는 부담을 주었을 것이다.

이런 점을 고려할 때, 소설 『어머니』는 단지 신해혁명기의 신여성을 형상화한 것이 아니라 신해혁명기 여성형상을 빌어 작가의 향후 전망을 투영한 작품으로 읽어줄 필요가 있다고 보인다. 『어머니』의 창작동기에 대하여 딩링은 당시에 "좌익작가이면서도 국민당의 주의를 끌지 않는 온건한 주제"[10]가 필요해서 썼다고 밝혔다. 이 언급은 좌익작가인 딩링이 『어머니』에서 설사 온건한 여성상을 묘사하였다 하더라도 소설을 통해 혁명을 암시하는 효과를 발휘하는, 소위 '현실적인 필요'를 충족시켜줄 필요가 있었다는 것으로 이해할 수 있다. 따라서 『어머니』를 읽는

9) 인푸[殷夫] 등 당시 후예핀과 함께 국민당에 의해 목숨을 잃은 다섯 명의 좌익청년.
10) 丁玲, 『丁玲論創作』, 上海文藝出版社, 1985, 40면.

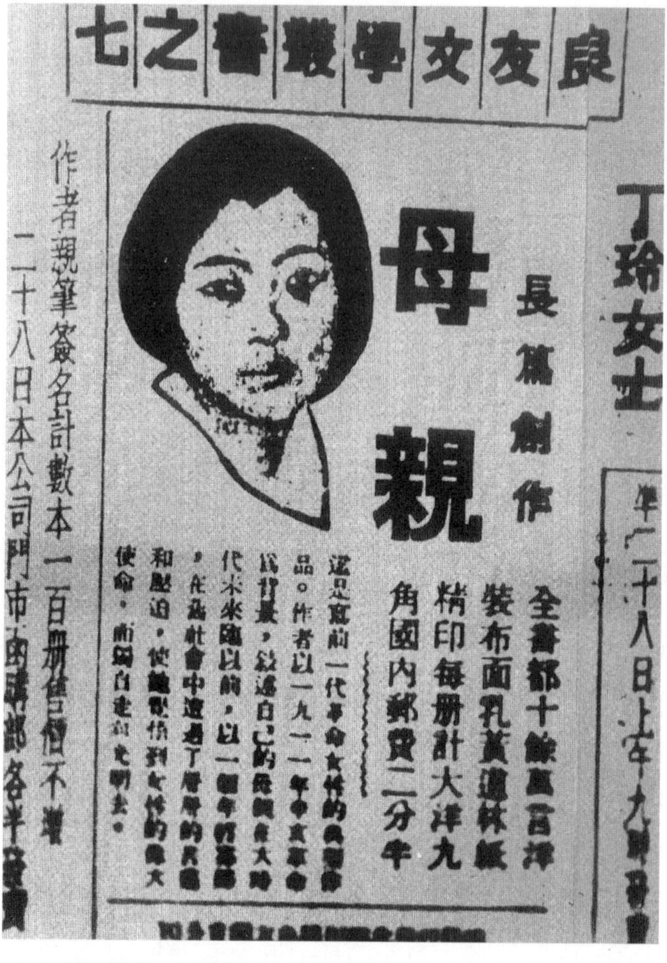

1933년 량우문학총서로 출간된 『어머니』의 광고내용, 딩링의 얼굴 모습은 차이위엔페이([蔡元培], 전 북경대 총장)의 딸인 차이웨이롄[蔡威廉]이 그렸다.

독법은 기본적으로 다음 두 가지 맥락에 충실할 필요가 있다고 보인다. 「소피의 일기」에서 제기한 여성의 주체문제가 『어머니』에서 어떻게 발전되었는가 그리고 계급혁명의 요구가 『어머니』에서 어떻게 투사되고 갈등을 일으켰는가라는 점이다.

2) 강인한 아름다움[陽剛的美]

결혼 생활 10년 만에 남편을 잃고 대신 가장이 되어 집안을 꾸려가야 했던 위만전은 현실적으로 무능한 여성이었다. 늙은 하녀 야오마가 말한 대로 돌배기 아들과 세 살짜리 딸을 기르며 최소한 1,20년은 버텨야 한 숨 돌릴 수 있는 처지이었던 것이다. 세상을 뜬 남편은 전형적인 도련님기질이어서 평소 소소한 일은 상관하지 않았었고 혼자가 된 만전 역시 평소 자수와 바둑을 즐기며 말 수 적은 규수로 살아왔기 때문에 현실적인 생활력은 전혀 없었다. 그러나 남편이 남기고 간 빚 정리에 지쳐있던 그녀이기는 했지만 친정에서 보내온 가마꾼 앞에서 만큼은 체통을 지켰다. 하지만 자기 방에 들어 와 혼자 있게 되었을 때, 그녀는 가까스로 두려움을 억누르고 있던 나약한 과부의 모습 그것이었다.

> 그녀는 침대에 누웠다. 은색 칠에 꽃문양이 새겨진, 금으로 불꽃모양을 그린 널따란 침대가 눈에 들어 왔다. 10년 전 결혼할 때 해 온 침대였다. 그리고 비단 이불이, 그녀는 그 이불을 뒤집어썼다. 안간힘을 쓰며 억누르고 있던 흐느낌이 끝내 처참하고 찢어질 듯한 울음으로 터져 나오고 말았다.[11]

몰락한 양반집의 한산한 장례를 치르고 나서 만전이 입을 뗀 첫 번째 말은 "만약 내가 남자였다면, 하나도 겁나는 게 없을텐데[我要是個男人,我一點也不會怕]"였다. 만전에게는 윈디[雲弟]라는 친정 남동생이 있었다. 그녀는 시댁에서 가산을 팔아 빚 정리를 마치고 살아갈 궁리를 하려고 친정으로 돌아갔을 때, 놀라우리 만치 달라진 동생을 발견하였다.

---

11) 晨光 編,『丁玲女性小說金作』下, 湖南文藝出版社, 1995, 133면.

그녀는 그(동생)보다 한 살 많았는데 어렸을 적엔 어울려 함께 놀았을 뿐만 아니라 어떤 면에서도 동생에게 뒤지는 일이 없었다. 하지만 훗날 동생은 공부를 하였고 그녀는 방 안에 갇혀 신발에 꽃무늬 수놓는 법을 배웠다. 동생이 학교에 갈 때면 그녀는 문 뒤켠에 서서 그의 영예를 부러워할 수 있을 뿐이었다. 그러나 지금, 차이는 너무나 벌어졌다. 그는 지식과 자기사상이 있고 하는 사업도 있어서 앞 날이 무한한 광명으로 가득 차 있어보였지만 그녀는 어떤가, 고작해야 야오마가 하자는 대로 병아리 백 마리를 부화시키거나 새끼 돼지를 치고, 땅콩 얼마랑, 또 호박을 심을 수 있을 뿐이었다.[12]

만전은 시댁에 머물 때 느낀 여자로서의 열등감과 유신사상가가 되어 있는 친정동생을 대면한 뒤 자신이 여성이라는 사실 자체에 깊은 좌절을 느꼈다. 남편이 죽고 난 시점에 비로소 만전은 여자로 태어났다는 사실 자체가 남성과 동등하게 살아갈 수 있는 생존환경을 처음부터 박탈당한 것이었음을 뼈 속 깊이 깨달았던 것이다.

시댁과 친정에서의 위치를 보여주는 위에 인용된 두 예문은 봉건 사회 내에서 여성의 존재가치와 역할이 "집[家]"안의 "婦[아내와 어머니]"로서만 허여된 것임을 보여 준다. 유교적 봉건사회의 여성관은 "부부유별관과 절열관(夫婦有別觀, 節烈觀)"이다.[13] 남자는 바깥일을 주관하고 여자는 집안일을 관장한다는 남녀의 역할분담은 여성을 육체적으로 집 안에 묶어 놓는 것은 물론 정신마저도 그에 맞게 길들였다. 아이들이 말을 할 줄 알게 되는 7세부터 남녀칠세 부동석이라는 관습에 따라, 남아는 10세 때부터 밖에서 기거하며 시서를 익힌 반면, 여아는 10살이 되면 나다니지 않고 방적과 양잠을 배웠다. 한 가정의 안주인이 되는 것에 맞게 훈육되어진 여성은 결혼 후 가장이 먼저 세상을 떴을 때는, 수절을

12) 위의 책, 165면.
13) 박용옥, 『李朝 女性史』, 한국일보사, 1976, 8면.

하거나 따라 죽어서 열부(烈婦)가 되는 것이 정상이라고 세뇌되었다. 만전은 남동생을 바라보며 "아내가 되는 대가가 자아에 대한 포기"[14]였음을 비로소 깨달았다.

과부가 된 그녀가 가장 먼저 한 일은 열녀비 하나를 더 늘이는 일에만 관심을 갖고 있는 시댁과의 관계는 끊은 일이었다. 그녀는 남동생에게 다음과 같이 말한다.

> 장씨(시댁) 집안 쪽은 나 자신이 맞서마. 집안 어르신들이라고 해도 우리 집 빚을 갚아주거나 내 대신 아이들을 길러줄 수도 없어. 내 일신상의 세세한 일에 관여할 수는 더더욱 없는 것이지. 다만 내가 도리에 어긋나지 않고 범절에 저촉되지 않게만 처신한다면 두려워할 것이 없을 거다. 나도 아우의 심정을 이해 해, 하지만 나에 대한 책임 때문에 동생을 난처하게 하는 일은 결코 생기기 않을 거야. 설사 시댁 쪽에서 트집을 잡는다고 해도 아우는 내 동생이지 (날 책임져야 할-인용자) 오빠는 아니잖아. 하지만 내가 공부를 하려면 시내에 살아야 되니까, 가산을 모두 처분해서 시내에 집을 하나 얻어야겠다.[15]

신해혁명 시기 여성운동은 전적으로 교육과 전족반대를 의미하는 것이었다.[16] 만전은 친정 후난성의 우링[武陵]으로 돌아와 신식교육을 받으며 당시 신여성들이 걸었던 전형적인 길을 밟았다. 처음부터 불공평했던 게임을 다시 시작하려는 듯이 만전은 여교사 양성학교에 다니기로 결심한 것이다. 만전의 이러한 과단성 있는 행동과 비교할 때, 1920년대 후반의 소설을 수록한 작품집 『어둠속에서[在黑暗中]』(1928)의 네 편의 작품, 곧 「소피의 일기」, 『멍커』, 『모씨 아가씨』, 『여름방학에』에 등장하

---

14) 주디스 키건 가디너, 김열규 외역, 『페미니즘과 문학』, 문예출판사, 1995, 218면.
15) 위의 책, 182~183면.
16) 엘리자베스 크롤, 김미경 · 이연주 역, 『中國女性解放運動』, 사계절, 1985, 66면.

는 인물의 현실 대응 방식은 이와 사뭇 다르다. 그들은 공통적으로 병을 앓고 있거나 병적 증세에 시달린다.

소피는 폐병을 앓는 스무 살 처녀이다. 그녀는 누추한 하숙방에 머물고는 있지만 자존심이 강하고 자기만의 세계가 분명한 괴팍한 성격의 소유자로 그 어떤 남성도 자기 앞에 굴복시킬 수 있다는 자신감에 차 있는 여성이다. 그러나 이상적인 남녀의 결합을 꿈꾸고 있던 그녀는 속물스런 남자에게 절망하고 자신을 이해해주지 못하는 세상에 절망하여 결국 도피를 선택한다. 그런 그녀를 괴롭히는 것이 병이다. 하지만 소피는 자신의 병이 약으로 치유될 수 없는 것임을 알고 있다. "약이라고 하는 것, 나는 절대로 믿을 수 없어. 약과 병은 전혀 아무런 상관이 없는 것이 아닌가?"[17]라는 그녀의 말처럼 그녀가 죽음의 문턱에 이르게 된 것은 "원 언니[蘊姊]의 사망 소식"이었다. 세상에서 유일하게 자신을 이해해 주는 사람이었던 원 언니의 결혼이 파국에 이르렀다는 소식을 듣고 소피는 폐병이 극도로 악화되어 혼수상태에 빠진다.

또한 『여름방학에』 등장하는 스무 살 전후의 젊은 여교사들은 독신주의를 고집하는 인물들이다. 아담 없는 낙원을 이루자고 맹세했던 그들이지만 하나, 둘 이탈하는 친구들이 나오자 독신 여성들의 모임은 질투와 매달림, 눈물과 변덕, 포악한 행위를 통해 상대를 자기 곁에 붙잡아 두는 병적 집착을 보인다. 이성애에 대한 혐오와 동성애적 감정이 이들을 지배하였던 것이다.

언어는 주체가 세계를 "어떤" 세계로 인식하는 한, "이미 이러한 담론의 질서를 통과해서 인식된 세계이다."[18] 소피의 병은 작가의 세계에 대한 인식, 곧 소통이 불가능한 "거리감[隔膜]"이라는 작가의 인식이 병으로 상징화한 것이라고 볼 수 있는데, 딩링의 이러한 "언어"는 『어머

17) 晨光 編, 『丁玲女性小說金作』 下, 湖南文藝出版社, 1995, 332면.
18) 미셸 푸코, 이정우 역, 『담론의 질서』, 새길, 1993, 139면.

니』창작 이전의 작품에서 일련의 규칙성을 지니고 나타난다. 소피의 폐병, 멍커의 기절, 『여름방학』의 히스테리와 동성애가 그것이며, 이러한 증상의 공통점은 세상과의 상호소통이 불가능하다고 느낀 주인공들이 자기학대적인 태도를 취한다는 점이다.

이러한 병적 증상은 만전에게서는 찾아보기 힘들다. “내가 남자였다면 전혀 두렵지 않았을 텐데”라는 만전의 언급처럼 총 4장으로 구성된 소설 가운데, 시댁에서 장례를 치루는 제1장을 제외하면 만전의 행동은 과단성 있는 이른 바 ‘남성적’ 방식으로 진행된다.

1960년대 미국 여성운동에서 경전적 역할을 했던 『여성의 신비』의 저자 베티 프리단은 여성의 변화를 설명하면서 다음과 같은 심리학자의 말을 인용하였다. “인간은 역사의 어떤 시기에, 그리고 자기 인생의 어떤 국면에서 공기와 음식을 먹어야만 하듯이 확실하고 절실하게 새로운 이념교육이 필요하다.”[19)]

만전에게 있어서 새로운 이념의 수용은 신해혁명 시기 여권운동과 밀접한 관련이 있었다. 장례식을 마친 만전은 자신의 어머니됨[母性]을 새롭게 정의한다. 자신은 더 이상 과거에 연연해하지 않고 과감히 ‘마님의 옷을 벗어버리고 농촌 아낙의 옷을, 능력있는 어머니의 옷’을 입으리라고 스스로 다짐한다. 여기서 그녀가 말한 능력있는, 일하는 어머니 상은 단적으로 다음과 같은 일화가 보여주는 어머니상이다.

소문으로만 떠돌던 신해혁명(辛亥革命, 청왕조를 무너뜨린 혁명)의 움직임이 베이징에서 멀리 떨어진 후난성 우링현까지 다가오자, 만전은 흥분에 가까운 감동으로 비장하게 이렇게 말한다.

---

19) 베티 프리단, 김행자 역, 『여성의 신비(The Feminine Mystique)』, 평민사, 1996, 78면. 인용한 말은 심리분석학자인 에릭슨(Erik H. Erikson)의 말로, 프리단은 에릭슨의 말을 인용하여, 서구인의 새로운 자아를 모색하기 위해 중세 말에 가톨릭 수도원을 떠났던 젊은 시절의 마틴 루터가 겪은 자아의 위기를 설명하였다.

먼저 사람과 말[馬]을 구하고 사람들을 규합한 다음에 내가 우리 아우에게 가서 이야기를 꺼내보고 만약에 그 쪽이 진짜 혁명당이라면 동생네(유신파—인용자)와 합류해서 그들이 지시하는 대로 따르면 될 겁니다.[20]

여학교 친구들과 회의를 하는 자리에서, 마을에 자발적인 혁명군을 조직하겠다는 만전의 이 발언은 5년 전 「소피의 일기」에 드러난 히스테리적 반응과는 질을 달리하는 능동적이고 과단성 있는 태도이다. 여기서 눈에 띄는 것은 그녀가 이러한 자신의 행동을 설명하는 이유로 '모성'을 끌어 들였다는 점이다. 그녀는 자신이 만약 청의 황제를 암살하러 나선다면 그 이유는 자신의 아들과 딸이 망국노가 되기를 원치 않기 때문이라고 설명하였던 것이다.[21]

모성의 역할을 천하의 흥망과 연관지어 사고하는 "천하의 흥망은 필부에게 책임이 있다[天下興亡, 匹夫有責]"의 사유방식은 신해혁명 시기 여권운동의 특징이다. 천하에 대한 책임을 스스로의 몫이라 느끼고, 권리는 차선으로 두는 것이 그 구호가 의미하는 바인데, 이러한 도구적인 여성해방의 진면목은 당시의 『소녀독자』라는 잡지에 실린 한 중국 관리의 언급에 잘 나타나 있다.

좋은 소녀는 좋은 아내가 되고 좋은 아내는 좋은 어머니가 된다. 좋은 어머니는 좋은 아들을 만든다. 만일 어머니들이 어릴 적부터 훈련되지 않는다면 어디서 우리는 우리나라의 강인한 남성들을 발견할 것인가. 어머니의 가르침이

---

20) 晨光 編, 『丁玲女性小說金作』 下, 湖南文藝出版社, 1995, 220면.

21) "경자년에 일어난 일 같은 경우 듣기는 들었지만 어디 상관할 염두나 냈었나. 눈 앞에서 전쟁이 벌어지지 않았으니까 나와는 상관없는 일이라고 생각했었지. 이제 바깥일을 좀 알고 나니 늘 가슴에 분이 차오르는 걸 참을 수가 없어. 내가 지금 정말로 황제를 암살하러 간다면 그것은 역시 내 아이들을 위해서 그러는 거야. 내 아이들이 밝은 세상에서 자라고 망국노가 되지 않기를 바라기 때문이지."(晨光 編, 『丁玲女性小說金作』 下, 湖湖南文藝出版社, 1995, 223면)

야말로 애국자들을 길러내는 참다운 학교이다. 여자들보다 더 위대한 애국자이며 충성심이 더 강하다고 자부할 수 있는 남성은 하나도 없다.22)

여성들이 교육을 받고 전족을 풀어야 하는 이유는 강인한 남성을 만들기 위해서였다. 이처럼 신해혁명기 여성교육의 목적은 애국적인 국민을 길러 내는 데 있었다.

무릇 국가와 여성의 관계에 있어서, 국가가 전쟁을 수행하거나 민족국가 수립이라는 긴박한 과제를 앞두었을 때, 국가는 여성에게 '애국'할 수 있는 구체적인 역할을 줄곧 할당해 왔다. 1937년 중 · 일전쟁 시기, 일본 여성운동의 저명한 지도자였던 이치카와[市川房枝]와 히라츠카[平塚らいてう]는 각각 여성이 전쟁에 참가해야 한다는 '참가형'과 동조해서는 안 된다는 '분리형'을 대표하는 페미니스트였다. 참가형인 이치카와는 "여권=참가=부인해방"이란 논리로 여성이 국가 총동원 체제에 호응하는 등, 공적인 활동에 참가할 것을 일관되게 지지하였다. 반면 히라츠카는 전쟁과 페미니즘은 분리되어야 한다는 전략을 구사해 '모성보호'를 주장하였다. 그러나 그녀가 주장한 모성보호는 결국 전사를 충당하는 "야스쿠니[靖國]의 어머니"가 되는 것을 권장하는 것으로 귀결되었다.23) 당시에 유행했던, 마치 성모 피에타 상을 연상시키는 듯한, 남자 아이를 안고 있는 전쟁 미망인 그림이 의미하는 '모성'이란, 이미 남편을 잃었음에도 불구하고 아들마저 '국가'에 바치겠다는 어머니의 굳은 결의, 그것이었기 때문이다. 이처럼 여성주의가 국경을 넘는다는 것은 국가와 민족이 건립, 확장되던 시기에 민족국가, 건립 시기에 극히 어려운 일이었던 것이다.

공화국을 수립한 신해혁명 시기에 만전은 전통에 순응하며 '열녀'가

---

22) 엘리자베스 크롤, 김미경 · 이연주 역, 『中國女性解放運動』, 사계절, 1985, 67면.
23) 우에노 치즈코, 이선이 역, 『내셔널리즘과 젠더』, 박종철출판사, 1999, 29~33면.

되기를 거부하는 대신, '모성'에 '애국'이라는 가치를 부여해 준 신해혁명의 이념을 수용함으로써 자신의 정체성을 애국하는 '모성'으로 재구성하였다. 그 '모성'의 지향점이 여성도 남성과 '동등'하게 공적 세계에 참여하는 것이었던 만큼, 만전의 심미적 취향도 자연히 그에 따른 변화를 보였다.

만전은 자신의 여교사 양성학교 입학식 날, 딸에게 남자 옷을 입혔다. 그리고 그녀가 매일 아침 쓰는 붓글씨 연습은 섬세한 짜오 체[趙字]가 아니라 호방하기 이를 데 없는 웨이베이 체[魏碑體]였다. 이러한 경향은 심미적인 데 그치지 않고 동료들과 함께 여성 혁명가 치우진[秋瑾]을 흠모[24] 하는 데서도 드러나는데, 치우진이야말로 여군을 창설하는 등 여성도 국가 대사에 참여해야 한다고 주장한 신해혁명 시기 남성적인 담론의 대표자라고 할 수 있는 인물이었다.

단도를 들고 있는 치우찐의 모습

만전은 종래 딩링의 작품에서 등장한 적이 없는 강인한 여성상이다. 이러한 그녀의 기질은 강인한 아름다움[陽剛美]이라고 이름붙일 수 있을 터인데, 이러한 만전의 성격적 특징을 심리학적 측면에서 검토해 보면, 딩링이 초기문학의 '소피'식 여성상으로부터 위만전에 이르게 된 내적 경로를 한결 명쾌하게 이해하게 된다.

심리학에서 말하는 '대모적 어머니(Great

24) 치우진[秋瑾]은 저장성[浙江省] 사오씽[紹興] 출신의 여성혁명가로 음주, 검도, 시문에 뛰어났으며 쑨원[孫文]의 지도 아래 중국혁명동맹회에 참여한 혁명가이다. 원문은 "여자를 무시하는군, 하지만 여자들 중에도 치우찐 같은 사람도 있어. 내가 좀 배우기만 했었더라면(…중략…) 우린 뭔가 해낼 수 있을거고 그 사람들을 겁내지 않았을 거야.", 晨光 編, 『丁玲女性小說金作』 下, 湖南文藝出版社, 1995, 219면.

Mother)'라는 개념은 만전의 형상에 상당히 근접해 있다. '대모적 어머니'는 상대적으로 여성적 심리특성이 희박한 양성적인 특성을 지닌 강한 여성상을 가리킨다. '대모적 어머니'는 인간의 무의식 상태에서 남성과 여성, 긍정적인 것과 부정적인 것이 뒤섞여 있는 "원형적 여성(Archetypal Feminine)" 상태로부터 분화되어 나온 세 여성상 가운데 한 여성상이다. 분화되어 나온 세 여성상이란 남성성의 과다를 기준으로 "좋은 어머니", "대모적 어머니", "무서운 어머니"로 갈라지는데,[25] 좋은 어머니란 현모양처에 가까운 부드러운 여성상이며, 무서운 어머니는 남성성이 지배하는 폭력적인 어머니 상이다.

생물학적으로 여성인 어머니를 왜 '남성성'의 과다를 기준으로 분류하는가? 기준을 남성성으로 잡은 데는 '여성적'이라고 하는 것과 '남성적'이라고 하는 것이 빚어내는 현실적인 결과의 차이라는 문제가 놓여 있다.

성적 특징이라고 하는 것은 남성과 여성이 실제로 지니고 있는 특징을 지칭하는 것이 아니라, 지니고 있다고 여겨지는 특징, 곧 성역할 고정관념을 가리키는 말이다.[26] 따라서 이 개념 규정은 생물학에 기반한 것이 아니라 사회적으로 만들어진 성 고정관념이며 결코 가치중립적이지 않다.[27] 문제는 고귀하다고 여겨지는 덕성이 남성성을 중심으로 구성되어 있기 때문에 여성성을 내면화하면 할수록 그 여성은 실패와 희생으로 내몰리게 되는 현실적인 결과이다. 위에서 언급한 '좋은 어머니'는 자식의 입장에서 볼 때 자상한 좋은 어머니일 수 있겠으나, 사회참

25) 줄리아 크리스테바 외, 김열규 외역, 『페미니즘과 문학』, 문예출판사, 1988, 195면.
26) 性에 따라 고정된 특징이 존재한다는 신화는 성별 분업이 해체되는 시기에 허구임이 쉽게 드러난다. 1940년대 초 2차대전 중 노동인력의 부족을 메우기 위해 군대와 공장에서 생산에 참여했던 미국의 젊은 여성들은 섹시함이 아니라 "건장한 어깨와 세련된 미소를 띤" 노동자형상으로 캐서린 햅번과 같은 모델을 통해 이미지화되었다. 이 예는 남성적인 것과 여성적인 것이 역할분담에 의해 만들어진 이미지라는 사실을 잘 보여준다. 사라 에번스, 조지형 역, 『자유를 위한 탄생』, 이화여대 출판부, 1998, 341면.
27) 고미라, 「양성성과 여성성」, 『여성과 사회』 제7호, 한국여성연구소, 1996.6.

여 차원에서 보면 도태될 수밖에 없는 열등한 구성원이다. 따라서 봉건적인 남성중심 세계에서 벗어나 자립을 시도하는 만전은 여성적 덕목이라 할 수 있는 상냥, 겸손, 양육성보다는 남성적인 특성이라 할 수 있는 강한 의지, 독립성, 합리성을 띠어야만 했던 것이다.

무릇 여성해방의 지향점이 여성의 특성을 '차이'로 인정하고, 그 전제 위에 독립적인 자아를 추구하는 데 있다고 한다면, 이러한 만전의 양강적인 성격은 여성해방의 한계 혹은 자기모순이 아닌가 의심해 볼 수 있을 것이다. 다시 말하면, 작가가 단지 '국민'의 한 성원이 되기 위해 여성으로 하여금 남녀 간의 '차이'를 부정하고 '남성과 동등한 여성'이 되는 것만을 목표로 삼았다면, 이러한 서사는 딩링이 초기 창작 이래 줄곧 문제시해 온 남성중심사회의 가치를 수용한다는 비판을 받을 수 있다는 것이다.

그러나 앞서 언급했듯이 『어머니』는 전략적인 서사로 이해되어야 한다. 따라서 이러한 섹슈얼리티에 초점을 맞추는 것이 아니라 신해혁명 시기에 만들어진 '개인'과 '집단'의 의미를 천착하는 것이 필요하다. 여기에 1930년대 『어머니』라는 창작을 가능케한 이해의 고리가 놓여있다.

'개인주의'라는 말은 명치유신 시기 일본 지식인들이 "indivisualism"을 번역하여 만든 용어로 19, 20세기가 교차되던 시기에 중국에 전파되었다. 신해혁명을 전후한 시기에 개인주의의 주요 주창자는 두야촨[杜亞泉]과 량치차오[梁啓超]인데, 1904년 당시 가장 영향력이 컸던 잡지 『똥팡잡지[東方雜誌]』를 중심으로 전개된 두야촨의 주장과 「신민설(新民說)」과 「자유서(自由書)」를 통해 발표된 량치차오 주장이 대표적이다. 량치차오는 개인의 발전을 주장하기는 하였으나 "국가는 개인에 대해서 절대적 우선권을 지닌다"라는 전제 하에서 개인을 논했다.[28] 따라서 그가 사용한 '我'나 '吾'

28) 량치차오[梁啓超]의 사상가운데 '전통을 대신하는 것'으로서 서구사상 수용을 주장한 내용은 1898~1912년 무렵의 저작에서 뚜렷하게 나타난다. 당시 그는 중국의 변혁과제로 민족국가의 성립과 公의식의 형성을 주장하였는데, 개인과 집단의 관계에 대하여 "사

의 개념은 자율적인 자아와 개성이 강조되는 서구적 의미의 '개인'이 아니라 집단적인 '우리'의 의미를 내포하고 있다. 한편, 두야촨은 「개인의 개혁」에서 개인주의에 대해 격의(格意)적인 해석을 한다. 그는 '개인주의'에 대해 "우리들의 사회주의(社會主義)는 개인주의를 통해 밝히 드러내어져야 한다. 공자의 이른 바 학문하는 자는 자신으로부터 시작해야 한다[學者爲己], 맹자의 홀로 몸을 선하게 유지한다[獨善其身]는 것 역시 그러한 뜻인 것이다"[29]라고 비유적인 해석을 함으로써 개인과 민족 간의 충돌을 해소시켰다. 이처럼 20세기 초 중국의 지식인들은 동과 서, 신과 구문화에 대해 각각 자신의 필요에 의해 공통적으로 '개인'과 '집단'의 관계를 분리될 수 없는 상호 넘나드는 개념으로 간주하였다. 이러한 인식틀은 전통에 대한 대립축으로 개인의 '절대적'인 가치를 주장했던 5·4 시기 『신청년(新青年)』 중심의 논지와는 구별된다.

이처럼 신해혁명 시기의 낡은 윤리의 해체와 여성해방이 지니는 의미는 민족해방에 기여하는 개인을 만들어 내는 과정에 다름 아니었다.[30] 위만전은 정확하게 그러한 사상적 지평에서 탄생된 인물이다. 절박한 구국의 과제를 갖고 있었다는 점에서 『어머니』의 창작 시점인 1932년은 신해혁명 시기와 상통한다. 1931년 중·일전쟁의 발발은 신해혁명 시기 서양군대에 의해 청조가 국가로서 존엄을 잃고 멸망하는 상황보다 더 심각한 위기감을 불러 일으켰으며, 그 결과 개인의 절대적 권리를 주장했던 5·4 신문학 사상은 구국의 과제 앞에서 빛을 잃을 수밖에 없었다. 이러한 역전의 관계를 리쩌허우는 5·4 계몽의 논리가 구국의 논리에 의해 압도되었다고 표현했다.[31]

람마다 제 몸 있는 것만 알고 집단이 있는 것을 모르게 되면 그 집단은 금방 전락되고 무너져서 마침내는 다른 집단에 의해 멸망되고 말 것이다"라고 하였다. 이종민, 『梁啓超의 소설적 길찾기 - '公'의식과 소설의 힘 비판』, 『中國小說論叢』 제4집, 1995.3.

29) 위의 책, 46면.

30) 위의 책, 50면.

이러한 고찰에 기초할 때, 딩링이 신해혁명 시기의 인물 위만전을 형상화한 이유는 분명해진다. 그녀는 「소피의 일기」에서 형상화했던 절대적 자아 추구형 인물들을 '집단(구국)'이라는 귀속처로 돌려보내기 위해 남성적인 어머니 '위만전'이 필요했던 것이다. 그 궁극적 귀속처는 「홍수」에서 암시되고 『태양은 쌍간강을 비추고』에서 형상화된 농촌사회의 하층민이 주체가 된 혁명이었다.

1930년대 초 딩링은 피억압계층에 동정적인 좌익성향의 작가였다. 따라서 당시 딩링의 사상과 『어머니』에 드러난 신해혁명 시기의 여성해방사상에는 간극이 존재했다. 신해혁명 시기의 여성해방론은 다가올 혁명의 주체로서 농촌 사회의 하층민을 인식하는 데 이르지 못하였기 때문인데, 그 결과 작품에는 사상적인 불일치가 서사의 균열로 나타났다. 다시 말하면, 딩링은 『어머니』에서 '모성'이라는 틀을 빌어 개인과 집단이 소통하는 접점을 찾는 데까지는 이르렀으나 위만전의 유신사상과 딩링의 좌익 사상간의 낙차문제는 매끄럽게 해결하지 못하였는데, 아래에서는 서사시각을 중심으로 이 문제를 살펴보고자 한다.

3) 분리된 두 개의 시선

상을 치르고 몇 개월간의 병석을 털고 일어난 만전의 눈에 들어온 농촌의 새벽풍경은 다음과 같이 묘사되어 있다.

> 물고기 뱃살처럼 뿌연 우윳빛 하늘, 푸르른 구름, 자줏빛, 누런 빛, 붉은 빛, 황금빛 구름이 온갖 변화를 빚어내고 있었고, 태양은 산 저편에서 떠오르기 시

---

31) 리쩌허우, 김형종 역, 『중국현대사상사론』, 한길사, 2005, 69면.

작하였다. 뒷뜰에서 닭조차 즐거운 듯 홰를 친다. 이때 창껑이 집 밖으로 걸어 나가자 강아지 한 마리가 졸졸 그의 뒤를 따랐고 저만치 뒤에서 또 한 마리가 따라 갔다. 바람에 실려 온 이 향내음, 그것은 봄의 기운이었다. 이슬을 촉촉히 머금은 진흙의 내음이었다. 얼마나 흡족스런 공기인가! (…중략…) 대지는 깨어 나고 있었던 것이다.[32]

이것은 여느 때와 마찬가지로 일하러 나가는 머슴 창껑의 모습을 묘사한 대목이지만 여기엔 만전의 생명에 대한 욕구가 비유적으로 잘 드러나 있다. 한편 다음에 인용된 소작농 창껑의 모습엔 '자연의 소생'이란 비유 차원을 넘어 만전이 느낀 노동의 건강함이 드러나 있다.

사실, 그는 하루가 다르게 바빠져서 더 이상 여유를 부릴 수가 없었고 더욱 고달파졌다. 하지만 이런 분주함은 결실이 있는 것이었다. 그가 논에서 볏단을 질 때, 그 황금색 알곡을 통에 쏟아 부을 때, 한 섬 한 섬씩 밭에서 집으로 지고 돌아갈 때 그 마음이 얼마나 홍겨울 것인가! 야오마는 여느 때처럼 꽃무늬 천으로 머리를 동여매고는 마을 초입에서 그를 반갑게 맞아 수고를 치하하고는 한 잔의 시원한 차를 그에게 대접할 것이다. 비록 이 곡식들이 그들의 것이 아니라 그들이 어르신네라 부르는 주인의 것이기는 하지만, 누가 이 농토와 곡식들을 그들의 것이 아니라 하겠는가? 오직 그들만이 마치 자기가 낳은 자식처럼 한시도 곡식 곁을 떠나지 않는데야.[33]

근 십년동안 지주로서 농촌 생활을 해 왔지만 거의 집 밖에 나와 본 적이 없던 그녀의 눈에 비로소 자연이 들어 왔다. 생명이 살아 움직이는 자연이 신선하게 묘사되어 있다. 그녀는 남편과 재산을 잃고 난 다

32) 晨光 編,『丁玲女性小說金作』下, 湖南文藝出版社, 153면.
33) 위의 책, 154면.

음에 "비로소 지금까지 모르고 지냈던 것을 그제서야 발견[從來就不知道, 到現在才發現出來]"하였던 것이다.

그러나 두번 째 단락의 묘사는 일하는 창껑이 그 수확물을 가져갈 수 없는 머슴이란 사실은 가볍게 처리되었다. 관찰자인 만전과 일하는 창껑이 현실적으로 머슴과 주인이란 관계가 전혀 의식되지 않은 채 묘사되어 있다는 것은 쉽게 눈에 띄인다.

한편, 만전의 상에 조문하러 온 큰 시누이[大姑奶奶]가 만전과 집안 얘기를 나누다가 하인이 몰매를 맞아 죽은 얘기를 하게 되었다. 큰시누이는 자신의 뤄씨댁[羅家]에 장보샹[張伯祥]이란 젊은 머슴이 있었는데 한번은 그 머슴의 아버지가 술에 취한 주인집 도련님에게 몽둥이 세례를 받아 심하게 다쳤는데, 이에 아들인 장보샹이 주인댁에 거칠게 항의를 했다고 했다. 큰 시누이는 그 일이 쉽사리 해결될 조짐이 보이지 않자, 장례식에 와 있다가 사태 수습을 위해 본가로 돌아갔다. 딩링은 일이 다 마무리된 시점에서 다음과 같이 사건의 뒷 얘기를 서술하였다.

> 훗날 들리는 얘기로는 장보샹의 노친네는 나이가 많은데다 몽둥이로 허리를 맞아 그리 심하게 맞은 것은 아니었는데도 견디지를 못했는지 맞은 자리에서 피를 토하였고, 사흘째 되는 날 집으로 실려 가 하루 만에 숨이 끊어졌다고 한다. 뤄씨 집안에서는 노인네의 가족들에게 경조비 명목으로 30원을 주고 일을 마무리지었다. 장보샹은 30원을 받아 들고 꾸벅 절을 하며 고맙다고 했다 한다. 원한이 있어도 다만 가슴에 묻어두었을 뿐이니 그것은 언젠가는 폭발하고 말 것이었다![34]

소설 『어머니』의 서술 시점은 3인칭 작가 시점이다. 객관적인 배경과

34) 위의 책, 150면.

인물 묘사가 주를 이루는 서사방식 가운데 "그것은 언젠가는 폭발하고 말 것이었다!"라는 대목은 갑자기 누구의 목소리인지 알 수 없게, 격하고도 당혹스럽게 돌출되어 있다. 작품 전반에 걸쳐 만전의 시선과 하인들의 입을 빌어 일관되게 객관적인 서술을 해오던 작품의 서사 거리가 이 대목에서 순식간에 사라진다. 이러한 부자연스러움에 대한 해명인지 딩링은 자신의 창작의 변에서 이렇게 설명한다. 『어머니』가 애초에 "농촌경제가 붕괴되고 지주와 관리토호[官紳]계급이 하루아침에 몰락의 길로 들어선"[35] 것을 다룬 3부작 가운데 제1부로 구상되었다는 변이 그것이다. 소설의 전개를 부자연스럽게 하는 이와 같은 작가의 의도된 복선은 마지막장인 4장에서 다시 나타난다.

만전은 친정 우링현에 머물면서 친정 형제들의 곱지 않은 시선과 시댁의 만류를 무릅쓰고 전족을 풀고 학교 생활을 시작한다. 그녀는 같은 여학교에 다니는 두수전[杜淑貞]이란 인물에 대해 유독 반감을 품었는데 두수전은 만전의 시댁 쪽의 먼 형님뻘이자 대부호인 장타이창[江泰昌]의 아내였다. 만전이 그녀를 멀리하는 이유를 작가는 다음과 같이 설명한다.

> 만전은 이전에 듣고 마음에 담아두었던 가슴 아픈 비참한 사건들을 떠올렸다. 야오마의 둘째 자식이 그 집에서 일을 할 때 대수롭지 않은 일로 허벅지에 몽둥이 찜질을 당하여 한 달 넘게 자리에서 일어나지 못했었고, 큰 시누이네 집 하녀 루어마의 딸은 고통을 견디지 못해 목을 매어 자살을 했다.[36]

하녀의 딸과 다른 하녀의 운명에 대한 연민이 만전의 시선으로 묘사되어 있다. 대부호의 안주인인 두수전이 배포에 맞지 않게 아랫사람들에게 각박하게 대하는 데에 대한 작가의 불만이 만전의 입을 통해 아랫

35) 丁玲, 「給『大陸新聞』編者的信」, 『丁玲論創作』, 上海文藝出版社, 1985, 5면.
36) 晨光 編, 『丁玲女性小說全作』 下, 湖南文藝出版社, 214면.

사람의 고통에 대한 연민으로 나타난 것이다.

그러나 이러한 하층민에 대한 묘사는 다음 두 가지 측면을 고려할 때 다소 무리한 배치라고 보인다. 첫째, 만전이 수용한 신사상의 내용이다. 만전은 여성교육, 아편반대, 전족풀기 등 당시 엘리트 여성들의 관심사를 공유하였으며, 당시 여성운동의 일차적 목적도 "여성을 분발시켜 중국을 구원할 이 땅의 지식인들과 연합시키는 데" 있었다.[37] 탕췬잉[唐群英]을 중심으로 한 신여성들은 1912년 중화민국이 갓 성립되었을 당시 '여성 참정동맹회[女子參政同盟會]'를 중심으로 참정권 쟁취에 힘을 모았다. 당시 베이징의 여성 참정권자들은 영국의 여권운동을 모방하여 시위를 하거나 단식투쟁을 벌이는 등 극단적인 정치투쟁 양상까지 보였는데, 이러한 여성들의 권익요구와 불법시위는 보수적인 위안스카이[袁世凱] 정권과 남성 혁명가들로부터 이중의 압박을 받았다.[38] 이와 같이 신해혁명기의 여성운동은 국가의 존망이라는 현실적인 위기감으로 인해 비슷한 시기의 영국과 미국보다[39] 훨씬 격렬한 양상을 띠었지만 그 기본 성격은 상층 엘리트 규수들

여성의 법적 권리를 요구하던 영국의 중산층 여성이 경찰에 체포되는 장면. 당시 중국에서 가장 널리 읽히던 『똥팡잡지』에는 1차 대전을 전후한 서양여성들의 정치적 권리투쟁을 소개하는 사진이 자주 소개되었다.

37) 엘리자베스 크롤, 김미경·이연주 역, 『中國女性解放運動』, 사계절, 1985, 85면.
38) 劉彗英 編, 『遭遇解放－1890～1930年代的中國女性』, 中央編譯出版社, 2005, 285면.
39) 영·미의 참정권 운동은 1890년 이후 활발히 전개되었으며 미국의 경우 20세기 초 운동의 중심세력은 중산층 여성들이었다. 이들 신여성은 자신이 독립적인 존재라는 사

의 해방운동이었다.

둘째로, 억압받는 자에 대한 무리한 연민의 표현이 소설의 리얼리티를 떨어뜨린다. 일례로 위만전이 두수전을 멀리하는 이유가 하층민에 대한 수전의 착취 때문이라고 묘사한 것은 과도한 계급적 관점의 적용이라고 보인다. 차라리 만전의 시누이뻘 되는 두수전을 매개로 해서 만전이 이미 끊고 지내던 시댁과 자신이 연루될 것을 꺼리는 심리에서 그녀를 멀리했다고 한다면 소설 전개상 오히려 현실성을 띠었을 것이다. 왜냐하면 원래 만전이 몰락한 집안의 미망인이 되어 고향인 우링현으로 돌아와 경제적으로나 정신적으로 고달픈 삶을 살면서도 견딜 수 있었던 이유가, 만전 자신이 밝힌 것처럼, 시댁을 벗어나 "더 이상 이전의 방식대로 살지 않고(…중략…) 남의 간섭을 받지 않고 자기가 자신의 삶을 결정[不愿再依照原來那種方式做人了,(…中略…) 不愿再受人管轄, 而要自己處理自己的生活]"할 수 있었기 때문이다. 그녀에게 있어서 해방이란 열녀가 되라고 압박하는 시댁식구와의 단절 그 자체이었다.

이상에서 인용한 네 개의 인용문을 서사시각이란 점에서 보면, 『어머니』에 묘사된 농촌 현실은 하나의 통일적 관점이 아닌, 두 개의 시선으로 관찰되고 있음을 알 수 있다. 하나는 실의한 만전에게 생명감을 불어 넣어주는 농촌, 즉 지주의 눈에 비친 정서화된 농촌이며, 다른 하나는 농민의 관점에서 서술된 고통받는 농촌현실이다. 후자는 작가의 의도가 다분히 작용한 부분으로 정서가 격하게 드러나 있고 농민을 옹호하는 「홍수」의 연장선상에 놓여 있다. 반면 정서화된 전원적인 농촌은 정채롭고 문학적이지만 관조적이다.

실에 큰 긍지를 지니고 있었음은 물론 자신들의 일에 만족을 느끼는 집단으로서 독립된 재산권의 중요성과 청소·요리·육아를 공동으로 처리하는 '가정의 정치'를 운동의 슬로건으로 내 걸었다. '가정의 정치'라는 이들의 요구는 1930년대 이후의 미국의 복지국가 개념의 원류가 되었다. 사라 에번스, 조지형 역, 『자유를 위한 탄생』, 이화여대 출판부, 1997, 252면.

그러나 비록 정서화된 농촌이라 할지라도 딩링의 이전 시기 작품에 등장하는 농촌과 『어머니』의 농촌은 구별된다. 정서화된 농촌은 종래 딩링의 작품에 등장하던 객지를 떠도는 주인공의 향수를 자극하는 추억 속의 농촌[40]이 아니라 주인공의 행동에 직접 영향을 미치는 농촌이다. 즉 논밭과 양계장을 돌아보고 농사라도 지으며 삶을 꾸려갈 희망을 품게 했다는 점에서 『어머니』 속의 농촌은 의미있는 '환경'이었다.

그러나 명확하게 드러나는 것은 만전의 행동에 영향을 미친 것은 만전의 시선에서 묘사된 농촌일 뿐이라는 점이다. 따라서 작가의 이지가 작용한 시선, 곧 만전이 농민 계급에 동조적인 혁명가로 발전하리라는 4장의 암시는 다소 설득력이 떨어지는 비약으로 보인다. 이처럼 설득력이 떨어지는 원인은 앞서 살펴 본 바와 같이 신해혁명 시기에 여성해방 사상과 농민봉기사상이 양립하기 어려운 것이었다는 데 원인이 있었다.

이러한 관점의 불일치는 서사방식의 균열로 나타났다. 즉, 소설의 전반과 후반 두 차례에 걸쳐 인용된 농민의 비참상은 모두 작가가 '전해들은 이야기'로서 만전에게 영향을 미치는 '의미있는' 환경이 아니었던 것이다.

3. '왜 쓰는가'와 '어떻게 쓰는가' 사이의 긴장

딩링은 1927년 '소피아'라는 러시아 여성 혁명가의 이름을 따 "소피

40) 대도시 상하이로 올라온 시골 소녀 멍커는 "다정한 아버지의 모습과 장난꾸러기 산얼, 맑은 날 푸른 풀밭에서 뛰어 노는 소와 양떼들이 눈에 보이듯 선명하게 그리고 작고 하얀 나비 떼(…중략…) 지나간 행복했던 나날은 얼마나 사람을 추억 속으로 잠기게 하는가"라고 시골을 회상한다. 이들은 전원을 그리워하는 도시인의 심정으로 고향을 묘사하였다. 晨光 編, 『丁玲女性小說金作』 下, 湖南文藝出版社, 1995, 395~396면.

[莎菲]"라는 반항적이고 당돌하지만 우울한 여성 형상을 창조했다. 1920년대 후반, 서양 열강과 군벌에 의해 분열되어 앞날을 예측할 수 없던 시절의 중국의 청년들은 이러한 소피에게 열광하였고 오늘날에도 딩링은 20세의 젊은 '소피'이미지로 깊이 각인되어 있다.[41]

딩링의 창작은 중국현대사의 변화과정과 밀접한 관련을 갖는 만큼 시기별로 작품의 사상과 형식에서 차이를 보인다. 딩링의 초기 작품집 『어둠속에서』에 실린 네 작품은 젊은 여성이 도시와 접촉하면서 품게 되는 욕망을 '성의 상품화'와 가부장제 사회에서 여성의 종속이란 관점에서 비판하고 있다. 즉 여성을 계급적 관점에서 접근하기보다 성적 '차이'에서 비롯된 갈등, 곧 '문화'적인 비판에 초점을 맞춘 글쓰기를 하였다.

이와 비교할 때, 1932년에 씌어진 『어머니』는 작가가 주위 환경에 직접 개입하는 '정치' 담론적 성격이 짙다. 딩링은 『어머니』를 통해 신해혁명 시기에 유행한 '천하의 흥망에 필부도 책임이 있다'는 사상을 지닌 어머니, '위만전'을 형상화함으로써, 구국과 여성의 해방 두 과제를 모두 달성하고자 하였다. 그러나 이러한 창작의도는 1930년대 딩링의 좌익 사상과 작품의 묘사대상인 1910년 전후 신해혁명기의 사상적인 불일치로 인하여 서사의 틈이 벌어지는 것을 피할 수 없었다.

여성의 정치적 권리와 구국을 과제로 인식했던 유신 시기의 여성해방 사상과 위만전이 지닌 농민혁명에 동조하는 태도는 각각 1910년대의 시대적 환경과 1930년대 딩링의 사상경향을 반영한다. 이 사상적인 낙차는 작품에 있어서 농촌을 묘사하는 태도의 불일치로 나타나, 농촌이 관조적 대상으로 묘사되기도 하고 때로 고통스런 삶의 현장으로 묘사되기도 하였다. 서술자의 권위를 떨어뜨리는 점은 주인공이 농민에 대하여 동정적인 태도를 보이는 주요 대목이 모두 '전해들은 이야기'로 구

41) 베이징에 있는 중국현대문학관의 정원에는 꿈꾸는 듯한 소녀 딩링의 흉상이 전시되어 있다. 독자들이 기억하는 낭만적이고 반항적인 딩링의 이미지를 잘 보여준다 하겠다.

성되어져 있다는 점이었다.

그런 점에서 장편소설 『어머니』는 여성문학을 '왜 쓰는가'라는 작가의 의도와 '어떻게 쓰는가'라는 서사기법 사이의 긴장이 깨질 듯 하면서 아슬아슬하게 유지된 작품이라고 볼 수 있다. 이처럼 불안한 균형을 보이는 소설 『어머니』가 딩링의 창작생애에서 지니는 의미는 5·4 시기의 절대적인 개인의 해방사상과 신중국의 이상화된 계급혁명 지향 사이에 놓인 과도기적 작품이라는 데 있다. 즉, 『어머니』는 1942년 "옌안문예좌담회 연설"에서 딩링이 분열주의라고 비판을 받아 여성주의적 시각을 포기하기 전 단계에 여성주체와 계급주의적 시각을 견지하기 위해 노력한 작품이다. 그러나 다른 무엇보다 이 작품이 주는 감동은 1932년 시점, 딩링의 개인사와 위만전 형상의 일치에서 확인되는 작가의 진한 자기투사와 암시에 있다. 그런 점에서 위만전이라는 여성상은 자전적 여성주의 소설에서 말하는 바, "여주인공은 작가의 딸"로 이해할 수 있는 인물이다.[42)]

42) 줄리아 크리스테바 외, 김열규 외역, 『페미니즘과 문학』, 문예출판사, 1988.

제3장 문화대혁명, 도덕적인 노동영웅, '두완샹(杜晩香)'[1)]

1. 역사적 경험과 '모성' 담론

1990년도 『중국여성』 잡지에는 「나의 출로는 어디에 있는가」라는 제목으로 해고당한 한 기혼 여성의 호소가 실렸다.

> 자식 때문에 일자리를 잃었습니다. 자식은 또 내 사유재산도 아닌데 무엇 때문에 나한테 이렇게 가혹하게 대하는 겁니까?

자식이 부모의 책임이라기보다는 사회와 부모 양자의 공동 책임이라는 전제를 깔고 있는 이 항변은 자본주의적 사고방식에 익숙한 제3국인

1) 이 논문은 『중어중문학』 제28집(한국중어중문학회, 2001.6)에 실린 내용을 수정, 보완한 것임.

의 눈에는 다소 의아스럽게 비쳐진다. 사회주의 중국의 공동생산과 공동분배, 가사 노동의 사회화와 같은 사적 영역의 공공화를 경험하지 못한 까닭이다. 중국의 여성문제를 연구하는 서구학자들은 성의 인식에 있어서 중국적 특성을 분명하게 인식하고 있는 것 같다. “중국소설에서 여성을 분석할 때 가장 관건적인 문제는 그 문화적 규정성, 교환불가능한 성적 범주이다”라는 타니 발로우의 지적2)이 그 예인데, 이 말을 확대해석하면 성별에 따른 함의는 토대와 환경에 의해 규정된 유동적인 문화적 산물로 이해해야 한다는 것이 될 것이다.

『20세기 중국 여성문학사』는 5・4 시기부터 1994년까지의 여성문학 작품을 다룬 비교적 완비된 여성문학 통사이다. 이 저작은 여성문학사를 서술함에 있어서 1966년부터 1976년 문화대혁명기간을 여성문학의 공백기로 기술하였는데, 공백으로 기술한 이유에 대하여 저자는 문화대혁명 10년간은 거의 작품이 없었으며 설사 있다 해도 성별의 차이가 사라졌기[泯滅]때문에 여성문학으로 간주할 수 없다고 설명한다.3)

문화대혁명(이하 문혁)은 종결된 지 이미 30여 년이 지났음에도 여전히 분분한 해석을 낳고 있는 블랙박스이다. 그럼에도 불구하고 문혁의 성격을 사상을 통한 사회개혁이라고 이해할 때, 그 전조는 1957,8년 무렵의 사상적인 숙청과정에서 이미 나타난 바 있기 때문에 문혁 역시 중국 사회주의 건설의 한 특징이라 이해하는 것이 가능하다. 이런 관점에서 볼 때, 문혁 시기를 여성문학의 공백기로 간주하기보다는 중국 여성문학의 한 특징으로 간주하고 해당 시기의 여성관련 서사를 포괄하는 것이 옳을 것이다.

중국의 사회주의 시기에 여성은 성적 ‘차이’를 드러내기보다는 계급적인 존재로서 사회에 노동력을 제공하는 ‘인재 풀’로 기능했다. 예비

2) Tani E. Barlow ed., *Gender Politics in Modern China*, Duke U. press, 1993, p.2.
3) 盛英 外編, 『二十世紀中國女性文學史』, 天津人民出版社, 1995, 序言.

노동력으로 기능한 주요 대상은 농민과 여성이었으며 이 가운데 (농민) 여성에게는 양육을 담당하는 어머니로서의 역할이 절대 다수의 경우에 여전히 요구되었다.[4] 그렇기 때문에 여성이 가정에서 수행하는 전통적인 아내와 어머니의 역할은 여성이 노동자로서의 정체성을 가지는 것과 충돌할 수밖에 없었으며, 이에 이 글에서는 사회주의 시기 여성의 삶을 이해하기 위해 이 두 범주를 고찰대상으로 삼았다. 즉, '모성'과 '노동자'로서 여성에 관한 담론을 분석대상으로 하여, 1장에서는 중국 사회주의 시기의 '모성'담론을 간략히 일별하고, 2장에서 다시 문화대혁명 시기로 돌아 가 노동자로서 여성상을 딩링의 보고문학작품인 「두완샹[杜晩香]」을 읽어 보고자 한다.

중국현대사를 거슬러 올라가 보면, 계급해방과 여성해방의 문제는 1920년대에 프롤레타리아 계급혁명이 시작된 이래, 상호 보완적인 관계를 유지하기도 했으나, 사회주의정권이 수립된 이후에는 충돌하는 경우가 많았다. 1950년대 후반에 이르자, 당지도부는 공동생산 단위인 '인민공사'를 추진하는 과정에서 여성해방을 위한 독자적인 조직이 더 이상 필요 없다고 간주하였다.[5] 성별에 따른 차별을 당의 주요 업무로 다루지 않으려는 이러한 태도는 1949년 건국 직후의 당지도부의 태도와는 판이한 것이었다. 건국 초기 당지도부는 일부일처제를 정착시키기 위하여 1950년에 제정된 '혼인법'에 준거하여 봉건적인 결혼으로 고통받는 100만 쌍의 이혼 안건을 비준한 바 있었기 때문이다.[6] 그러나 이러한 개혁의지는 사회가 안정화함

---

4) 여성의 부담을 덜어 주었다고 하는 공공양육 설비가 제공된 것은 도시 여성에게 한정된 일이었다. 사회주의 중국의 경우 도시우선 발전 전략을 썼으나 1978년까지 도시인구 유입 억제정책으로 인해 도시화율은 18%에 지나지 않았다(도시인구에 대해서는 이민자, 『중국호구제도와 인구이동』, 폴리테이아, 2007, 26면 참조). 농촌의 경우, 육아기관이 없는 경우가 많았으며 주로 농번기에 노부인들이 돌아가며 품앗이하는 방식으로 육아부담을 덜었다.

5) 엘리자베스 크롤, 김미경·이연주 역, 『중국여성해방운동』, 사계절, 1985, 315면.

6) 이 책의 제1부 제1장에 실린 「1953년 혼인자유 캠페인의 안과 밖」을 참조.

에 따라 변질되었다. 제1차 경제개발 계획이 조기 달성된 1956년을 기점으로 하여 경제조정의 필요가 제기되고, 동시에 자유를 향한 대중들의 욕구가 분출되자, 긴축 조정의 대상이 된 여성들은 항의하였으며, 당지도부는 이들에 대하여 분열주의, 혹은 집단적 이기주의라고 비난하였던 것이다.

신중국에서 당지도부의 정책실행에서 가장 걸림돌이 된 것은 일상 생활영역에 존재하는 가족중심주의였다. 건국 무렵, 당지도부는 전후 인력 보충을 위해 소련과 마찬가지로 다산장려정책을 실시하였다. 한국전쟁을 전후하여 신중국의 여성들은 소련의 여성들처럼 10명의 아이를 낳으면 "영웅적인 어머니[英雄媽媽]"라는 영예와 함께 상금을 받았다.[7] 그러나 여성들이 생산노동에 영향을 주면서까지 아이를 돌보고 집안일에 매일 경우에는 '이기적'인 어머니라고 비판의 대상이 되었다. 사회주의 시기의 '모성'은 국가의 생산, 혹은 재생산 우선정책에 부합하는 경우에는 목소리를 낼 수 있었지만 그것에 위배되는 경우에는 설 자리가 없었다.

1949년 이후 신중국의 여성들에게는 경제 건설 정책의 후원을 받으며 사회적 생산노동에 참여하는 길이 열렸다. 제1차 경제개발계획이 1953년부터 시행됨에 따라 여성들의 일자리는 늘었으며 이에 여성들은 '모성'외에 '노동자'라는 새로운 집단적 정체성을 가지게 되었다. 수입이 적다해도 다수의 여성들은 일자리를 갖고자 했으나, 상대적으로 남성가장들은 종종 육아를 담당해야 할 시기의 여성이 밖으로 나감으로 해서 드는 지출을 우려하며, 잠정적으로 일보다는 가정을 '알뜰하게' 돌보기를 바랬다. 이런 상황에서 여성들은 일자리를 놓치지 않기 위해서 체력이나 정서적인 면에서 여성으로서 겪는 어려움을 드러내는 것을 스스로 억압하게 되었다.

여성들의 사회노동참여는 효과 면에서 양면적이었다. 비록 인력수급 상황에 따라 여성이 가장 먼저 해고되는 '인력 저수지'역할을 담당한

---

7) 『蘇聯婦女』社論, 「光榮歸於母性」, 『新中國婦女』 제6기, 新中國婦女社, 1949, 10~11면.

측면이 있기는 했으나[8] 주부나 어머니로서보다는 '노동자'를 자신의 일차적인 아이덴티티로 갖게 되었기 때문이다.

한편, 해방 이래 자본주의적인 현대화의 길을 걸어 온 한국의 경우, 산업화가 일정 궤도에 오른 1990년대 이후에 이르러 여성에 대한 담론은 양극화되는 양상이 나타났다. 전문적인 직업여성만이 성공한 여성으로 치하되거나, 전업주부를 현모양처로 미화하는 것[9]이 그것인데, 이런 양극화 현상은 한국사회에서 여성이 여전히 '가정'을 중심에 두고 선택적인 담론에 포섭되어 있다는 것을 반증한다. 이러한 양극화된 담론에 균열을 낸 것이 1990년대 여성문학의 특징적인 현상인 '어머니됨(모성)'에 대한 거부이다.[10] 이 시기의 여성작가들은 어머니로 대변되는 삶을 거부하고 불륜과 동성애와 같이 파멸적이고 일탈적인 관계에 스스로 빠지는 형상을 그려 내었다.[11] 『아내의 상자』로 대표되는 이러한 글쓰기는, 90년대 이후 한국 사회에서 '모성'이 소비주의와 결합하여 허위적인 자기위안(신현모양처론, 미씨족)을 하거나 가부장제 이데올로기를 옹호하는 수단으로 활용되어지고 있는 현실을 고려할 때, 여성들의 모성 거부서사가 지니는 의미를 명확하게 보여준다. 가부장제 질서가 여성에게 가하는 억압적인 측면을 가정 속의 여성의 역할 거부, 즉 '모성 거부'라는 전략적 글쓰기를 통해 해체하고자 한 것이다. 신중국의 경우에, 국가가 가정으로부터 여성 '노동자'를 불러내기 위해 남성중심주의를 비판하고 여성의 가족이기주의를 비판하였다면, 한국의 경우에는 여성들 스스로

---

8) 사회주의 시기의 여성노동에 대해서는 진이홍[金一虹]의 글, 「무쇠처녀를 다시 생각한다－중국문화대혁명 시기의 젠더와 노동("鐵姑娘"再思考－中國文化大革命期間的社會性別与勞動)」이 있다. 『社會學研究』 1기, 2006, 참고.

9) 전업주부를 현모양처로 미화하는 대표적인 작품으로 『선택』(이문열, 민음사, 1997), 『부엌데기 사랑』(조양희, 사람과사람, 1996)이 있다.

10) 심진경, 「모성의 서사와 90년대 여성소설의 새로운 길찾기」, 『여성과 사회』 제9호, 한국여성연구소, 1998.6.

11) 대표적인 작품으로 은희경의 『아내의 상자』(문학사상사, 1998)가 있다.

모성파괴적인 언설을 통해 가족주의로 대표되는 성별 억압적인 구조를 해체하고자 하였다.

개혁 · 개방이 시작된 1980년대의 중국의 여성담론은 90년대 한국의 여성주의 서사와는 상반된 경향을 보였다. 문혁 직후의 중국사회는 문혁으로 인해 해체되었던 가정과 인간성을 회복하려는 강한 움직임을 보였는데, 대중 오락물에 있어서 가정회복을 위해 '모성'을 도구적으로 강조하는 서사방식이 출현하였고,[12] 또 이와 다른 층위이지만 일상영역에 있어서 억압되어 온 '여성다움'을 회복하려는 여성들의 심미적인 욕구가 분출되었다. 이는 한국의 90년대 여성문학이 희생의 대명사인 어머니되기를 거부하는 양태를 보인 점과 뚜렷한 차이를 보인다. 외견상 이처럼 80년대와 90년대라는 10년의 시차를 두고 한국과 중국에서는 각각 가정의 해체와 복원이라는 도치된 담론 현상이 출현하였으며, 원인은 양국이 걸어 온 현대사의 경험의 차이에 비롯되었다.

6.4천안문 사태 직후, 희생적인 여성 · 어머니상을 유포시키는 데 결정적인 영향을 미친 드라마 〈갈망[渴望]〉의 포스터

현대 중국의 여성문학은 80년대 초반과 중반에 두 가지 언어를 동시에 구사하였다. 사회주의적 여성해방의 억압성과 피로감을 '여성적 특성'을 드러냄으로써 비판하는 한편, 동

12) 1990년에 방영된 CCTV의 50부작의 대하드라마 『갈망(渴望)』은 리우훼이팡[劉慧芳]이라는 한 여성의 희생을 대가로 문혁 시기의 가족해체와 재결합을 다룬 멜로드라마이다. 전국에 "갈망 신드롬"을 일으킬 정도로 성공적이었던 이 드라마에 대해 중국의 전국 부녀연합은 이 드라마가 중국의 여성해방을 15년이나 후퇴시켰다고 지적한 바 있다. 드라마에 대한 비평은 戴錦華, 『猶在鏡中』, 知識出版社, 1999, 235면 참고.

시에 마오쩌둥 시기 사회주의를 비판하는 당시의 공산당지도부가 허용하는 비판의 선을 넘어서지 않았다. 따이진화는 여성주의를 주장하는 사람들의 이러한 이중성을 사회주의혁명의 궁극적인 의미를 긍정하는 남장영웅인 "무란[木蘭]"스타일에서 벗어나지 못한 것이라고 지적하였고, 여전히 "주류담론의 안내와 제약"을 받는다고 비판하였다.[13] 80년대의 여성작가들이 당지도부에 대한 정면 비판을 삼가고 위험하지 않은 범위 안에서, 즉, 당이 열어놓은 개혁 개방의 길 위에서만 발언하였다는 사실에 대하여 멍위에[孟悅]는 보다 직접적인 비판을 가한다. 그녀는 사회주의적인 평균주의의 문제점과 당의 관료화를 비판에서 제외시킨 점을 문제라고 지적한다.[14]

이러한 지적을 여성주의 작가들의 서사와 관련지어 이해해 보면, 80년대의 여성작가들이 마오쩌둥의 사회주의 체제로 인한 상처를 당지도부나 체체의 문제라고 지적하기 보다는 '남성'에 대한 이상화를 통해 위로받고자 하는, 심미적인 여성주의적 경향으로 정면 비판을 대신한 점을 확인하게 된다.[15]

공산당의 권위를 허무는 담론적인 시도는 1990년대 초, 왕쑤어에 의해 선구적으로 시도된 바 있다. 왕쑤어는 80년대 지식인들이 전매 특허처럼 누려온 '저항'이 오히려 억압에 정당성을 제공한다고 보았다. 이에 그는 1989년 천안문 사태이후에 보수화해가는 사상문화적인 풍토 속에서 자신만의 독특한 '조롱[調侃]'이라는 서사 전략을 통해 사회주의를 우스꽝스럽게 탈권위화시켰다. 드라마 『편집부 이야기(編輯部的故事]』[16]

13) 楊匡漢・孟繁華 編, 『共和國文學50年』, 中國社會科學出版社, 1999, 328~329면.

14) 멍위에는 80년대 지식인들이 인도주의라는 명분하에 자신들이 입은 피해에만 관심을 기울이고, 창의적인 개인의 발전을 억눌러 온 사회주의식 평균주의와 당의 관료주의에 대한 '위험한' 비판은 비켜갔다고 비판한 바 있다. 孟悅・薛毅, 「一個到頭了的啓蒙老故事」, 2002.3, 『天涯』, 30~35면.

15) 이 책 제2부의 제4장에서 분석한 장제[張潔]의 소설 「사랑, 잊을 수 없는 것」이 대표적인 예이다.

를 대표로 하는 이런 유형의 오락물들은 "실제로는 '자기를 무시하면서 남도 또한 무시하는'"[17] 전략을 취하였는데, 이러한 가벼운 글쓰기는 엄숙한 서사를 해체하는 데 유용하였을 뿐만 아니라 혁명서사가 아닌 대중의 일상사를 무대로 올리는 효과가 있었다.[18]

잡지 편집부원들이 무슨 내용을 취재할지를 의논하는 장면, 드라마 〈편집부 이야기〉

포스트 마오시대라고 불리는 개혁개방 시기 대중들의 사유의 중심에는 이러한 과정을 통해 '개인'이 자리잡아가기 시작했다. 이때 검토해야할 것은 포스트 마오시대의 여성들이 어떠한 '개인'이념에 기반하여 자신의 정체성을 재구성하여 갔는가라는 문제이다. 그러나 이는 별도의 자리에서 논할 주제이므로 여기에서는 논외로 하고, '집체주의'의 정점이라 할 수 있는 여성 노동자 형상이 정형화한 문화대혁명을 전후한 시기로 돌아가기로 한다.

16) 왕쑤어가 극본을 쓰고 짜오바오깡[趙寶剛]・진옌[金炎]이 감독한 작품으로 1990年에 방영된 25부작 TV 연속극이다. 최초의 텔레비전용 '소프트 유머 드라마'라고 불린다. http://hk.cnmdb.com/title/12139/(2009년 2월 4일 퍼옴)

17) 胡智鋒, 『影視文化論稿』, 北京廣播學院出版社, 2001, 119면

18) 戴錦華, 『世紀之門』, 社會科學文獻出版社, 1998, 10면.

2. 여성노동자 '두완샹'

1) 옌안의 여성들, 딩링의 '유감'

전통 사회에서 여성은 땅, 남성은 하늘로 표현되었다. 남녀간의 성별 질서는 음양의 논리를 빌어 '하늘이란 도망칠 수 없는 것이며 따라서 지아비도 떠날 수가 없다'고 정의되었으며, '열녀가 두 지아비를 섬기지 않는 것'은 '충신이 두 임금을 섬기지 않는 것'과 마찬가지로 중시되었다.[19] 사회주의 시기에 여성은 땅에서 하늘로 격상되어 하늘의 반쪽을 차지하는 '하늘의 절반[半邊天]'이라고 새롭게 명명되었다. 이러한 사회주의 시기를 대표하는 형상의 하나가 딩링의 '두완샹'이다. 이 절에서는 사회주의 여성 형상의 전형이자 딩링이 창조한 마지막 여성상인 '두완샹'이란 인물을 중심으로 노동자로서의 여성상을 살펴보고자 한다.

『어머니』를 창작한 이후에 딩링은 국민당에 의한 연금과 탈출 등 일신상에 많은 변화를 겪었다.[20] 연금 상태에서 탈출한 딩링은 1936년에 공산당이 통치하는 옌안[延安]의 소비에트로 가서 민주적인 명사로 환영을 받으며 새로운 생활을 시작하였다. 그러나 옌안에서의 체험을 토대로 하여 쓴 수필인 「3·8절 소감[三八節有感]」(3월 8일은 여성의 날)은 "'여성'이라는 이 두 글자, 도대체 어느 시대가 되어야 중시되지 않고, 특별하게 취급되지 않을 수 있단 말인가?"로 시작된다.[21]

격한 어조로 시작되는 이 수필은 딩링의 문학생애에서 뚜렷한 전환

19) 박용옥, 『李朝 女性史』, 한국일보사, 1976, 9면.
20) 딩링은 1933년 5월에 국민당에 의해 체포되었지만 처형되지 않고 3년 동안 저술이 금지된 채 연금생활을 하였다.
21) 林呐 外編, 『丁玲散文選集』, 百花文藝出版社, 1991, 231면.

점이 된 글이다. 1942년 마오쩌둥이 문예계를 비판한 「옌안 문예 좌담회에서의 연설」을 직접 야기한 글일 뿐만 아니라, 「소피의 일기」이래 딩링의 여성의 삶에 대한 고민이 현실에 대해 가장 노골적으로, 그리고 마지막으로 발언한 것이기 때문이다.

「3·8절 소감」에서 딩링은 먼저 옌안이라는 곳이 갖고 있는 특별한 의미를 환기시켰다. 아픈 과거를 가진 사람들이 꿈을 품고 온 곳이 옌안이며, 여성에게 있어서 옌안행은 더욱 절박한 엑소더스였다는 점을 언급하였다. 그러나 사회적 활동에 참여하고 있는 옌안의 여성이라고 해서 특별한 배려가 있느냐에 대해서 딩링은 다음과 같이 서술하였다.

> 여자들은 또한 (세상에-인용자) '뒤떨어질까'봐 두려워 사방으로 분주하게 뛰어 다닌다. 그러면서 뻔뻔하게 아이를 탁아소에 맡길 것을 요구하고 자궁을 긁어내며, 심지어 징계를 당하게 된다 하더라도 뾰족한 대안이 없기 때문에 생명의 위험을 감수하고 몰래 낙태약을 먹는다. 그러나 그들에게 돌아오는 반응은 다음과 같은 것이다. "아이를 기르는 것도 일이 아닌가? 당신들은 오로지 제 몸 하나 편할 것만을 생각하고 사회에서 성공하려고 드는데 당신들이 도대체 무슨 대단한 정치적 업적을 이루어 본 적이나 있는가! 이렇게 아이 낳는 것을 두려워하고 또 낳고서 책임을 지려고 하지 않을 바에야 누가 당신들더러 결혼하라고 했느냐?" 이렇게 해서 그들은 '뒤쳐지는' 운명을 면할 수 없게 된다. 능력있는 여성이 자신의 일을 희생하고 현모양처가 되려고 할 때, 그들은 줄곧 사람들로부터 칭송을 받지만, 10여 년이 지나면 예외 없이 시대에 뒤떨어지는 비극을 벗어날 수 없다.[22]

육아와 직장을 병행하는 기혼여성의 어려움을 토로하며, 딩링은 옌안도

---

22) 위의 책, 233면.

이런 문제에 대해서는 이전의 사회와 다를 바 없음에 실망을 표하고 있다.

딩링은 이와 같이 기혼여성이 집으로 돌아온 '노라'가 될 수 밖에 없는 곤경을 드러내는 한편, 여성이 결혼을 미루거나 독신으로 남아 있을 경우 역시 타인의 시선에 의한 괴롭힘을 겪는다는 점을 지적했다. 미혼인 그녀가 촌놈 출신의 고급 군간부와 결혼하는지, 아니면 힘없는 먹물 예술가와 결혼하는가를 둘러싸고 남자들의 영원한 입방아에 오르내리고 결혼을 하지 않으면 어떤 문제가 있을 것이라고, '특별하게' 다루어지는 데에 분노를 표했다.[23]

자전적인 일에 속하는 일로서, 이 글을 쓰기 한 달 전인 1942년 2월에 딩링은 세 번째 남편격인 천밍[陳明]과 결혼을 하였다. 그녀에게는 첫 남편 후예핀[胡也頻], 그리고 국민당에 연금되어 있던 시절에 동거했던 펑다[馮達]가 있었고,[24] 세 번째 남성을 옌안에서 만났는데, 상대는 결혼한 지 채 1년이 안 된 신혼생활 중이던 12년 연하의 연극배우 천밍이었다. 결혼식도 하객도 없이 이루어진 딩링과 천밍의 결혼으로 인해 딩링이 구설수에 올랐음은 물론이다.[25]

당시 옌안이라는 곳은 이곳을 빠져 나가는 지식인과 모여드는 지식인, 그리고 제도가 정비중인 탓에 유동적이고 실험적인 상황이었다. 그런 만큼 결혼 생활에도 변화가 많아 남성 간부들 가운데는 조강지처를 버리고 도시에서 만난 젊고 혁명의 꿈에 가득 찬 여성과 결혼하는 경우가 빈번했다. 버림받는 아내들은 가정과 일에 지쳐 매력없게 '푹 퍼진 아줌마'라는 이유로 남편들로부터 이혼을 당했다. 딩링은 이러한 현실에 분노하며 「3·8절 소감」에서 남성들이 여성에게 요구하는 이중 잣대, 곧 성적 매력

---

23) 위의 책, 231~232면.

24) 딩링을 만날 때 26세였던 펑다는 원래 미국인 기자인 아그네스 스메들리의 번역 비서였다. 조나단 스펜스, 정영무 역, 『천안문』, 이산, 280~282면.

25) 쭝청, 김미란 역, 『딩링』, 다섯수레, 1998, 207~211면. (원본은 宗誠, 『風雨人生－丁玲傳』, 中國文獻出版公司, 1988)

과 능력에 대한 요구가 얼마나 자기중심적인가를 비판하였다. 비록 딩링 자신의 개인사로 인해 표현의 강도가 격해진 감이 없지는 않으나 「3·8절 소감」은 '해방구'라고 하는 옌안에서 여성들이 명분과 현실사이에서 겪는 커다란 간극을 지적하였다는 점에서 의미가 있는 글이었다.

이 글이 발표된 이후 마오쩌둥은 사상 교육 캠페인[整風]을 벌여 딩링에게 자아비판을 요구했고 딩링은 자아비판을 하였다.

> (이 문장은—인용자) 확실히 "남자에게 기대지 말고 스스로 분투하라"는 뉘앙스가 있다. 나는 이것이 잘못되었다고 생각한다. 중국인구의 반을 차지하는 남자가 여성해방에 참여하지 않고 여성이 남성과 힘을 합하지 않는다면 완전한 해방은 불가능하기 때문이다.[26]

입장을 철회할 때, 딩링은 프롤레타리아 계급해방이라는 관점에 입각하여 자신이 분파주의적인 관점을 지녔다고 비판하였다. 억압기제로서 '계급과 성별'을 어떤 관계로 보아야 할 것인가의 문제는 오늘날까지도 논쟁거리이지만, 계급개념에 기초한 맑스주의의 일원론적인 틀 안에서 근본적인 해결은 불가능했다. 여성억압에 대한 엥겔스의 해결책은 "여성이 사적인 가사영역에 제한되지 않고, 공적인 산업으로 변화될 공적인 노동력 속으로 완전히 들어가는 것"이었으며,[27] 마오쩌둥 역시 이 관점을 견지하였다. 그러나 토지개혁이 실행되어 여성도 재산권과 초보적인 노동권을 가질 수 있었던 옌안에서 딩링은 성별에 따른 억압이 여전히 존재한다고 보았다.

여성해방을 계급해방적인 관점에서만 접근할 경우, '성적 차별'에 대한 문제제기는 물론 여성해방의 독자적인 존립 근거도 사라진다. 1958

26) 朱鴻召 編, 『王實味文存』, 上海三聯書店, 1998, 204면.
27) 조세핀 도노번, 김익두 외역, 『페미니즘 이론』, 문예출판사, 1993, 141면.

1955년부터 1975년 20년 동안 우파분자로 비판받던 당시의 딩링모습(위) 앞줄 가운데가 딩링이다. 영하 40도의 날씨에 3년간 살았던 '외양간'이라 불리는 초가집(아래)

년에 마오쩌둥이 추진한 대약진[28](大躍進) 운동 초기에, 전국적인 여성 조직인 부녀연합은 여성이 사회적 생산에 참여할 것을 강조하면서 "이 선결조건이 여성해방과업에서 우선순위를 차지한다"는 것을 강조하였다.[29] 그 결과 더 이상 여성만을 위한 조직은 필요 없다는 인식이 조성되어 1961년에 일부 여성조직이 폐지되기에 이르렀다.

자아비판을 한 뒤로 딩링은 여성을 '해방된' 계급적 존재라는 관점에서 묘사하였다. 그녀는 『어머니』에서와 같이 남자에게 기대지 않고 분투하는 여성을 더 이상 묘사하지 않았으며, 일본군에게 강간을 당한 뒤 두 나라 사이에서 이중의 스파이노릇을 하던 젊은 여성을 그린 『내가 안개마을에 있을 때[我在霞村的時候]』(1940)와 같이, '여성'이기 때문에 겪는 고통에 대해서는 더 이상 발언하지 않았다. 그 후 딩링은 1957년에 '책 한권 주의[一本書主義]'라는 출세주의를 전파했다는 이유로 우파로 분류되어 오랜 유배 생활을 하게 된다. 유배 기간중에 씌어진 보고문학 『두완샹』(1967)은 이러한 계급적 관점에서 만들어진 여성상이다.

2) 문화대혁명 시기의 여성 노동 영웅

두완샹은 남편을 따라 추운 베이따황[北大荒]의 농장개간지로 온 젊은 아낙이다. 낯선 땅으로 온 그녀의 일상은 남편을 기다리며 바쁠 것 없는 신혼 살림을 하는 것이다. 남편과 그녀의 일상은 이런 식이다.

---

28) 마오쩌둥이 1957년 말부터 추진한 급진적인 공업화 정책을 가리키며, 1958년 이후에 정치·경제가 일체화된 대규모의 집단적인 조직인 인민공사(人民公社)로 발전되었다. 마오는 당시 국제정세와 모스크바 방문을 계기로 하여 사회주의체제를 안정시킬 수 있는 경제발전이 필요하다고 판단하고 15년 안에 영국을 따라 잡는다는 구호 하에 대약진운동을 추진하였다.

29) 엘리자베스 크롤, 김미경·이연주 역, 『中國女性解放運動』, 사계절, 1985, 315면.

일하는 젊은 남녀의 모습은 문혁 시기 그림에서 가장 자주 볼 수 있는 모습이다.

> 그(남편)는 집으로 돌아와 그녀가 밥 차려 주기를 기다렸다가 밥을 먹고는 또 나갔다. 그는 친구들을 찾아가 이야기를 나누며 껄껄거리거나 종종 포커나 바둑을 두었지만 그녀와 이야기하는 법은 없었다.[30]

자연히 두완샹은 집에서 밥하는 일 말고는 할 일이 없는 무료한 생활을 해야 했다. 하지만 트랙터 기사인 남편이 자신을 상대해 주지 않는다고 해서 그녀가 반감을 품는 일은 결코 일어나지 않았다. 오히려 그녀는 한국전쟁에 참전하여 외국에 다녀 온 경험이 있을 뿐만 아니라 첨단 기술의 상징인 트랙터를 모는 남편에 대해 존경과 애모의 감정을 갖고 있었다. 그런 생활을 하던 얼마 후, 그녀는 상부에 일거리를 달라고 요청하였고, 일자리를 갖게 된 그녀는 비로소 활기 넘치는 생활을 하게 된다.

30) 晨光 編, 『丁玲女性小說金作』 下, 湖南文襄出版社, 1995, 640면.

의식주 생활을 배급받은 표로 해결해야 하는 집단주의 체제에서 표는 몹시 중요한 것이었다. '각오표'(위)는 금액으로 환산할 수 없는 것으로 '목숨 다음 가는 것'이라 할 수 있는데, 정치적 각성을 한 인물에게 주는 칭찬의 표였다. 분뇨수거용인 '분표'(중간)는 농민들이 거름을 모으는데 필수적인 것으로 농민의 주요 재원이 되었고, 마지막 물표는 확실치 않으나 가뭄지역 배급용인 것으로 추측된다. **許善斌,『證照中國 1949~1966』, 華文出版社, 2007, 112면.**

일자리를 얻은 뒤 두완샹은 일을 하면서도 기쁨에 넘쳐 피곤을 느끼지 못하였고 배고픈 줄도 몰랐다. 다들 쉴 때 그녀는 쉬지 않았으며 다들 밥을 먹을 때도 쉬지 않고 부지런히 손을 놀렸다. 원래 산에서 벌목을 하고 들풀을 베거나 돌덩이를 캐서 둑을 막는 일은 선발된 젊고 건장한 남성들이 할 수 있는 일이었다. 그러나 일단 노동의 세계에 발을 들여 놓은 두완샹은 젊은 남자들과 똑같이 무거운 돌덩이를 날라 둑을 쌓고 벌목을 하였다. 이렇게 겨울이 가고 여름이 오고 다시 해가 바뀌었을 때, 두완샹은 "평범한 위치에서 결코 평범하다 할 수 없는 일을 이루어 내었다."[31]

두완샹의 태도는 주위 사람들로부터 경이와 칭송의 대상이 되었고 마침내 그녀는 농장 전체를 관할하는 집표원이 되었다. 의식주를 표로 지급받는 사회라는 점을 생각할 때 상당한 지위에 오르게 된 것이다. 일을 맡은 후, 그녀는 몸을 아끼지 않는 부지런함과 열정을 발휘하였을 뿐만 아니라 정의감으로 가득 차 있었는데 아래의 일화는 그러한 두완샹의 품성을 잘 보여주는 대목이다.

> 수확이 좋지 않았던 그 해에 농장은 공급이 수요에 미치지 못하였다.(…중략…) 추수가 끝난 뒤 많은 사람들은 이삭을 벤 논에 낟알을 주우러 갔다. 직원들은 쉬는 시간을 이용해서 낟알을 주웠고 밤이 되면 큰 부대 작은 부대에 채워 집으로 지고 갔다. 두완샹도 그들을 따라 가 부지런히 손을 놀린 덕에 남들보다 많이 주웠다. 그녀는 주운 콩과 보리를 각각 마대에 담아 농장의 보관소로 지고 갔다. 그러자 사람들은 그녀의 살 집 없는 마른 등에다 대고 멍청하다고 비웃었으며 어떤 이들은 잘난 척한다고 욕을 했다. 집 안에서도 갈등이 생겼다. 시어머니는 어디 시어미가 며느리한테 밥을 해다 바치는 법이 있느냐고 불끈하며 밥 짓는 것을 거부하였다.(…중략…) 그러자 두완샹은 "이것은 국가

31) 위의 책, 649면.

의 곡식이예요. 우리는 국영농장의 일꾼으로서 6억 인구를 생각해야 해요! 우리 농장 직원들의 식량표준은 다른 어떤 지역보다 많이 배당되어 있다구요"라고 대답하였고 이에 순간 다들 눈이 휘둥그래졌다. 왜소한 두완샹이 오히려 많은 사람들에게 영향을 끼쳤고 이에 소학교의 학생들까지도 무리를 지어 국가를 위해 낱알을 주으러 갔다.[32]

정의감과 희생정신, 그리고 강인함과 근면함은 두완샹의 품성이었다. 딩링의 표현대로 "그녀는 그렇게 하루가 다르게 위대하고 고상하며 순수한 품성"[33]을 내면화해 갔다. 남들보다 왜소한 체구임에도 그녀는 육체적으로 남자들과 똑 같은 노동을 감당하였을 뿐만 아니라 정신적으로도 정의감이 가득 찬 모범적인 인물이었다. 이러한 인물형상이 출현할 수 있었던 이유에 대하여 따이진화는 다음과 같이 설명한다. 즉 사회주의는 "문화・심리적 각도가 아닌 정치・경제적 각도에서 남녀 양성의 사회적 지위의 평등을 긍정"[34]하였기 때문이다.

두완샹은 국경지역인 동북지역의 변방 개간을 위해 만들어진 농장에서 일하는 여성이다. 사회주의 중국은 국경의 안보와 경제개발이라는 두 가지 목적을 달성하기 위하여 대대적인 황무지 개간사업을 벌였는데, 개간지의 노동력은 타지로부터의 이주를 통해 충당되었다. 이러한 노동정책에 따라 여성들은 노동영역이 확장되는 한편 새로운 계층 분화를 경험하게 되는데 두완샹은 이러한 사회적 변화를 반영한 인물형상이다. 여성 노동자로서 두완샹의 형상을 맥락화하기 위해서는 당시의 노동정책과 여성의 관계를 살펴 볼 필요가 있는데 아래에서는 소략하게 사회주의 시기의 여성노동에 대해 검토해 보고자 한다.

32) 위의 책, 651면.
33) 晨光 編, 『丁玲女性小說金作』 下, 湖南文藝出版社, 1995, 652면.
34) 戴錦華, 『浮出歷史地表』, 『共和國文學50年』(孟繁華 編), 中國社會科學出版社 314면에서 재인용.

3) 사회주의 시기 여성 취업정책의 양면성

1950년대부터 80년대까지 중국여성의 사회적인 노동참여를 분석한 진이훙[金一虹]은 사회주의 노동정책의 틀을 "도시 여성을 1급 저수지로 하고 농민을 2급 저수지로 하는, 계획적으로 노동력을 조절하는 방식"이었다고 설명한다.[35] 그녀는 이 인력 풀 시스템이 도시경제에서 공업분야의 예비 인력을 조달하는 방식과 비교할 때 훨씬 더 강제적인 특징을 띠었다는 점을 지적하면서, 그 동원과정에 수반된 것이 노동 분업에 있어서 '성별의 제거화'현상이었다고 한다.[36] 성별 제거화란 여성들이 참여하는 직업영역이 부단히 확대됨에 따라 여성들이 남성들이 하는 노동과 섞이는 것을 말한다.

당지도부의 노동자 고용 배정시스템은 50년대 말 대약진 시기에 공업분야에서부터 시작되었다. '사람마다 할 일이 있고 집집마다 노는 사람이 없어야 한다.'는 구호로 시작된 이 방침은 80년대에 이르러 기본적인 틀이 완성되었는데 여성들이 다양한 분야에서 일할 수 있게 된 것은 이 통일적인 배정시스템과 밀접한 관련이 있었다. 이 정책이 실시되자 국영 기업의 여성노동력은 대약진 시기(1958~1960)에 이르러 전년대비 3배 이상 폭증하였고, 여성의 취업은 단지 수적 증가에 그치지 않고 취업 영역면에서 부단히 확대되었다. 중국 최초의 '3 · 8여성측량대'와 최초의 여성 용광로 팀장, 건축공사장에서 최초의 여성 벽돌공 등이 이 시기에 탄생하였던 것이다.[37]

이러한 계획적인 여성고용기회의 확대에 대하여 여성노동 연구가인

---

35) 金一虹, 「"鐵姑娘"再思考－中國文化大革命期間的社會性別与勞動」, 『社會學研究』 1기, 2006, 170면.

36) 위의 글.

37) 위의 글.

장융핑[蔣永萍]은 다음과 같이 평가한다. 이 시스템으로 인해 도시 여성에게 있어서 취업은 선택의 여지가 없는 권리이자 의무가 되었으며, 여성의 취업권리에 대한 보장이 이루어졌다. 그리고 사회 전반에 걸쳐 남녀평등 의식이 확산되었으므로, 이 제도는 여성의 사회경제적 지위 향상에 대단히 중요한 의미를 지닌다.[38)]

한편, 이러한 긍정적인 평가에 대하여 진이홍은 다음과 같이 이의를 제기한다.

> 계획경제의 통일분배 고용체제를 이해하려고 한다면, 단지 50년대에 출현한 업종간의 성별 구분 철폐만을 보는 것만으로는 불충분하다. 이와 동시에 직업의 성별 분층화가 병행적으로 추진되었다는 사실을 고려해야 하기 때문이다. 직업적인 측면에서 볼 때, 여성 직업구성의 저층화는 일관된 경향이었으므로, 이러한 사회적 노동분업제에 따라 여성의 노동참여는 보조적이고 주변적인 단계에서부터 시작되었다. 여성들은 중공업분야에서 주로 서비스 업무와 보조적인 일에 종사했다. 공업생산분야에서 여성이 각 분야에 고루 종사했다고는 하나, 기술 수준이 높다고 여겨지는 분야는 기본적으로 여전히 남성들에 의해 장악되어 있었다.[39)]

장융핑이 지적한 바와 같이 사회주의 시기의 여성노동이 여성들에게 남녀평등의식을 확산시킨 것은 긍정적으로 평가할 만한 내용이다. 그러나 평등은 성별 분층화를 내용으로 한 것이었으며 두완샹처럼 '거칠지만 기술이 필요없는' 일을 하는 저층화된 여성노동력을 양산하였다는 점 또한 간과되어서는 안 된다. 진이홍은 변방지역의 여성노동이 어떻게 추진되었는가를 다음과 같이 설명한다.

---

38) 위의 글, 172면.
39) 위의 글, 173면.

하얼빈시 노동부의 한 보고서는 건축공사 현장에 투입된 여성이 하는 일이 땅 파기, 다지기, 흙덩이로 메꾸기, 돌 씻어내기, 목재운반, 콘크리트 반죽하기 등 14가지 항목이라고 보고한 바 있다. 이와 같이 힘들고 거칠지만 기술이 필요없는 '잡일'이었으므로, 설사 여성들이 일부 전통적인 남성 영역에 진출했다 해도 결코 '남녀가 모두 같은' 것은 아니었다.[40]

또한 이러한 노동참여 과정은 자발적이라기보다는 의무에 가까웠다. 그럼에도 불구하고 여성들은 이러한 정책을 통해서라도 얻게 된 경제활동의 기회를 잃고 싶어하지 않았다. 두 가지를 병행하는 과정에서 여성들은 주류 담론과 같은 태도로 '남자가 할 수 있는 일은 여자도 할 수 있다'고 말하였으며, 출산과 양육, 그리고 가정 내의 역할로 인한 부담을 드러내는 것을 꺼려하였다. 그 결과 여성의 일이라고 여겨지는 가사는 '사적'이며 '개인적인 것'으로 간주되었고 여성들은 어려움을 드러내는 것을 '열등함'을 인정하는 것으로 생각하여 여성 스스로 자기검열을 통해 억압하는 분위기가 조성되었다.[41]

3. 두완샹에 이르는 길, 문학과 정치사이

홍즈청[洪子誠]은 사회주의 사회의 영웅의 특성을 高[고상]·全[순수]·大[위대]라는 말로 요약하였다.[42] 그러나 고상하고 순수하며 위대하다는

40) 위의 글.
41) 엘리자베스 크롤, 김미경·이연주 역, 『中國女性解放運動』, 사계절, 1985, 53면.
42) 洪子誠, 『中國當代文學史』, 北京大學出版社, 1999, 188면.

것은 인물의 '성격'이 아니라 도덕적인 '품성'에 속하는 덕목이다. 일반적으로 인물의 형상을 묘사하는 데는 두 가지 범주가 있을 수 있는데, 도덕적인 '품성'과 '성격'이라고 일컬어지는 심리적 특성이 그것이다. '품성'에는 도덕적인 포폄이 담겨 있으며 정직함과 공정, 이타심 등이 포함되며 성별과 무관한 반면, '성격'은 독립성과 의지력, 야심, 겸손, 직관, 부드러움 등을 포함하며 가치평가와는 무관하고 성별과 밀접한 관련을 갖는다.

이런 점을 고려할 때 위에서 언급한 세 가지 미덕을 갖춘 두완샹의 '성격'은 도덕적 '품성'으로 대치되어 있다고 볼 수 있다. 그녀가 왜소하고 마른 듯한 여성의 몸을 지녔다는 외형상의 특징을 제외하면 작품에는 그 어떤 개인적인 취향이나 특성이 드러나 있지 않다. 그녀는 시댁 식구들과 함께 하는 일상적인 생활 속에서 갈등을 느끼지 않는다. 설사 갈등이 발생한다 해도 그것은 떨어진 낟알을 줍는 일화에서 드러난 것처럼 '가족 이기주의'라는 또 다른 도덕관념과의 충돌일 뿐이다.

일본의 딩링 연구가인 타바다 사와코[田畑佐和子]는 『두완샹』에서 딩링이 "여성을 그렸을 뿐이지 여성운동을 다루지 않았다"고 언급한 바 있다.[43] 그녀에 따르면 1960년대의 냉전 시기에 딩링은 미국에서 활발하게 일어나고 있던 여성운동에 대해 전혀 들은 바가 없었을 뿐만 아니라, 정치적으로 복권된 이후에도 자신은 "여성운동에 대해서 관심이 없다"고 밝혔다.[44] 이와 같이 딩링은 1942년에 자기비판을 한 이래, 『두완샹』을 출판할 무렵인 1979년, 문화대혁명이 이미 끝난 시점에도 여성문제에 별도의 관심을 갖고 있지 않았을 뿐만 아니라 그 필요성까지 부인하였다.

딩링이 어떠한 사유를 통해 이러한 변화에 이르렀는가를 천착하는 것은 쉽지 않다. 우파 비판 운동[45]과 문화대혁명에 대한 기술이 오늘날

---

43) 李小江, 『女性?主義』, 江蘇人民出版社, 2000, 124면.

44) 위의 책.

까지도 객관적일 수 없고, 설사 비공개 자료가 개방되어 객관적인 연구 분위기가 조성된다 할지라도 문화대혁명 기간은 작가가 내적인 심경을 기록할 수 있는 상황이 아니었기 때문이다. 그럼에도 불구하고 시대의 주도적인 흐름과 작가 내면의 기록이라는 두 측면을 추적함으로써 딩링이 『두완샹』을 창작하기에 이르는 길을 추론해 볼 필요는 있을 것이다.

딩링의 글쓰기에서 전환점이 되었던 1942년 무렵 딩링의 사유를 문헌 자료에 근거하여 이해하는 것은 거의 불가능하다. 1942년에 딩링과 함께 비판 대상에 올랐던 왕스웨이[王實味]는 옌안문예 좌담회 이후에 그가 쓴 글로 인해서 목숨을 잃었다.46) 이를 계기로 하여 계급문학에서 문학창작은 더 이상 개인의 창작의 자유영역으로 남아 있지 않게 되었는데, 딩링이 비판을 받은 1942년 4월 직후에 쓴 아래의 글은 우회적이기는 하지만 당시 그녀의 고민의 깊이를 말해 준다.

> 어제 나는 또 쓰라리게 츄바이[秋白]를 생각했다. 그는 그렇게 오랫동안 정치생활을 했으면서도 도무지 자기를 철저하게 개조하지 못하였다. 그의 그런 이중적인 생활은 그가 사형을 당하기 전에 그런 호소를 할 수밖에 없도록 만들었다. 나는 그가 죽기 전에 쓴 「쓸데없는 말」을 줄곧 비난했었다. 하지만 **그가 겪었을 내면의 갈등의 역사를 가슴으로 느끼니, 오히려 가슴이 저려오는 것을 피할 수가 없다. 설사 그것이 전체 가운데 극히 작은 부분이었다 할지라도.**47)(강조는 인용자)

취츄바이[瞿秋白]가 남긴 「쓸 데 없는 말[多語的話]」은 그가 처형되기 전에 감옥에서 쓴 글이다. 마오쩌둥이 옌안으로 장정을 떠나기 전에 츄

45) 사상적으로 자유로웠던 1956년의 백가쟁명(百家爭鳴) 시기에 당에 대한 불만과 비판을 표했던 지식인들을 1957년 이후에 당이 비판한 사건.

46) 왕스웨이는 심사 결과 트로츠기 분자로 판결받아 1947년 7월에 비밀리에 처형되었다. 黃昌勇, 『王實味傳』, 河南人民出版社, 2000, 286면.

47) 林呐 外編, 『丁玲散文選集』, 百花文藝出版社, 1991, 48면.

바이는 공산당과 국민당 양쪽으로부터 배척받는 상황에 놓여 있었다. 그는 자신이 장정에서 배제되어 쟝시([江西]-강서성) 소비에트에 남겨진다는 것이 얼마 안 있어 쟝시를 점령할 국민당에게 죽임을 당하는 것을 의미한다는 것을 알고 있었다.

처형되기 직전에 삭발한 취츄바이

취츄바이는 체포되어 운명을 체념한 상태에서 「쓸 데 없는 말」을 썼다. 이 글에서 그는 마치 빈 무대처럼 삶이 허무하고 정치생활에 염증이 나며, 왜 자신이 사랑하던 문학의 길을 벗어났던가라고 후회하는 내용을 남겼다.

곤경에 처한 딩링은 처형 직전의 츄바이를 떠올렸다. 그녀가 비판을 받은 뒤 츄바이를 떠올렸다는 것은 이제껏 걸어왔던 작가로서의 길과 현실 정치가 그녀의 내면에서 충돌을 일으키고 있음을 간접적으로 표현한 것에 다름 아니다. 인용문에 나타난 바와 같이 그녀는 츄바이를 이해하면서도 「쓸 데 없는 말」 자체는 비판하였다. 이 비판은 아마도 딩링 자신이 정치혁명의 근거지인 옌안에서 작가이자 활동가로 살아온 이상 자기사상을 표현하는 한 개인으로서의 작가적 사고방식을 더 이상 앞으로 견지할 수 없으리라는 판단을 하였기 때문인 것으로 보인다. 딩링의 이러한 기록은 역으로 딩링 자신이 츄바이와 같은 상황에 처한다면 그와는 다른 방식으로 대응하겠다는 암시로 읽어도 무방할 것이다.

갈림길에서 딩링은 정치를 택하였다. 1937,8년 이래 1941년까지 그녀는 작가가 진정성을 지녀야하며 조급하게 마음먹지 말고 공식화된 글쓰기를 경계해야 한다고 주장했었다.[48] 그러나 비판을 받은 후인 「입장문제에 대한 나의 견해[關于立場間題的我見]」(1942.6)에서는 제재와 입장의 중요성을 인정하는 입장을 밝혔다. 그녀의 후기 창작가운데 『외양간 소품(牛棚小品)』[49]에 보이는 다소간의 비판적인 발언을 제외한다면 딩링은 세상을 뜰 때까지 계급혁명에 충실하고자 하는 글쓰기 밖으로 발을 내딛지 않았다고 하겠다.

문화대혁명은 의식개혁을 통해 기득권층과 기성의 권위를 타파하고자 한 운동이었다. 같은 시기에 일어난 서구의 '6·8운동'이 이념적으로 좌와 우를 가리지 않고 기성세대에 저항한 아래로부터의 자발적인 운동이었던 것과 비교할 때,[50] 문화대혁명은 기존 좌파정권에 대하여 마오쩌둥이라는 좌파 정권이 비판을 선도하였다는 점에서 서구와 구별된다. 문화대혁명은 '새로운 사회주의적 인간의 창출'[51]이라는 이상을 모토로 하였고, 두완샹은 그러한 시대의 상징에 조응하여 '혁명을 격발시키기 위한 낭만적 형상'으로 만들어졌다. 그 결과 두완샹의 형상은 개인적인 세세한 체험은 사라지고 이상주의적인 상징만으로 구성되어졌다. 즉, 문화대혁명 시기의 창작이 "보통의 실제 생활보다 더 높고, 더 강렬하고, 더 집중적이고 보다 전형적이며, 더욱 이상적인 전형화 방법"을 채택한 것과 두완샹은 궤를 같이 하였던 것이다.[52]

이러한 창작분위기에서는 인물의 성별이 창작의 목적과 직접적인 상

48) 「작가와 대중[作家與大衆]」(1940.5)에서 딩링은 "작가는 동시대의 문화수준 밑으로 처져서는 안 되며 세세하게 기교에 매달리는 기술자가 되지 말고 마땅히 기술을 능숙하게 활용하는 자가 되어야" 한다는 플로베르의 말을 인용하며 예술적 기교의 중요성을 강조하였다. 또한 「문예그룹에 있어서의 어떤 문제[怎麽樣的問題在文藝小組中]」(1941.2.25)에서 작가의 조급증을 비판하며 공식화된 작품을 쓰지 말 것을 요구했다. 張炯 編, 『丁玲全集』, 河北人民出版社, 2001.

49) 딩링이 베이따황[北大荒]으로 노동개조를 위해 보내어졌을 때 쓴 글이며 사회주의 이념의 허위성을 비판한 대목이 들어 있다. 문화대혁명이 끝난 뒤 권위있는 작품상인 "10월 문예상"을 수상한 작품이다.

50) 강정석, 「미국-도덕적 분노에서 급진적 전망으로」, 『역사비평』 여름호, 2000, 196~197면.

51) 조지 카치아피카스, 이재원·이종태 역, 『신좌파의 상상력』, 이후, 1999, 116~117면.

52) 洪子誠, 『中國當代文學史』, 北京大學出版社, 1999, 188면.

관이 없었다. 따라서 『두완샹』은 여성을 형상화하였다고는 하나 개인적 성격이 거세된 '중성화'된 인물로 형상화될 수밖에 없었으며 문화대혁명이 종결되자 작가들은 현실과 이상의 괴리를 드러내는 작품을 써 내었고, 성별의 문제는 계급이라는 외피를 뚫고 조심스럽게 수면위로 떠오르기 시작했다.

제4장 개혁개방 시기

불완전한 전복의 서사, 「사랑, 잊을 수 없는 것」

1. 재난 이후의 '애가(哀歌)'

1990년대의 '성'담론이 개인주의화 · 상업화와 관련이 깊었다고 한다면, 문화대혁명이 갓 종식된 1980년대 전후의 성담론은 금지된 구역에 대한 도전문제와 관련되어 있었다.

여성들이 글쓰기를 통해 문화대혁명을 서사화하는 것은 문혁의 종식과 동시에 이루어졌다. 이 시기에 등장한 '상처문학(傷痕文學)'이라 불리는 작품들 가운데 단편소설 「사랑, 잊을 수 없는 것」은 상처문학을 대표하는 작품이다. 포스트마오 시대의 여성주의의 등장을 선도했던 리샤오쟝[李小江]은 여성의식의 출발점인 여성들 사이의 동류의식은 집단논리로부터 인식론적인 독립이 이루어질 때 가능하다고 지적한 바 있다.[1]

---

1) 李小江, 「改革與中國女性群體意識的覺醒」, 『社會科學戰線』 제4기, 1988.

여기에서 집단논리라고 하는 것은 계급 이데올로기를 가리키며 「사랑, 잊을 수 없는 것」은 '성'의 문제를 통해 계급이데올로기의 억압성에 의문을 던진 작품이다. 저자 장제[張潔]는 작품에서 유토피아적인 이념의 순결성을 전제하고 그러한 순결성을 구현한 어머니의 사랑을 긍정한다. 그러나 장제가 전제하고 있는 이념적인 순결성이란 절대적인 신념에 가까운 것으로서, 오히려 저자 자신이 비판하고자 했던 바, 문화대혁명 시기에 당지도부가 대중에게 끝없이 요구했던 절대적인 이념에서 멀리 벗어나 있지 않았다.

서사 기법면에서 볼 때, 상처문학의 특징은 현실과 이상을 분리시킴으로써 절대적인 이념을 손상시키지 않는 한도 내에서 정의로운 인간의 좌절을 묘사한다는 데 있다. 숭고한 것이 패배하는 데에 따른 비장미를 느끼도록 한 이러한 배치는 「사랑, 잊을 수 없는 것」이 취하고 있는 서사기법이며, 바로 그러한 시대적 특징 때문에 이 작품을 분석대상으로 선택하였다. 그러나 이러한 상처문학 계열의 작품이 지닌 '이상주의의 좌절'이라는 특성에 대해서는 이미 문학연구자들 사이에서 모종의 합의된 평가가 이루어진 바 있다. 원론적으로 '비극'이 존재할 수 없는 사회주의 문학계에 있어서 '상처문학'이 "중국 현대문학사상, 최초라 할 진정한 사회주의시대의 비극을 창조했다"는 평가가 그것이다.[2] 이 글에서는 이러한 분석으로부터 한 걸음 나아가 장제가 이상적인 사회주의에 대한 신념을 지렛대로 하여 끌어 올린 또 하나의 문제, 곧 사회주의 시기 이래 복류(伏流)해오던 여성의 문제를 작품에서 어떠한 서사 방식을 통해 수면 위로 떠올렸는가를 살펴보고자 한다.

2) 김한, 김정호 역, 전형준 감수, 『중국현대소설사(1949~1989)』, 문학과지성사, 1996, 245면.

2. 우회적인 저항, 어머니 복원하기

「사랑, 잊을 수 없는 것」(1979)은 딸의 눈에 비친 어머니의 불륜을 다룬 소설이다. 이 작품은 어머니의 이루어지지 못한 사랑을 사회주의사회에서 발생해서는 안 되었을 '비극'의 한 형태로 형상화한 작품이라 할 수 있다. 저자는 자신이 사회주의사회에 대해 신념을 지니고 있으며 그 전제위에서 서사를 진행한다는 점을 도입부에 암시한다. 즉, 서사자인 딸 산산[珊珊]이 공화국과 연령이 같은 1949년에 태어난 30세라는 점을 미리 밝히고 있다.

딸은 과거를 회고하는 세 장면과 작고한 어머니 종위[鐘雨]의 수고(手稿)를 세 차례 교차적으로 짜 넣으며 이야기를 전개한다. 딸의 '그(어머니의 애인)'에 대한 기억은 13세 때로 거슬러 올라간다. 어머니는 이미 아버지와 이혼한 상태에서 '그'와 알게 되었지만, 어린 소녀의 눈에 '그'는 별 다른 의미로 받아들여지지 않았다. 성장하여 결혼을 고민하는 서른이란 나이가 되어서도 딸은 여전히 모녀로 이루어진 자신들의 가정에 대해 어머니가 만족하며 살아가고 있다고 생각한다. 그러했기 때문에 딸의 눈에 어머니의 삶 속에 이따금씩 출현하는 '그'는 알쏭달쏭한 존재였으며, 때로 자신에게 뭔가를 숨기는 듯한 어머니의 태도는 그녀로 하여금 강한 반감을 불러 일으키기까지 한다.

> (뭔가를 숨기고 있다는—인용자) 그런 생각이 들자, 나는 심사가 불편해졌다. 이 불편함이 나를 예의도 잊고 상식없이 따지고 들게 만들었다. "엄마, 지금도 아빠를 사랑하고 있는 건가요?" "아니다. 난 아빠를 사랑한 적이 없었단다"(…중략…) "그럼 두 분은 왜 결혼하셨던 거죠?"[3]

딸의 이 질문은 딸 본인이 기존에 갖고 있던 생각 모두를 부정하는 공격적인 것이었다. 평소에 그녀는 어머니가 재혼하셨으면 좋겠다고 생각했었다. 나이가 들어 결혼할 나이가 되자 딸은 어머니에게 있어서 '그'가 지니는 의미를 알게 되었고, 이제는 어정쩡하게 애인과 독신생활에 양쪽에 걸쳐 있는 어머니가 태도를 분명히 하여 재혼이라도 하셨으면 좋겠다는 생각을 줄곧 했었다. 그러나 이와 동시에 지금까지 이혼녀로 살아 오신 어머니의 삶이 그다지 불만스러운 것도 아니었다는 자신만의 판단을 하고 있기도 했다. 그러나 이러한 평소의 이성적인 생각은 어려서부터 보아 왔던 그 낯익은 아저씨가 어머니의 애인이었다는 확신에 이르자 달라진다. 어머니를 사랑하는 그 노간부는 애정없는 결혼생활을 하고 있는 남자였던 것이다. 그녀는 자신의 감정이 어머니의 애정을 용납할 수 없는 불쾌함으로 변하는 것을 느꼈고 그 결과 위의 인용 내용처럼 분노에 가까운 힐문을 어머니에게 던진 것이다.

딸이 겪는 이러한 정서적인 불편함은 딸의 심리 깊숙한 곳에 가리워져 있던 어머니가 어머니답기를 바라는 소망에서 비롯된 것이다. 그 소망은 실제 어머니 본인의 생각과는 전혀 무관하며 심지어 정반대되는 내용으로서, 딸로 하여금 모녀 가정의 가장인 어머니의 삶이 불만스럽지 않은 것이었다고 '느끼도록' 만든 실체였다. 딸은 같은 여성으로서 어머니의 삶을 이해하기 보다는 자신을 낳아준 '아버지의 딸'의 눈으로 어머니를 줄곧 바라보고 있었던 것이다. 그러나 이와 같이 아버지의 딸로서 느꼈던 배신감은 세상을 뜬 어머니의 그녀가 보게 됨에 따라 점차 옅어진다. 1969년, 어머니는 애인이 비참하게 세상을 뜨자, 17년 동안 품어 온 사랑을 보내며 이렇게 적었다.

---

3) 張潔, 「愛, 是不能忘記的」,『百年中國文學經典』(謝冕・錢理群 編), 北京大學出版社, 1996, 182면.

그는 갔다. 내 영혼의 일부도 그를 따라 떠난 것 같다.(…중략…) 우리 두 사람은 뼈에 사무치는 사랑을 감추기 위해 덤덤하게, 아무렇지도 않은 듯이 고개만 끄덕이고 지나치거나, 거의 왕래가 없는 사이인 것처럼 가장하며 지내왔다. (…중략…) 평생에 단 한번 뿐이었던 그 '산책'을 우리가 얼마나 소중하게 간직했었던가, 하지만 우리는 확실히 겁을 먹었었다. 우리가 자신을 억제하지 못하고 그 두려운, 기나 긴 세월동안 둘의 가슴을 저미게 해 온 한 마디, '사랑한다'라는 말을 입 밖으로 낼까 봐 두려웠다. 그토록 사랑했음에도 우리가 손 한번 잡아 보지 못했다는 사실을 이 세상에 그 누가 알까! 더는 말해 무엇하랴![4]

어머니의 기록이 말해주는 것은 어머니의 사랑이 애통과 회한에 젖은 것이자 '불결함'이 섞이지 않은 플라토닉한 사랑이었다는 점이다. 수고는 비로소 어머니에 대한 딸의 배신감을 말끔히 사라지게 하기에 충분하였으며 다시 어머니를 어머니의 자리로 되돌아오게 만드는 반전의 계기가 된다. 딸은 이 수고의 내용을 인용한 바로 다음 귀절에 이렇게 쓴다. "아니예요, 어머니, 전 믿어요, 당신처럼 열려진 영혼을 가진 분을 세상에서 본 유일한 사람이 저라는 것을"[5]이라고. 순결했던 어머니의 사랑을 그대로 받아들인다는 고백을 한다.

그러나 이 반전만으로 어머니의 사랑이 '공화국의 딸'인 서술자의 인정을 받는 데까지 이르지는 못한다. 딸이 '아버지의 딸'의 계보를 이탈하여 '어머니의 딸'이 되어 자신과 어머니를 동일시하고 그 고통을 공감하기 위해서는 보다 근본적인 전환의 계기가 필요하였다. 그 과정이 없이 자신이 사랑없는 부모의 결혼생활의 결과물임을 인정한다는 것은 그녀에게는 고통이기 때문이다. 이러한 딸의 눈에 들어온 것이 '그'의 인품이다.

소설은 '그'의 죽음을 다음과 같이 기록한다. 문화대혁명 당시 비판의

4) 위의 책, 188~189면.

5) 위의 책, 189면.

대상이 되었던 '그'는 죽는 순간까지 "맑스가 있는 그 곳에 가서 재판을 해야만 하오!"[6]라고 의연한 태도를 보이며 임종을 맞았다고 기록한다. 딸은 불굴의 공산주의자다운 그의 품성을 확인하고 나서야 '그'를 향한 어머니의 감정이 '숭배'였다는 자기만의 확신을 갖기에 이른다. 비로소 어머니의 '불륜'을 한 불굴의 공산주의자에 대한 어머니의 '숭고한 감정'으로 해석할 수 있게 되자 딸은 안도감을 느끼며, 어머니와 동지적인 입장에서 그가 어머니와 맺어지지 못한 것을 애통해한다.

3. 서사의 새로움과 과도기적 양면성

소설은 '아버지의 딸'이라는 혈연적인 신분과 어머니의 애인인 '그의 인품'이라는 이념적 지향을 순결한 어머니의 사랑을 매개로 하여 접합시키고 있다. 서사자인 딸은 혈육적 관계 보다는 숭고한 공산주의자와 어머니사이의 사랑에 가치를 부여하며 그렇기 때문에 이들이 맺어지지 못한 것은 비극적인 색채를 짙게 띤다. 작품을 여기까지 분석하고 보면 「사랑, 잊을 수 없는 것」은 문화대혁명의 수난사를 다룬 여타의 '상처' 문학 계열의 작품과 별 차별성이 없다.[7] 그러나 딸이 분석한 비극의 근

6) 위의 책, 187면.

7) 許子東은 80년대 문혁 소설의 서사가 당시 문혁 소설의 주요 독자였던 '지식청년[知靑]'세대들의 기대지평을 만족시키는 방향에서 이루어졌음을 강조한다. 즉 도덕적, 비도덕적 인물에 대한 기계적인 묘사, 숭고한 인물의 수난과 광명 회복, 해피엔딩 식의 결말이 문혁 소설에서 유행했으며 이러한 서사태도는 모택동 시대 혁명적 리얼리즘의 연장이라고 보았다(許子東, 『爲了忘却的記憶』, 三聯書店, 2000, 229면). 이욱연, 「소설속의 문화대혁명」, 『中國現代文學』 제20호, 2001.6, 295면에서 재인용.

본적인 원인은 상처 문학의 공통언어인 숭고한 것의 좌절, 곧 옳은 인물이 '역사의 희생물'이 되었다는 것과는 다른 데 존재한다.

> 솔직히 말하자면 이 비애는 우리들 자신이 책임져야 할 것이다. 과거의 생활들이 남겨준 그런 낡은 의식탓이 아니라고 누가 장담할 수 있겠는가? 한 사람이 결혼하지 않고 버티고 있으면 그런 의식으로부터 도전을 받게 되어 있으니까. (…중략…) 사람들은 그의 사생활을 캐려 들고, 정치의식에 문제가 있다느니, 성격이 괴팍하다느니 (…중략…) 이런 쓸데없는 악취미로 당신을 짓밟을 것이다. 당신은 이런 정신적인 짓눌림을 견디지 못해 아무 감정도 없이 결혼을 해 버린다. 그리고는 그는 견디기 힘든 사랑과 결혼이 분리된 족쇄를 걸머지고, 영원히 족쇄를 벗어나지 못한 채 생명을 마치게 되는 것이다.[8)]

딸은 어머니가 겪은 비극의 근본적인 원인이 애정과 결혼의 일치를 허용하지 않는 오랜 '인습'의 압박에 있다고 본다. '낡은 의식'이 무엇을 가리키는지 소설에는 명확하게 제시되어 있지 않다. 하지만 정황으로 미루어 보건대 모종의 권위를 갖고 있던 아버지의 구애에 어머니가 굴복하여 결혼에 이른 것임을 추측할 수 있다. 아버지인 그는 어머니에 대하여 '정치의식에 문제가 있다'고 평가할 수 있는 지위에 있는 사람으로, 어머니에 대한 그의 부정적인 평가가 어머니의 진로에 치명적일 수 있기 때문에 어머니는 그것에 굴복할 수밖에 없었을 것이다. 그러한 상황에서 익명의 다수가 어머니에게 가하는 사생활에 대한 험담과 비난을 어머니가 끝내 감당하기 어려웠으리라는 점 또한 딸이 기록한 대사의 행간에서 읽혀진다.

이와 같이 한 여성에 대한 여론의 압박과 강압적 권위에 대한 비판에

---

8) 위의 책, 190면.

이르게 되면, 독자들은 서술자인 딸이 이미 자신과 어머니를 동일한 '여성'이라는 지평에서 사고하고 있음을 감지하게 된다. 어머니와 딸, 두 사람은 더 이상 공산주의를 신봉하는 '동지'로서가 아니라 남성중심적인 문화와 그 억압에 대해 이의를 제기하며 '여자로 살아간다는 것'에 대해 함께 고민하고 있었던 것이다.

장졔는 사회주의 30년의 역사와 뿌리 깊은 봉건적인 문화가 지닌 성차별적인 태도에 대하여 이와 같이 결혼과 연애를 중심으로 문제를 제기하였다. 바로 그 지점에서 1942년 계급혁명 시기의 '성적인 차별'의 문제를 제기했던 딩링과 장졔는 만난다.

> "여성" 이 두 글자는 어느 시대가 되어야 중시되지 않고 특별하게 취급되지 않을 수 있을 것인가? (…중략…) 여성동지의 결혼은 사람들의 영원한 관심거리이지만 사람들에게 만족을 주지는 못한다. (…중략…) 하지만 여자는 어쨌든 결혼을 해야 한다. (왜냐하면 결혼하지 않는 것은 더 큰 죄악이어서, 그녀는 더 많은 날조된 소문의 주인공이 되어 영원토록 헐뜯음을 당하기 때문이다.)[9]

「3·8절(여성의 날) 소감」이란 제목의 수필에서 딩링은 공산당에 의해 통치되는 옌안에서도 여성은 여전히 남성과 달리 취급되는 '특별'한 존재라는 현실을 냉소적으로 비판 한 바 있다. 딩링은 이 글을 통해 여성이 교환가치(미혼)에서 사용가치(아내)로 전환하는 결혼, 또 이를 거꾸로 돌리는 이혼을 하는 경우에 있어서, 남성들이 요구하는 이중의 잣대로 인해 고통받고 있음을 비판한다. 남자가 결혼 상대를 고를 때는 정치적 태도와 애정 모두를 보는 이성적인 태도를 보이지만 일단 이혼을 요구할 때는 단 한 가지 이유인, 시대에 뒤떨어진 매력없는 여자라는 이유

9) 丁玲, 『丁玲散文選集』, 百花文藝出版社, 1991, 231~232면.

로 이혼을 요구한다는 것이다. 딩링은 여성이 '성적 매력'과 '정치적 의식(사회적 능력)' 사이에서 수시로 저울질당하면서, 남성과 달리 결혼을 하면 한 대로, 안 하면 안 했다는 이유로 '특별'한 대접을 받는 현실을 구체적으로 지적하고 있는 데 반해, 「사랑, 잊을 수 없는 것」은 어머니가 겪었을 원치 않는 결혼과정의 원인을 '인습의 압박'이라는 추상적이고 완곡한 표현에 한정하고 있다.

개혁 개방이후에 출현했던 이와 같은 완곡한 글쓰기에 대한 비판은 2000년대 이후의 지식인들에 의해 제기된 바 있다. 마오쩌둥 시대를 비판하되 여전히 사회주의를 표방하는 당지도부의 리더쉽에 손상을 주지 않고, 개인의 사유를 전면에 내세우지 못하는 80년대적인 글쓰기가 그것인데, 왕안이[王安憶]는 이러한 문예를 "프롤레타리아 문학과 부자(父子), 혹은 질숙(姪叔)관계"라고 표현하였다.[10] 그녀는 객관적인 거리를 가질 수 있는 조손(祖孫)관계의 글쓰기는 90년대가 되어서야 출현했다고 본다.

이상의 분석을 정리하면, 작가가 딸의 시각을 빌음으로써 도달한 지점은 앞서 리샤오장이 1980년대 중반에 언급한 바인 '집단의식으로부터 여성들이 벗어나야 한다'는 지점에는 미치지 못한 미흡한 것이었다고 할 수 있다. 그럼에도 장졔가 쓴 상처문학에는 힘 있는 가능성으로 읽어 줄 부분이 존재한다. 장졔는 소설을 통해 여성의 역사가 남성의 역사와 다르다는 사실을 딸의 재탄생을 통해 보여주고자 하였기 때문이다. 육친의 부계 혈통으로부터 벗어나 어머니의 역사를 자신의 것으로 삼는 질적인 비약이 그것이었다. 비록 이 가능성이 '그'가 공산주의에 대해 숭고한 신념을 갖고 있다는 전제가 없었다면 애초에 발생할 수도 없었다는 이유에서 80년대적인 색채를 농후하게 띤다는 점을 부인할 수는 없지만, 그럼에도 불구하고 이러한 시험적인 전복 서사는 가능성을

10) 査建英, 『八十年代訪談錄』, 三聯書店, 2006, 95면.

품고 있는 것이었다. 왜냐하면 그로부터 2년 뒤 장제가 쓴 세 미망인의 이야기인 『방주(方舟)』에 이르면 의식적인 메시지를 담고 여성문제가 전면에 부각되기 때문이다.11)

그러나 이러한 발전에도 불구하고 「사랑, 잊을 수 없는 것」에서 재현된 여성상은 과거 회귀적인 전통적 여성의 미덕과 닮아 있다는 비난을 피해 갈 수는 없다고 보인다. 여성문학 연구자 천회이펀[陳惠芬]은 포스트 마오 시대 남성작가들에게서 발견되는 병폐를 다음과 같이 지적하였다.

> "역사를 고발하고 반성한다"는 것을 빙자하거나, 혹은 거기에 근거하여 씌어진 여성에 대한 담론이란, 실은 전통적인 여성적 규범을 다시금 확인하는 기반 위에 세워진 것이었다.12)

문화대혁명의 종결과 함께 등장한 포스트 마오 시기의 여성 재현에 있어서 전통적인 미덕이 부활하고 있다는 이 지적은 적실성을 띤 지적이다. 그러나 이러한 전통회귀적인 경향은 비단 남성작가에게 한정된 것이 아니었다. 「사랑, 잊을 수 없는 것」의 경우, 작가가 여성임에도 불구하고 "인내하며 정조를 지키는 여성상=혁명적 순결성"으로 연결시키는 인식틀을 전제하고 있기 때문이다. 남성의 정신적 순결과 여성의 육체적 순결을 등가로 간주하는 이러한 인식은 실은 1940년대에 딩링이 도달했던, 한 인간으로서의 여성의 존엄에 대한 자각에 미치지 못하는 것으로 보인다.

90년대 이후 여성들의 생존 환경과 문학 환경은 달라졌다. 80년대 서사에서 중요하게 다루어지던 국가의 이데올로기적인 규제보다는 시장화에 따른 고객의 수요가 문학생산의 향방에 결정적인 요소가 되었고,

---

11) 소설은 "당신이 유난히 불행하다면 그것은 여자이기 때문"이라는 부제를 닮으로써 여성의 삶 자체를 문제의 핵심으로 설정하고 있다.
12) 陳惠芬, 『神話的窺破』, 上海社會科學院出版社, 1996, 4면.

생활의 단위도 집체적 소유로부터 남성가장 중심의 가족 단위로 변화되었다. 남성 가장중심의 가족질서가 재확립되어감에 따라 여성들은 '소비사회'와 '중산층 전업주부'라는 판타지를 갖게 되었으며, 중국여성들이 이러한 환상에 대해 회의를 품기까지는 근 30년간의 시장화 경험이 소요되었다. 2004년 중국 사회에 커다란 반향을 불러일으킨 드라마 〈중국식 이혼(中國式離婚)〉(22부작)[13]은 자본주의적인 남성중심 가족 질서가 지닌 경쟁력과 효율성을 보여주는 한편, 동시에 여성이 '내조자'로 자신을 정위하고 전업주부로 되어가는 과정을 묘사한 작품이다. 이러한 문화적 현상의 출현이 의미하는 바는 1978년 덩샤오핑의 개혁 개방 선언 이래 여성들이 기존의 '노동자로서의 정체성'을 자의・타의로 포기하고 성별화된 남성 가장중심 문화로 편입되고 있는 현실에 대해 여성 스스로 문제로 느끼고 있다는 점이며, 나아가 그것이 사회적인 이슈로까지 공유되었다는 점이다.

전환기인 80년대 전후에 출현한 「사랑, 잊을 수 없는 것」은 이러한 변화하는 환경에 비추어 볼 때 두 가지 의미를 지닌다. 사회주의적인 이상을 부정하지 않았다는 점에서 지식인의 이데올로기적인 순수성에 기댄 계급문학의 연장선상에 있다는 점, 그리고 1942년에 마오쩌둥에 의해 단절된 여성주의적 전통을 40여년 만에 소생시켜 문제의식으로 끌어 올렸다는 점이다. 작품은 시장화 이후에 출현한 계층화와 새로운 성별화된 가치관이 아직 여성의 삶을 변화시키는 주요 요인으로 전면화하지 않은 시점에, 이념이 지배하던 시대의 논리로 이념의 시대와 고별하는 마지막 모습을 보여 주었다.

13) 沈嚴 감독, 王海鴿 편극, 深圳音像公司, 유관자료는 baike.baidu.com/view/276593.htm을 참고.

부록

1. '여성의식'과 '젠더'의 차이 분석 | 왕쩡
2. 인물 대담―80년대 중국 여성주의의 선구자 리샤오쟝

부록 1 '여성의식'과 '젠더'의 차이 분석[1)]

왕쩡[2)]

여성이론 종사자들은 시간이 흐를수록 gender라는 개념이 이론과 실천에 있어서 중요한 의미를 지니고 있다는 점을 깨달아 가고 있다. 그러나 이 중요한 개념에 대한 중국어 번역어가 아직 정착되지 않아 많은 사람들이 '성별'이라 쓰기도 하고 혹자는(본인을 포함하여) '사회성별(社會性別)"란 용어로 젠더를 지칭하곤 한다.[3)] 이외에도 세 가지의 중국어가 구별없이 gender consciousness를 가리키는데, '여성의식' '성별의식' '사회성별의식'이 그것이다. 이 글의 목적은 이러한 어휘가 등장하게 된 사회역사적인 배경을 분석함으로써 각각의 상이한 함의를 드러내고자 하는데 있다. 독자는 이러한 분석을 통해 이 어휘들 속에 오늘날 중국의 사

1) 왕쩡[王政], 「"女性意識" "社會性別意識"辨異」, 『婦女與社會性別研究在中國 1987~2003』, 天津人民出版社, 2003, 77~97면. 원문은 『婦女研究論叢』 1997년 제1기에 실렸다.

2) 미국 미시간 대학 여성학 연구센터 부교수, 여성과사회성별연구소 연구원.

3) 鮑曉蘭 編, 『西方女性主義研究評價』, 三聯書店, 1995; 譚兢嫦 · 信春鷹 編, 『英漢婦女與法律詞語釋義』, 對外飜譯出版公司, 1995; 王政, 『女性的蹶起－當代美國的 女權運動』, 當代中國出版社, 1995를 참고.

회성별 담론의 복잡한 상황이 반영되어 있다는 점을 이해할 수 있게 될 것이다.

1. '여성의식'과 '성별의식'

1) 어휘로 인한 혼란스러움

오늘날 중국의 여성문제를 토론하는 자리에서 여성의식, 혹은 성별의식은 가장 관심을 집중시키는 핫 이슈이다. 만약 토론자들이 사용하는 언어를 꼼꼼하게 살펴본다면 우리는 각각의 사람이 동일한 단어를 서로 다른 의미로 사용하고 있으며 더욱이 여성의식과 성별의식이란 두 용어를 당혹스럽게 느끼는 사람들조차 적지 않음을 알 수 있다. 「중국 여성신문[中國婦女報]」에서 발췌한 몇 가지 예를 보면 다음과 같다.

―중국여성은 자기 나름의 우수함이 있기 때문에 맹목적으로 서양을 추종해서는 안 된다. 하지만 중국 여성의 부족한 점도 있는데 예를 들면 자신의 여성의식이 충분하지 못한 것이 그것이다.[4]

―남녀가 모두 같다고 하는 혁명시대에 (여성들은―인용자) 아직 여성의식이 없어서 결혼해서 아이를 낳고 기를 때 아무런 생각이 없이 그저 의무를 다하기만 했었다. 그러나 개혁 개방 이후에는 여성스러움(女人)이라는 감각이 생

4) 「用女性的眼睛看世界」, 『中國婦女報』, 1995.10.30.

겨나 도처에서 여자들이 성적 매력을 드러내고 화장을 하였는데, 여성들은 왜 그래야 하는지 제대로 자각하지도 못한 채 꾸미는 데 여념이 없어 도무지 자신들이 어찌된 건지 분명하게 알 수가 없었다. 작가가 되어 여성의식을 갖게 되었을 때 능력 있는 여자는 여자답지 않은 여자라는 취급을 당했다.[5)]

—여자가 여성적인 생리구조를 가졌다고 해서 반드시 여성의 눈으로 세계를 인식하는 것은 아니다. 왜냐하면 남성중심 사회의 역사과정이 당신을 만들었고 당신은 자신도 모르는 사이에 이미 그것을 자기 정체성으로 받아들여 오로지 세계를 하나의 시각으로 보게 되었기 때문이다. 나는 중국여성의 성별의식 수준이 예상했던 것보다 낮으리라고 생각한다.[6)]

—"성별의식은 언제 어디서나 여성을 보호하고 보살핀다." 또 어떤 여성 간부는 이렇게 말한다. "나는 지금까지 남자들과 동등하게 경쟁해 왔고 자신이 여자라는 점을 배려해 달라고 한 적이 없었다, 성별의식을 가지고 무엇을 하겠다는 것인가?"[7)]

—성별의식은 남녀평등 의식이다.[8)]

이상의 예를 통해 알 수 있는 것은 다음과 같은 사실이다. 오늘날의 어휘 가운데 '여성의식'과 '성별의식'이 서로 치환되어 사용되고 있다는 것, 그리고 이 두 개의 어휘가 지시하는 의미가 아주 불확정적이라는 점이다. 내가 살펴 본 문서자료를 귀납해 보면 이 두 어휘는 대체로 다음과 같은 의미를 포함하고 있다.

---

5)「女作家談女性意識」,『中國婦女報』, 1996.8.6.
6)「用女人的眼睛看世界」,『中國婦女報』, 1995.10.30.
7) 汪紅雨,「讀者点題」,『中國婦女報』, 1996.1.1.
8) 張曉玲,「性別意識與參政決策」,『中國婦女報』, 1996.7.9.

①타고 난 자연적인 여성의식으로, 여성이 아름다움을 추구하고 자기의 매력을 자각하는 성향.

②여성이 사회・정치・경제생활의 주체로서 의도적으로 추구하는 태도.

③사회체제 시스템 가운데 여성의 발전을 가로막는 요소에 대한 경각심.

위와 같이 여성의식과 성별의식의 내포를 범주화하여 분류해 보았는데, 이들 각 요소는 동시에 존재하면서도 서로 다른 원류와 역사적 배경을 갖고 있다.

2) 자연적인 '여성의식'의 유래

20세기 70년대 말과 80년대 초, 여성문제는 공화국 이래 처음으로 관심의 초점이 되었다. '문혁'의 극좌 경향에 대한 성찰을 계기로 하여 모든 것을 덮어 씌웠던 계급개념으로부터 여성은 분리되어 나왔고, 이로써 남녀는 모두 같다는 주류 사회의 성별담론은 부정되기에 이르렀다.

본 절에서는 잠시 간략한 역사적 회고를 통해 "남녀는 모두 같다"는 사회성별 관념이 발생, 발전한 과정을 이해하고 그것과 오늘날 중국 지식인 여성과의 관계를 살펴보고자 한다.

20세기 초에 시작된 중국 여성해방의 역정은 시작단계가 서양의 여권운동과 유사하면서도 달랐다. 서양 여성의 경우, 여성을 배제한 계몽주의적인 인권 개념 제창에 자극받아 권리를 쟁취하고자 하였는데 이러한 서양의 여권운동은 중국에서 현대적 지식인이 출현할 무렵에 한창 활발하게 전개되고 있었다. 중국의 남성지식인들은 이러한 서양 여성들의 투쟁을 이상적이라고 보았을 뿐만 아니라 여권의 실현이 현대문명의 상징이자 중국이 부강해지기 위한 선결조건이라고 간주했다. 신문화운동의 선구자들은 여성문제를 돌파구로 하여 개인의 권리를 제창하고 전통문화의 통치에 저항하고자 하였으며, 그런 이유에서 중국의 계몽운동은 여성의 평등한 권리쟁취로부터 시작되었다고 할 수 있다.9)

이와 같은 남녀평등이라는 거대한 기치 하에 '5・4' 시기의 여성 청년들은 스스로 자신을 해방시키는 행동을 취했다. "여자도 사람이다, 독립적인 인격을 지녀야 한다"는 주장이 5・4세대 지식인 여성들의 주체의식을 형성했는데, 이는 20세기 말 지식인 여성들이 "여자가 되자[做女人]"고 외친 것과는 선명하게 대비된다.10) 즉, '인간이라는 인식'과 '여성이라는 인식'이 이 두 시대를 나타내는 뚜렷한 표식이라 할 수 있겠는데 그렇다면 어떻게 해서 이런 의미심장한 반전이 역사에서 일어나게 된 것인가?

오늘날 서양의 여권주의11)이론, 특히 후기 구조주의 여권주의이론은 유럽 계몽운동의 주체(subject)구성을 깊이 있게 분석함으로써 계몽운동이 구성해 낸 주체가 서양 남성문화에 삼투된 주체이며, 이 남성주체의 구성이 여성을 배척함으로써 완성된 것임을 지적하는 한편, 여권주의의 목표는 그러한 남성을 모델로 한 주체가 되려는 것이 아님을 천명했다.12) 앞서의 역사 회고에서 우리는 중국 신문화의 계몽운동이 인간이라는 개념을 구성할 때 의도적으로 여성을 포함시켰다는 것을 확인하였다. 이처

---

9) Wang Zheng, *Feminism and China's New Women of the May Fourth Era*(Dissertation), California U. press, 1995; 舒蕪,『女性的發現』, 文化藝術出版社, 1990;「促膝談五四－本刊總編訪夏衍」,『東方』제2기, 1995, 제24면.

10) 李小江・譚深 編,『知識婦女』총서, 河南人民出版社, 1991년 속표지에는 "속담에 '먼저 사람이 되고 다시 여자가 된다'는 말이 있다. 편자는 이에 대해 80년대 중국의 지식인 여성들은 이것을 넘어서서 "여자가 되고, 전인적으로 발전된 인간이 되자!"라는 신념을 갖고 있었다"라고 해석을 덧붙였다.

11) 여권주의는 페미니즘의 번역어이다. 중국에서는 서구 페미니즘의 특징을 남성과 동등한 권리요구에 있다고 보며, 그것을 여권주의로 번역한다(역자 주).

12) Juidth Butler, "Contingent Foundation - Feminism and the Question of "Postmodernism", *in Feminists Theorize the Political*(Juidth Butler & Joan W. Scott eds.), 1992.

럼 여성운동에 대하여 하나는 배척하고 하나는 포괄하는 두 계몽운동의 태도 차이가 중·서 여성해방이 각기 다른 길을 걷게 된 중요한 원인이 되었다. 즉, 서양의 여권운동이 서구 계몽운동이 여성을 배척한 데서 비롯되었던 반면, 중국 여성해방운동은 중국의 계몽운동이 여성을 포함시킨 결과로서 출현하였다. 그러나 중국의 계몽운동이 '인간'이란 개념을 받아들일 때, 서방의 남성주체를 그대로 옮겨온 것은 아닌가라고 묻는다면 대답은 '그렇다'이다. 신문화운동 이래 오늘날까지, 중국의 남성지식인이 서양 남성주체를 흠모한 글은 헤아릴 수 없이 많다.[13] 비록 '사람(人)'이란 글자가 중국어에서 중성이기는 하지만 서양 계몽운동의 영향을 받아 만들어진 '인간'의 의미는 분명하게 '남자'였다.

'인간'이란 개념의 의미를 사회성별적인 관점에서 분석해 볼 때, 각각의 계몽운동에 있어서 여성에 대한 배제와 포함이 의미하는 바는 다음과 같다. 서양의 계몽운동은 여성에게 남성의 특권을 누리지 못하게 하면서 여성에게 남성이 되라고 하지도 않았지만, 중국의 계몽운동은 여성에게 남성의 특권을 향유하도록 하는 한편, 여성이 남성으로 되라는 것 역시 요구했다. 이는 여자가 남자의 특권을 누리기를 원한다면 반드시 남자가 되어야 한다는 논리이다. 즉 여성들은 남성적 가치 기준을 자신에게 적용시키고 남자와 마찬가지로 사회영역에서 활동할 것을 요구받았던 것인데, 20세기 초, 사람으로 대접받기를 갈구했던 중국의 모든 지식인 여성들은 그 논리를 명확하게 간파하고 있었다. 그 결과 행동은 물론 헤어스타일이나 복장까지도 남자다운 당당함을 드러내기 위해 무진 애를 썼고 여청년들 중 다수는 남자들처럼 아무 구속도 받지

---

13) 李歐梵, *The Romantic Generation of Modern Chinese Writers*, Harvard U, press, 1973. 저자는 비록 사회성별이란 관점에서 중국 지식인 남성의 형성을 연구하지는 않았으나 그가 인용한 상세한 실제 자료들은 오히려 20세기 전반기에 중국 지식인 남성들이 서양문화에 대해 표현했던 수컷들의 흠모와 수용을 보여 준다.

않고 일을 하기 위해 독신을 택했다. 이처럼 남자와 같다는 것이 당시 많은 지식인 여성의 소망이자 선택이었기 때문에, 성별에 따른 격리와 금지 영역을 깨뜨린 제1세대 여성으로서 그들은 남자들의 세계에 성공적으로 진입했다는 것 자체로 강렬한 해방감과 자유, 그리고 만족감을 느꼈다. 실상이 이러했기 때문에 남자와 같다는 것은 여성 자신들도 받아들이는 여성해방의 목표가 되었다. 그와 같은 시기, 서양 여권운동의 주류 역시 남성들의 세계에 진입해서 남성과 동일한 권리를 획득하기 위해 분투하고 있었다.

그러나 남성과 똑 같은 것처럼 행동함으로써 동등한 권리를 누린다는 논리는 불합리한 요소를 갖고 있다. 무엇보다도 그것은 전통적인 사회 성별분업이 여성에게 요구하는 바를 말살하고 은폐한다. 성별에 따른 분업이 달라지지 않은 상황에서 여성이 남성을 위해 각종의 가정 내 서비스를 제공하는 무거운 부담을 지면서 남성과 마찬가지로 사회 활동을 하고 남성과 동등한 보수와 권리, 그리고 지위를 획득하라고 요구하는 것은 극히 불공평하다. 신문화의 선구자들 가운데는 이런 불공평을 자각한 이들이 있었다. 당시 서양의 '사회주의적 여권주의'의 영향을 받은 적지 않은 남성 지식인들이 가사노동의 사회화를 여성해방의 중요한 조건으로 삼아야 한다고 제창한 것이다. 『여성과 경제[婦女與經濟]』라는 책이 중국에 번역·출판됨에 따라 미국의 여권주의자 길만(Charotte Perkins Gilman)의 공동주방과 탁아소 방안이(중국의) 20년대의 지식계에 널리 퍼졌다. 또한 중국공산당은 옌안[延安] 시기에 여성의 무거운 부담을 해결하기 위한 조치를 실시하기 시작하였으나 해방 이후 대규모적인 실행에서 드러난 바와 같이, 이런 조치들이 비록 여성의 부담을 덜어 주기는 했지만 전통 사회의 성별에 따른 역할 분담을 바꾸기에는 부족하다는 것이 판명되었다. 사회활동에 참여한 대다수 여성들은 가정에서 여전히 전통적인 여성의 무거운 부담을 질 수 밖에 없었기 때문에 이중 부담문제는 사회주의 국가 여성의 두드러진 문제가 되었다.

두 번째 단계는 남녀 간의 평등한 권리 추구가 '남자와 여자는 같다'는 주장으로 바뀐 것인데, 이것이 바로 남성중심문화가 여성해방과정을 통해 표현된 형태이다. '5 · 4'이래로 남녀평등은 남성의 행위를 준거로 여성을 재단해 왔는데, 말할 필요도 없이 그 분명한 의미는 남성은 보편적 의의를 지닌 인간이고 남성이 의미하는 모든 것은 가치 면에서 여성이 의미하는 모든 것보다 우월하다는 것이다. 이 점에 대해서는 여성해방을 제창했던 중국 신문화의 선구자들 가운데서도 극소수만이 깨닫고 있었다.[14] 우리 여성들은 상당히 오랜 세월동안 자신이 남성적 기준에 다다를 수 있음을 자랑스럽게 여겨왔기 때문에 "여성 동지가 할 수 있는 일을 남성 동지도 할 수 있는가?" "남녀의 차이를 어떻게 볼 것인가?" "누가 각각이 지닌 차이에 의미를 부여하는가?" "우리에게 익숙한, 남녀 차이가 표상하는 가치에 대한 인식은 어떻게 형성된 것인가?" "남녀 간의 어떤 차이가 비교되는가?" "이런 비교를 하는 목적은 무엇인가?" "평등한 권리는 오직 차이가 없는 집단에게만 해당되는 것인가?"라는 질문을 해 보지 못했다.[15] 왜냐하면 남존여비 사상과 남성은 우월하고 여성은 열등하다는 사회성별 등급관념이, 우리들처럼 남녀평등을 실현했다고 스스로 여기는 여성 세대를 포함하여 남성중심적인 사회 안의 모든 개인들의 마음속에 깊이 뿌리박혀 있기 때문에 우리는 그런 질

---

14) 조우쭈어런[周作人]은 "5 · 4"남성 지식인 가운데 여성문제에 대해 유일하게 혜안을 갖고 있었던 인물이다. 그는 1927년에 쓴 北溝沿 통신이란 글에서 "오늘날의 큰 오류는 전적으로 남자를 표준으로 한다는 점으로 여성운동도 이 범주에서 벗어나지 못했기 때문에 여성이 남성화하는 것을 해방으로 여기는 현상이 존재한다"고 했다. 위의 책, 「女性的發現」, 13면.

15) 미국의 여권주의이론가 존 스코트는 평등과 차이라는 이원대립적 사유방식에 대해 반박을 가하면서 '평등'의 정치적 의미는 차이를 인정하는 기반을 포함하고 그 기초 위에 구축되는 것이라고 하였다. Joan. Scott, "Deconstructing Equality-Versus-Difference - or, The Uses of Poststructualist Theory for Feminism", in *Theorizing Feminism - Parallel Trends in the Humanities and Social Science*(ANN c, Herrman & Abigail J. Stewart. eds.), Westview Press, 1994.

문을 할 수 없었다.

남성을 표준으로 한 남녀평등은 또한 '문화대혁명'기간에 절정에 달했다. 그랬기 때문에 '문혁'이 끝나고 난 뒤 일부 여성들은 남자가 되기를 거부하고 '여성으로 돌아'가자고 하며 여성적인 경험을 찬미하는 것을 사상해방으로 간주했다.

여기서 짚고 넘어가야 할 것은 '여성으로 돌아가라'는 것이 결코 '문혁'이후 모든 중국여성이 추구하던 바가 아니었다는 점이다. 실은 비록 마오쩌둥 시대라 할지라도 중국의 대부분 여성의 경제·사회·문화와 생활현실은 여전히 남녀가 유별했었다. 오늘에 이르기까지 수많은 농촌여성이 바라는 것은 남자와 같은 일을 하는 것이다. 왜냐하면 최소한 그것은 다소 높은 수입을 의미하기 때문이다.[16)]

흥미로운 것은 서양 여권주의 가운데 70년대 후반에 이와 유사한 사조가 출현했었다는 사실이다. 이들 서양의 일부 여권주의자들은 남성주류문화의 통치과정을 비판하는 과정에서 적극적으로 여성의 생리적인 차이를 강조하고 여성문화와 가치관을 숭배하였다. 문화 여권주의(cultural feminism)라고 불리는 이 이론이 중국의 여성의식과는 전혀 다른 역사적 배경 하에서 발생하였고 그 의미에도(중국의 80년대 '여성으로 돌아가라'는 것과) 현격한 차이가 있기는 했지만 양자는 한 가지 면에서는 공통점을 갖고 있었다. 하나같이 여성을 본질적인 존재로 묘사함으로써 여성이 남성과 대립되는 고정불변의 범주를 갖고 있다고 본 점이다. 서양의 문화여권주의 이론은 20세기 80년대 초에 많은 영향을 미쳤다. 비록 80년대 후반기에 이르러 포스트 구조주의 여권주의로부터 강한 비판

16) 『中國雲南農村婦女自我寫眞集』, 云南民族出版社, 1995년을 참고할 것. 오늘날 윈난 농촌여성들이 자신들의 생활을 보여 주는 사진첩 내용을 보면 이들은 농촌여성의 고충을 표현하면서 "오늘날 남자들이 할 수 있는 일은 여자들도 마찬가지로 할 수 있다"고 자랑스럽게 말한다. 거기에는 "여성으로 돌아가라"는 인식이 전혀 존재하지 않는다.

을 받기는 했으나 그럼에도 불구하고 문화 여권주의의 기본적인 관점을 수용한 생태여권주의, 여권주의적 평화운동 등과 같은 많은 여권주의적 실천이 활발하게 발전하였고, 이러한 실천들은 한결같이 모성에 기반을 둔 우월한 여성적 가치관을 출발점으로 하였다. 그러면 중국의 여성의식이 형성되는데 서양의 문화적 여권주의도 영향을 미쳤는가? 각종 경로를 통하여 당시 중국내의 여성연구자들이 어느 정도 그것을 이해하고 있었고 국내에서 여성문화에 관한 토론도 열렸던 것으로 보아, 양자 간에는 분명 어떤 관련이 있었다고 해야 옳을 것이다. 이들로부터 영향을 받게 된 이유는 외래사조에 대한 우리의 태도가 우리들의 정치적이고 문화적인 상황과 현실 투쟁의 요구에 의해 규정되었기 때문이다. 다시 말하면 성별적인 분화과정을 겪고 있던 80년대 중국의 여성연구학자들을 가장 매료시킨 것은 각양각색의 서양 여권주의이론 가운데 문화적 여권주의, 그리고 그 보다 앞선 급진적인 여권주의의 본질주의적인 관점이었던 것이다.

3) 자연적인 '여성의식' 재검토

자연화된 여성에 근거하여 만들어진 개혁 개방 이후의 여성주체의식의 출현에 있어서 그것이 야기한 일련의 문제점 또한 지적될 필요가 있다. 첫 번째 문제는 남녀의 자연적 본질에 관한 당시의 언술이 인간의 본질론과 본체론에 대한 서양의 인식을 포함한 계몽운동 이래의 서양의 이론을 보편적인 진리로 받아 들였다는 점이다. 20세기 80년대에 중국에서 소위 과학적으로 여성의 특징을 해석한다고 하는 저서들 가운데 적지 않은 것이 종종 19세기 말과 20세기 초 서양의 심리학 이론을 과시하듯이 차용하였다. 그런데 이들 이론이 결코 객관적인 자연현상을 묘사한 것이 아니라 남녀의 사회적 행위에 대한 규범으로서 제기된 것이었다는 점에 대해서는 이미 현대 서양 학계에 의해 증명이 되었다. 그런 점에서 볼 때 80년대 이후의 중국의 사회성별분화 요구를 충족시키기 위해 들여 온 많은 과학이론이라고 하는 것이 실제로는 20세기 중엽 이전의 주류의 사회성별 인식이었다고 할 수 있다. 미국의 여권주의자들이 80년대 중국 여성의 의식을 보고 미국의 50년대의 '여성의 신비'를 떠올렸다는 언급은 전혀 이상할 게 없다.

두 번째 문제는 사회성별에 따른 등급제가 지배하는 문화 속에서 소위 여성의 '자연적 본질'이라고 하는 것은 '인간(즉 남성)의 자연적 본질'보다 낮고 열등하며 약한 것을 의미한다는 사실이다. '여자'라는 말이 담고 있는 문화적 함의(역사적이고 현재적인)를 청산하고 해체하지 않으면 '여자가 되자'는 슬로건은 중국의 전통문화에 담긴 부정적 의미를 필연적으로 동반하게 됨은 물론 여전히 존재하는 사회성별적 등급문화에 대해 전혀 비판적 힘을 발휘할 수 없다. "여성이 만들어지고 진화하는 것은 계급 이전의 일이며 본질적으로 계급을 초월한다. 양자는 다른 범주에 속한다(여성은 인류의 본체적 범주에 속하고 계급은 사회역사적 범주에 속한다)"[17]고 하는 것은 인식론상의 자아속박이다. 왜냐하면 여성이 살아가는 사회·경제·정치·문화 환경에 대한 고찰을 이탈하고 여성이 처한 가정·가족·사회관계에 대한 이해를 벗어나서는 여성이 종속적 위치에 처해 있는 역사과정 및 권력 작동 공간에 여성을 해석하고 드러내어 위치시킬 수가 없기 때문이다.

또한 여성의 특징을 자연화하는 태도는 자연화된 특징을 지닌 여성이 남성과는 구별되는 사회적 지위와 경력을 갖게 되는 과정을 은폐할 수가 있다. 중국의 '여성의식'의 형성과 서양의 문화여권주의의 노력 사

17) 李小江, 『夏娃的探索』, 河南人民出版社, 1988, 32면.

이에는 몹시 큰 차이가 있는데, 후자는 통치자로서의 지위를 차지하고 있는 남성문화의 가치관을 비판한다는 전제 하에 여성문화의 가치관을 구축하려하며, 그 칼끝이 겨누고 있는 것이 서양 문화에서 남성이 지니고 있는 의미이다. 반면, 중국에서 '여성의식'의 구축과정은 주로 여성의 자율과 자아발견 양상으로 표현되었으며, 그렇기 때문에 중국 문화에서 남성의 의미가 무엇이고 그 형성과 여성이란 의미가 어떤 관계를 지니는지, 남녀의 함의가 어떻게 형성되고 어떻게 변화하였는가와 같은 것에 대해서는 거의 언급하지 않았다. 오늘날, 국가가 여성의 의미를 규정하던 권력은 거의 상업문화에 의해 대체되었다. 대중 매체와 광고는 끊임없이 각종의 '현대적'인 여성 형상을 만들어내고 있으며, 바로 소비주의+전통적 여성다움+섹시함을 기본 구성요소로 하는 여성상이 확산됨에 따라 여성들은 화장하고 꾸미는 자아표현의 자유를 누리게 되었다. 동시에 여성들은 공화국의 역사에서 그 어느 시기보다도 남자의 부속물이나 노리개가 될 가능성이 훨씬 커졌다. 만약 자연적인 '여성의식'이 20세기 80년대 여성들에게 해방과 자유를 느끼게 해 주었다면, 정치·경제·사회적 조건이 달라진 90년대 상황에서 그것이 더 이상 여성에게 힘을 주고 비판적 힘을 갖는 이데올로기가 될 수 없음은 분명하다.

세 번째 문제로 여성의 특징에 대한 비역사적인 서술은 종종 상이한 거주지역·문화·계급적 다양함으로 인한 차이를 무시하고 통일적인 여성의 표준을 만들어내는데, 이러한 표준화된 '여성스러움'이 주도적인 여성관으로 되면 그 표준에 맞지 않는 여성에게 그것은 억압이 될 수 있다. 오늘날 중국여성이 수퍼 워먼[女强人]이란 호칭에 대해 느끼는 거부감도 '여성스러움'이란 담론이 발휘하는 막강한 힘을 짐작케 하는 한 측면이다. '여성스러워진' 여인은 결코 여성의 천성이 자연스럽게 드러나서 그렇게 된 것이 아니라 신시기의 독특한 형식에 의해 만들어진 결과이다. 이미 '문혁' 이후의 도시의 젊은 여성들은 이런 여성다움을 갖춘 모습으로 만들어져 갔고 직업을 선택할 경우에도 의식적으로 여성스런 업종을 선택하는 경향이 존재했다. 1992년 상하이의 어느 여성 세미나에서 중국의 뛰어난 물리학자 셰시더[謝希德][18]는 푸단[復旦]대학 물리학과에 여성 신입생이 한 명도 없게 된 세태를 심하게 질책한 일이 있었다. 50년대와 60년대의 여청년들이 직업의 경계를 타파하기 위해 적극적이었던 것과 비교해 볼 때, 오늘날의 중국여성들이 더욱 많아진 오늘날의 자유를 통해 자신의 잠재적 능력을 충분히 발휘하고 있는가에 대해서는 무어라고 단언하기가 몹시 어렵다.

문화여권주의 이론에 대한 서양 여권주의자들의 비판은 문화여권주의가 주로 남녀 간의 성의 본질적 차이를 강조한 점에 초점을 맞추었다. 내가 발췌한 평론의 한 단락을 예로 들어 보자.

> 남녀 사이에 뚜렷하게 하나의 선으로 경계를 가르는 태도는 "여성스럽다"고 간주되는 것에 대한 남성들의 두려움을 가중시킬 수 있으며 그것은 현 상황을 변화시키는 데 도움이 되지 않는다. 왜냐하면 그것은 남자들이 남성이라고 하는 판에 박힌 유형에 더욱 더 영합하도록 만들기 때문이다. 이외에도 여자와 남자의 차이를 과장하는 태도는 여성이 또 다른 그 무엇(드 보봐르의 개념)이라는 관념을 조장할 수도 있다. 더군다나 지배적 지위를 차지하고 있는 남성문화가 여성에 대해 거리를 유지하고 멀리함으로써 여성을 사물화하도록 할 여지가 있는데, 이런 요소는 에로물과 여성의 신체와 성을 학대하는 허다한 예에서 극명하게 드러난다.[19]

---

18) (1921~)女, 현대 중국의 대표적 과학자이자 교육가, 중국 물리학회 부이사장, 상하이 과학 협회주석, 1947년 미국 유학, 1952년 귀국 후 현재까지 상하이 푸단대학 물리학과 교수와 총장을 역임함. 『중국여성 명인사전[華夏婦女名人詞典]』, 華夏出版社. 1988.(역자 주)

19) Rachel T. Hare-Mustin & Jeanne Marecek, "Gender and the Meaning of Difference: Postmodernism and Psycology", in *Theorizing Feminism*(Herman and Stewart. eds.), Westview Press. 1994.

또한 서양의 여권주의자들은 여성이 지닌 차이를 강조하는 태도가 종종 상이한 가정과 사회구조를 야기한 원인을 밝히고 철폐해야 할 필요성을 은폐하고, 여성에 대한 불평등한 처우를 합리화하는 데 흔히 이용된다는 점을 지적한다. 여성을 본질주의적으로 해석함으로써 얻어지는 것은 지배문화가 여성에 대해 가지고 있는 갖가지 상상을 반영하고 그것을 재생산하는 것이다.[20] 서구 여권주의자의 이런 평론은 우리가 처한 상황의 정곡을 찌른 것이라 할 수 있다.

2. '성별의식'과 '사회성별의식'[21]

오늘날 중국 사회에서 통용되는 언어 가운데 '성별의식'과 '사회성별의식'은 전혀 다른 내용을 가리키는 것일 수도 있고 동일한 내용을 뜻하는 것일 수도 있다. '성별의식'이란 용어는 신시기 이후에 등장한 것으로 앞서 분석한 여성의식'과 동일한 역사적 배경 속에서 등장했다. 그렇기 때문에 '여성의식'에 대한 담론에서 사용되기 시작한 개념은 '자연적인 성별차이에 대한 인식'을 의미하는 것으로서, 그것과 '사회성별의식'과는 공통점이 없다. '성별의식'개념이 이러한 의미를 지니기 때문에 나는 첫 번째 절 소제목에서 그것을 '여성의식'과 나란히 배열하였다.

그러나 90년대에 들어, 특히 중국에서 세계 여성대회를 준비하는 과정에서 '성별의식'은 다른 의미를 지니기 시작했다. gender개념이 들어오자

20) Linda Alcoff, "Cultural Feminism Versus Poststructuralism : The Identity Crisis in Feminist Theory", *Signs*, Vol.13, Spring 1988, pp.405~436.

21) 이 내용은 『중국현대문학』 제41호(한국 중국현대문학회, 2007.6)에 실린 내용임.

'성별의식'이 gender consciousness의 번역어로 여성연구 분야에서 통용되기 시작한 것이다. 중국의 여성연구자들이 이 핵심적인 개념에 주목했다는 것은 이들이 당시에 새로운 이론적 분석 틀을 절박하게 필요로 했음을 보여 준다. 세계 여성대회 이후 부녀연합의 책임자는 국내에 '성별의식'의 보급을 추진하기 시작했고, 여러 학자들은 두 편의 글을 선전 · 소개하는 과정에서 더욱 의도적으로 '성별의식'의 새로운 함의를 해석하고 선전하였으며, 『중국 여성신문[中國婦女報]』 역시 이를 위해 특별 토론란을 개설했다. 이 의미 있는 토론에는 다양한 사조의 영향들이 뚜렷하게 반영되어 있었을 뿐만 아니라 단어로 인한 곤혹스러움도 드러나 있었다.

1) gender의 기원과 의미

gender는 오늘날 여성이론의 핵심적 개념이자 여권주의 학술의 주요 내용이다. 20여 년 전, gender라는 이 단어는 어법용어로만 쓰여 단지 단어의 성별을 지칭하는 역할을 할 뿐이었다.

gender라는 이 생소한 어법 용어가 어떻게 여권주의의 핵심 어휘가 될 수 있었는가? 이것은 서양의 여권주의자, 무엇보다도 우선적으로 이 단어를 사용한 미국의 여권주의자들이 처했던 사회문화적 상황과 밀접한 연관이 있다. 20세기 중반, 미국에서 지배적 지위를 점했던 사회성별 담론은 '여성의 신비(프리단의 언어)'였는데, 이것은 이데올로기 · 사회제도 · 조직과 제휴하여 여성에 대한 엄격한 규범, 즉 현모양처를 만들어 내었고 그것이 정상적인 여성이 생존할 수 있는 유일한 방식이었다. 이 사회규범이 근거하고 있는 과학적인 이론 기초는 생물학적 결정론이었고 현모양처 역할론은 여성의 생리적 차이에 기반한 것으로서, 결국 성적인 차이(sexual difference)가 여성의 종속적 지위를 결정지은 것이라고 할 수 있다.

바로 이런 상황에서 20세기 60년대 말에 등장한 미국의 현대 여권주의자들이 공격하고자 했던 중요한 공격목표가 '생물학적 결정론'이었다. 초기의 주요 단계는 생리적 성별(sex)과 사회적 성별(gender)을 구분하는 것이었다. 생리적 성별은 아기가 갓 태어났을 때 해부학적 각도에서 판별하는 남성 혹은 여성을 가리키는 것인 반면, 사회성별은 사회문화 속에서 만들어진 것으로 남녀에 따른 기대특징과 행위 방식의 종합적 체현을 의미했다. 이런 구분이 의도하는 바는 다음과 같은 내용이다. 여자의 성별 역할 수행은 결코 과거의 사회학자와 심리학자들이 말한 것처럼 여성의 생리에 의해 결정된 것이 아니라 사회문화에 따른 규범이다. 즉 인간의 성별의식은 타고난 것이 아니라 가정환경과 부모와 자녀간의 관계에 대한 반응 속에서 만들어진 것이다. 이처럼 성별의식과 성별행위는 모두 사회문화적인 제약으로 인해 만들어진 것이기 때문에 생리적 조건은 여성의 운명을 결정하지 않으며 남녀의 성별 역할은 사회문화의 변화에 따라 달라질 수 있다. 초기의 여권주의자들은 곧바로 젠더라는 개념을 빌어 이런 식의 구분을 설명하지 않고 성별 역할(sex role)을 통해 사회의 여성에 대한 규범을 지칭했다. 그러나 성별 역할(sex role)은 여전히 sex(성별, 성)와 분명하게 연관되어 있었기 때문에 전통문화의 잔재가 담기지 않은 단어로 그들의 새로운 인식을 표현할 필요가 있었으며, 그러한 인식의 결과, 20세기 70년대 초반, gender로 여성에 관한 사회문화적 의미를 지칭하기 시작했다.

서양의 문학·학술계가 서양 인문학의 이원대립적인 인식론을 해체함에 있어서, 90년대의 여권주의자들은 자연과 문화를 대립시키는 태도, 그리고 인간의 생물학적 특성과 사회적 특성을 대립시키는 것을 비판하였다. 이들은 생물체의 하나인 인간에게는 구석구석에 사회문화적인 특성과 포괄적인 요소가 각인되어 있다는 점을 강조했다. 이처럼 sex와 gender에 대해 심도있는 토론을 진행함에 따라 사회성별이론은 더욱 풍부하고도 정교해졌다.

20여년 이래, gender(사회성별)는 이미 서양학술계에서 하나의 중요한 분석 범주가 되어 국제 여성운동의 중요한 개념이 되었다. 그러나 세계 여성대회 이전에는 중국의 학술계, 심지어 여성 연구진영에서 조차도 그것에 대한 이해에 한계가 있었는데, 이런 상황은 사회성별이론의 성격과 관련이 있을 것이다. 맑스주의가 창출해 낸 계급개념과 마찬가지로 여권주의가 만들어낸 사회성별이란 개념도 피압박 집단, 즉 여성의 역사와 현상을 탐구하는 데 힘을 기울였다. 그러나 계급 개념의 탄생과 달리 사회성별 개념은 하나, 혹은 몇몇 개인의 저술에서 출현한 것이 아니라 여권주의의 집체적인 창작물이었다. 더구나 이 창작은 사전에 규정된 대본이나 요구도 없이 백화제방·백가쟁명 식으로 분출된 것이었다. 각각 자신의 학술적 배경이나 현실적 관심에서 출발하여 나름의 시각에서 사회성별에 대한 탐구와 해석을 함으로써 제 각각의 이론적 견해를 표명하였다.

게일 루빈이 1975년에 발표한 『여성 교역－성 '정치경제학' 노트』의 영향은 대단했는데, 그 이유는 (91면) 그녀가 성·사회성별체계라는 개념(the sex-gender system)을 제안했기 때문이다. "성·사회성별 체계는 사회가 생물학적인 성을 인류활동의 상품으로 변화시키도록 만드는 일련의 조직이며, 이렇게 변화되어진 성에 대한 수요는 이러한 조직 속에서 충족되어진다."[22] 그녀는 가정에서 남성의 권력을 재생산하고 사회성별적인 신분을 만들어낸 시스템을 가족의 재생산, 혹은 여성교역이라고 명시했다.

루빈의 시사를 받은 여권주의 학자들은 사회성별체계가 각종 사회문화와 각 역사 시기의 형태와 변천과정, 사회성별체계와 여타 제도, 그리

22) Gayle Rubin, "The Traffic in Women : Notes on the "Political Economy" of sex", *Modern Feminism*(Maggie Humm eds.), Columbia U. Press, 1992, pp.257~258에서 인용.

고 가정·정치·경제제도 사이의 관계 등과 같은 다양한 분야를 연구했다. 사회조직형태를 연구하는 모든 경우에 있어서 사회성별체계가 그 안에서 어떻게 작동하는가를 고찰했는데, 이러한 사회성별체계에 대한 연구를 통해 사회성별은 단어 자체의 내포가 확대되었으며 또한 서양 여성학의 이론적인 기초가 다져졌다.

80년대 말, 조안 스코트는 『사회성별－역사분석에 유용한 범주』에서 후기구조주의 이론을 빌어 사회성별을 새롭게 해석했다. 그녀는 "사회성별은 여러 사회관계 가운데 일부분으로서, 양성 간에 관찰가능한 차이라는 근거 위에 만들어진다. 사회성별은 권력관계를 표시하는 기본 경로"라는 점을 강조했다. 사회관계의 일부로서 사회성별은 네 가지 상호 연관된 요소를 가리킨다. 즉, ① 여러 가지 형식으로 표현된 문화적 상징, ② 상징의 의미에 해석을 가하는 규범적 개념(종교·교육·과학·법률·정치이론에 표현된), ③ 정치와 사회기구 조직, ④ 주체신분의 역사적인 형성이 그것이다. 권력을 드러내는 기본 장소, 혹은 경로로서 사회성별은 권력 관념 및 권력 구축과 연관되어 있다. 왜냐하면 권력의 분배(물질자원과 상징 의미에 대한 통제와 지배)는 늘 사회성별관념을 참조하기 때문인데, 사회성별을 일종의 사회관계로서 고찰한다는 것은 다음과 같은 것을 의미한다. 사회성별의 형성은 다른 사회관계와 마찬가지로 사회문화의 각 부분과 연관되어있기 때문에 반드시 역사적이고 구체적으로 고찰되어야 하며, 사회역사를 초월한 본질주의적인 것이 되어서는 안 된다는 점이다.23)

위에서 언급한 상이한 이론 간의 관계는 상호 부정이 아닌 상호 보완관계로서 사회성별은 일종의 제도나 사회관계로 이해할 수 있다. 사회성별 개념은 특정한 조건하에서 구체적으로 분석할 때 비로소 의미를

23) Joan W. Scott, *Gender and the Politics of History*, Columbia U. Press, Chapter two, 1999, p.42.

지닌다. 사회성별은 서양 여권주의가 그들의 문화·역사·사회에 대한 분석과정 속에서 발전시켜온 이론 틀이기 때문에 그들이 논한 서양 사회성별의 구체적 상황이 아마 우리의 사회성별상황과 똑같지 않거나 아주 다를 수도 있지만 사회성별을 일종의 제도와 사회관계로 간주하는 인식은 참고할 만하다. 우리는 이러한 인식을 활용해서 우리의 사회성별상황을 고찰할 수 있으며 우리들의 사회성별상황에 대한 역사적이고 구체적인 분석을 통해 사회성별이론을 풍부하게 할 수 있다.

2) 번역의 어려움과 이해를 가로막는 것들

gender의 함의에 대한 지금까지의 간략하고 부분적인 소개를 통해 현재 우리가 사용하는 번역용어가 적절하지 못한다는 사실을 알 수 있을 것이다. '여성의식'으로 gender consciousness를 지칭하는 것은 오늘날 여권주의적 맥락에서 gender가 의미하는 바를 전달할 수 없다. 왜냐하면 '여성의식'은 우리들이 '문혁'후에 만들어낸 말이기 때문이다. 중국어의 '성별'이란 두 글자 역시 마찬가지로 우리들 자신의 문화적 의미를 담고 있기 때문에 '성별'로 gender를 지칭하는 것은 우리의 이해를 제약할 뿐만 아니라 개념을 뒤섞이게 할 수가 있다.

성 문제를 논할 때 만약 사회성별체계와 사회성별관계를 통해 현존하는 문화관념을 분석하지 않고 기존의 언어나 기성관념으로 표현한다면 우리는 곳곳에 스며있는 전통문화의 그물을 찢을 수 없을 뿐만 아니라 오히려 그것을 공고하게 할 수조차 있다.

강조해야 할 점은, 바로 그러한 인식에 기초해서 서양의 여권주의가 20여 년 동안 일련의 자신들의 비판적 언어를 발전시켜 왔다는 사실이고, gender가 그 가운데 핵심적인 단어라는 점이다. 그렇기 때문에 우리는 이 단어와 여타의 여권주의 개념을 번역할 때 각별히 신중을 기함으로써 진부한 관념이 담긴 언어로 새로운 개념을 포장하지 않도록 해야 한다. 이런 어려움을 인식하였기 때문에 나는 '사회성별'을 사용할 것을 주장한다. 이 단어의 좋은 점은 두 단어가 모두 상용되는 중국어이기 때문에 그다지 거리감을 주지 않고, 또 두 개의 단어를 조합하는 방식이 전에는 없었기 때문에 사람들로 하여금 습관적으로 자기 이해방식대로 생각할 수 없도록 만들어 궁금증을 갖게 한다는 점이다. 무엇이 사회성별인가? 이런 당연한 질문은 새로운 개념을 이해하는 데 유리한 전제가 된다. 반면, 이 단어는 여전히 문화적 잔재를 털어 버리지 못한 '성별'이라는 두 글자를 사용함으로써 gender가 표상하는 서양 여권주의의 새로운 돌파를 충분히 드러내지 못한다는 결함이 있고, 또 네 글자로 이루어지다 보니 다소 번잡스럽고 입에 착 달라붙지가 않아 통용되기가 쉽지 않다는 측면이 있다.

우리는 gender를 보다 적절한 중국어로 번역하기 위해 여러 사람의 의견을 수렴하여 효과적인 단어를 발굴해야 한다. 동시에 각 단어의 함의를 분석하고 단어의 역사적 변천을 조사함으로 중국의 사회성별관과 사회성별관계의 변화를 추적해야 하고 또 우리의 역사와 현상에 대한 구체적 분석 속에서 부단히 변화하는 사물에 대한 우리의 입장과 대책을 확실하게 정해야 한다.

부록 2 인물 대담

80년대 중국 여성주의의 선구자, 리샤오장[李小江][1]

*대담자 :	리샤오장(李小江, 중국 대련대학 성별연구센타 주임교수)[2]
	김미란(성공회대 HK교수)
*일 시 :	2003년 1월 12일
*장 소 :	중국 요녕성 대련대학 성별연구센터(大連大學 性別硏究中心)

김미란(이하 김) 저는 중국 현대문화와 여성을 공부하고 있고 지금은 베이징의 대학에 방문학자로 와 있습니다. 얼마 전에 동료로부터 선생님께서 작년 11월 『독서(讀書)』 잡지에 발표하신 글인 「전쟁 체험—여성 스스로 말하게 하라[親歷戰爭—讓女人自己說話]」를 소개받아 읽어 보았습

1) 저자와 인터뷰한 내용은 중국에서 출판된 것으로 다음 자료가 있다. 리샤오장 등 저, 『여자—문화의 경계에서 대화하기(女人—跨文化對話)』 江蘇人民出版社, 2006, 145~156면. 중국어본에 실린 대담 내용은 약간의 수정을 거친 것으로 보인다.

2) 1951년생. 1980년대 개혁개방 이후 가장 먼저 맑스주의 '계급' 중심적 관점에서 탈피 '성'의 문제를 제기한 여성학자. 현재 따롄대학 성별연구센타의 소장, 교수로 17종의 편저와 10년에 걸친 인터뷰를 모은 중국여성구술사자료집 『讓女人自己說話』, 三聯書店, 2003을 낸 바 있다.

니다. 읽고 나서 선생님과의 인터뷰를 통해 선생님의 학술적 입장에 대해 이해하고 싶다는 생각이 들었고 또 몇 가지 궁금한 점도 생겼습니다. 먼저 선생님께서는 어떤 학술적인 입장을 갖고 계시고 어떻게 연구를 하고 계신지, (여성)연구를 시작하신 동기에서부터 풀어 주시겠습니까?[3]

리샤오장(이하 리) 연구 동기에 대해서 간단히 말씀드리죠. 저는 원래 서유럽문학을 전공했기 때문에 중국 고전문학에 대해서는 그다지 밝지 못합니다. 또 공부도 대학 캠퍼스 안에서 정상적으로[4] 마치지를 못했기 때문에, 겨우 8년간의 학교 교육을 받은 상태에서 얼마 후 곧 바로 시험을 치러 대학원에 들어갔습니다. 그래서 저의 학문적 기초는 소비에트 러시아 문학과 맑스주의를 포함한 서양문화, 즉 서양 철학 · 역사 · 문학을 통해 다져졌고, 특히 현대문학과 철학의 영향을 많이 받았습니다. 비록 이것들이 모두 외국의 학문이기는 하지만 제게 아주 많은 영향을 끼쳤을 뿐만 아니라 개인적으로 역사철학에 많은 흥미를 느낍니다. 왜 여성연구를 시작했느냐는 문제에 대해서는 이미 많은 글을 발표했는데 『여성을 향해 나아가다[走向女人]』의 내용을 보면 아시겠지만, 한 마디로 말하자면 우리는 '남자와 여자는 모두 같다'라는 것에 대한 회의에서 연구가 시작되었습니다. 하지만 그건 나 한 사람만의 출발점이 아니라 우리 세대 여성들 모두의 출발점이었습니다.

김 언제 시작하셨나요?

리 처음 글을 쓴 건 1982년이었지요. 그 방향으로 생각을 정한 것은

3) 본문에서는 *婦女*, *女性*, *女人*이란 단어가 혼용되는데, 한국어로 번역할 때는 부녀와 여성을 '여성'으로 번역하였다. 女人이란 용어는 다소 여성스러움을 강조한 뉘앙스가 있어 '여인'으로 그대로 썼다.(역자 주)

4) 1960년대 중반 문화대혁명 기간 중 3년 동안 대학이 문을 닫아 학업을 진행할 수 없었던 시기를 말한다,

1979년 막 대학원 공부를 시작했을 때였는데, 당시에는 문학적인 범주를 벗어나지 못했었습니다. 공부를 시작하기 전에 저는 여러 가지 책을 뒤지고 철학 서적 속에서 여성을 찾아보려고 했었는데 도무지 찾을 수가 없었지요. 또 역사 속에서 찾아보려고도 했었지만 역시 발견할 수가 없었어요. 나는 이런 역사와 철학에 대해서 의문이 생기기 시작했습니다. 왜 문학에서부터 시작했느냐,라고 묻는다면, 그것은 유사 이래 오로지 문학만이 처음부터 끝까지 온전하게 여성에 대해서 기록하고 있어서 깊이 파고들어 여성들의 삶의 역사적인 궤적을 더듬을 수 있었기 때문이지요. 그래서 나는 『여성－아득하고도 아름다운 전설[女人：一個悠遠美麗的傳說]』(上海人民出版社, 1989)에서 문학적 형식을 빌어 여성의 역사를 재현해 보려고 했었습니다. 처음엔 여성연구를 할 생각이 없었기 때문에 만약 내게 전공 선택을 하라고 했다면 주저 없이 역사나 철학, 혹은 미학을 택했을 겁니다. 하지만 한 사람의 여성으로서 당신이 '남자와 같다'라고 규정된 이 중국 사회에서, 자신이 결코(남자와) 같지 않다는 것을 느끼게 된 순간 의구심이 생겼습니다. 자신의 문제, 즉 여자라는 문제를 우선 해결하지 않으면 안 되었던 거지요. 저는 역사를 공부하고 철학서와 여성 연합단체를 살펴보고 맑스주의를 탐구하면 답이 나오리라고 생각했어요. 그런데, 아무도 만족할 만한 답을 주지 않았습니다. 처음부터 혼자 하다 보니 여기까지 오게 되었습니다.

김 1980년대 이후로 지금까지 많은 시간이 흘렀는데 스스로 생각하시기에 시각과 연구의 주요 관심영역에 어떤 변화가 있으셨나요?

리 아주 많았습니다. 그래서 저는 어떤 사람을 처음부터 과도하게 특정한 틀에 가두어 버리는 데 동의하지 않는데, 왜냐면 상대는 아직 살아있고 또 발전해나가야 하기 때문에 변화는 당연히 일어나게 되어 있기 때문이지요. 1980년대에 개방이 막 이루어져 별로 외국과의 직접적인 교류가 없었을 때, 개인적으로 중국 사회 자체의 이론적인 문제와 개혁과정에서 생기는 여성문제에 대해 연구했었습니다. 그러나 1990년대 초, 많은 시간을 해외에서 보내면서 세계 각지를 돌아다닐 즈음, 중국에 대한 국제사회의 인식이 아주 좋지 않아서 저는 도처에서 서양인들의 오해를 느낄 수가 있었습니다. 그래서 많은 시간을 들여 중국 여성의 입장을 옹호하는 대변인처럼 발언을 했고, 민족주의적 색채가 짙어져 여성연구 측면에서도 '토착화'를 강조하게 되었습니다. 20세기 말·금세기 초엔 국제적인 여건이 많이 좋아져서 국내 상황에도 많은 변화가 있었는데, 이 무렵엔 주로 간(間)문화 연구[跨文化研究]에 흥미를 느끼게 되었습니다. 1980년대 우리가 주로 했던 것은 계몽이었던 데 비해, 1990년대에 내가 했던 중요한 일은 두 가지였습니다. 하나는 세계를 알기 위해 지구의 절반을 돌았던 일, 둘째는 현장조사를 통해서 중국을 공부한 것으로 농촌 각지와 소수민족 지역을 방문한 일입니다. 두 가지 모두 아주 구체적인 성과가 있었는데, 하나는 여성 박물관을 건립한 것으로, 지금 싼시[陝西] 사범대학 자리에 위치해 있습니다. 둘째는 20세기 여성 구술사인데요, 바로 얼마 전 첫 번째 시리즈로 네 권을 만들어서 견본을 이미 넘긴 상태입니다. 2000년, 대련대학에 이 센터를 만든 것은 바로 여성·성별연구 학과를 만들어 보고 싶어서였습니다. 여기에 머물면서 중국의 동북지역과 동북아에 대해 상대적으로 깊이 있게 이해하게 되었는데, 그것을 기반으로 동북아를 중심으로 한, 문화의 경계연구에 주력하고 있습니다. 구체적으로 2001년 동북지역을 대상으로 현지 조사를 시작했는데, 특히 연변의 조선족 여성의 구술을 받았고 흑룡강 동영현[東寧縣]의 위안부 몇 사람을 방문하였습니다.

김 선생님의 활동범위가 상당히 넓으신데요, 말씀하신 대로 1990년대 이후 세계 각지와 미국을 방문하고 돌아와서 농촌지역 조사를 하신 것 사이에는 어떤 직접적인 연관이 있습니까?

리 있습니다. 알다시피 중국은 넓고 다양한 민족이 있습니다. 당신이 중국에서는(주류인)한족이지만 미국이나 유럽에 가면 인구가 결코 많지도 않은 그 곳에서 소수민족이 되어 버립니다. 전에는 이런 문제를 생각해본 적이 없었는데, 거기에 가서 비로소 깨닫게 되었지요. 자신의 지위가 안 통하고 사람들에게 무시를 당하니 그 체험이 국내에서 나 자신의 지위와 입장을 돌아보게 만들더군요, 전과 다른 각도에서 중국과 우리 자신에 대해 새롭게 인식하게 되었고 진지하게 민족, 국가와 개인의 신분 문제에 대해서도 생각해 보게 되었지요. 국내와 국외에서의 이런 현격한 신분상의 대비 체험은 나로 하여금 여러 가지 문제를 돌아보게 만들었는데, 첫째로는 자신이 국내에서 누리는 지위를 되돌아보고 타인의 장점을 배워야겠다는 것이었고, 또 하나는 자신을 반성해야겠다는 것이었습니다.

김 그러니까 미국에서 선생님께서 하신 말씀이 (다른 문화가 아닌)주변적인 목소리로 간주되었다는 말씀이시군요.

리 미국에서 미국 학자들과 교류를 하게 되면, 그 사람들의 생각 가운데 많은 부분이 옳지 않다는 것을 알게 되는데요, 그럼에도 그들은 주류이기 때문에 유리한 자리를 차지하고 있고 당신의 말에는 귀를 기울이지 않습니다. 그런 상황이 나 자신을 돌아보도록 만들었어요. 국내에서는 한족(漢族)이라는 다수자에 속하기 때문에 (중국 내)소수민족이 낙후하다고 느끼는 나의 태도가 혹시 미국학자들과 동일한 문제를 지닌 것은 아닌가라는 점입니다. 국내에 있을 때는 이런 반성적인 사고를 하지 못했었는데 저 자신이 소수자와 약소한 집단취급을 당하고 보니 자신을 돌아보는 시각이 생겨난 겁니다. 그래서 귀국한 뒤에 가장 가난하고 두메산골인 지역과 하층 사회에 대한 관심을 갖고, 소수민족 지역과 외진 산촌을 찾아가 현지 조사를 했습니다. 그런 작업을 통해서 그 사람들의 실제 상황을 이해하고 그들의 목소리에 귀를 기울이고 동시에 지금까지 자신의 사고를 반성하게 되었습니다. 여러 민족의 여성들과 문화계 인사들을 만남으로써 또 다른 측면에서 중국을 이해하게 된 거지요. 중국을 좀 더 이해하게 될 때, 비로소 자신의 입장을 견지하고 자신의 길, 이른바 본토적인 길을 가게 됩니다.

'토착적(本土的)'인 것과 '토착화(本土化)'

김 '토착화'에 대한 설명을 듣고 싶은데요, 이 단어를 사용하신 것은 무슨 특별한 내용을 강조하기 위해서입니까?

리 두 가지 뜻이 있습니다. 첫째로 '토착적'이라는 것은 자기 자신의 것, 자신의 역사, 문화 등을 가리키고 둘째, '토착화'라는 것은 남의 것을 이곳에 맞게 '변화[化]'시키는 것입니다. 기독교를 예로 들자면, 당신이 미국에서 신앙생활을 하다가 중국에서 전파를 하려고 할 때 '토착화'하는 문제에 부딪히게 되겠지요. 코카콜라, 맥도널드가 중국에서 뿌리를 내리려면 이곳의 입맛에 맞게 바뀌어야 하는 것과 같은 이치지요.

김 글로벌화 추세가 필연적으로 '토착화'를 야기하는 것은 아닌지요.

리 여기에는 입장의 문제가 놓여 있습니다. 당신이 만약 외부인의 입장이라면 어떻게 '변화'시켜 들여갈 것인가라는 문제에 부딪히게 되겠지요. 만약 내부에 있다면 외부에서 들어온 것에 대해서 자기 본토의 것을 어떻게 지켜나갈 것인가를 반드시 고려해야만 합니다. 이 두 가지는 전혀 다른 입장입니다. '토착화'는 들여오고자 하는 사람이 또 반드시 거쳐야 하는 과정이고 자신이 능동적으로 수행하는 일이기 때문에, 누군가가 뭔가를 들여오고자 한다면 반드시 현지에서 '토착화' 과정을 거쳐야지, 안 그러면 전파가 가능하겠습니까?

김 중국에는 미국유학을 다녀와서 여성연구를 하는 학자들이 있는데, 선생님이 보시기에 이들은 '토착화'를 하고 있습니까, 아니면 그런 노력을 하지 않고 있나요?

리 '변화'시키려면 반드시 중국에 대한 이해가 있어야 합니다. 가장 이른 시기에 출국해서 유학한 사람들 대다수가 국내에서 익힌 것은 영어였고 중국의 역사와 문화, 사회에 대해서는 이해가 없었습니다. 이들이 만약 '변화'시키려고 한다면 그 점을 잘 알아야 할 것이고 만약 상대가 진짜 외국인이라면 훨씬 더 어렵다고 하겠습니다. 왜냐하면 그들은 이런 자각이 없기 때문에 자신이 모든 것을 다 이해하고 있다고 생각하기 때문이지요. 만약 나 자신이 미국에서 태어났다거나 미국에 유학하면서 여권주의를 받아 들였다면 아마도 여권주의 전파자가 되어 미국적인 것을 이곳에 맞게 '변화'시키려고 당연히 노력했을 것입니다.

김 한국의 상황은 이렇습니다. 서양의 여권주의 저작이 80년대 이래 국내에 소개되어 사회에서 많은 반향을 불러 일으켰는데 이는 아마도 우리의 근대화 발전 과정이 그 쪽과 유사한 자본주의적인 과정이어서였기 때문일 겁니다. 90년대 이후에 들어서서 사회가 다양화하면서 노동과 문화적인 면에서 여권(여성)주의적인 관념이 확산되었습니다. 이는 한국이 더 이상 개발도상국가가 아니라 경제 상황이 나아지고 여성의 사회진출이 늘어 여권주의 이론을 비롯한 서양의 가치관과 공통된 문제가 공감을 일으켰기 때문이라고 할 수 있겠습니다. 현대사에서 한국은 중국과 달리, 남권중심적인 것을 파괴하는 사회혁명을 거치지 않았습니다. 그래서 사회적인 스트레스가 중국보다 많고 그런 점에서 여성들은 그 억압에 더욱 민감할 수밖에 없다는 생각이 드네요.

리 한국과 유럽·미국은 비록 문화적인 차이가 있기는 하지만 정치체제와 경제제도가 아주 비슷하고 특히, 한국의 남권·부권중심 문화는 뿌리가 너무 깊어서 여권운동을 펼치기가 훨씬 어려울 것입니다. 서양의 것을 직접 들여오는 것은 아주 편리한 방법이어서 곧 바로 현장에다 써 먹을 수가 있지요. 한국과 일본, 당신네들의 전통문화는 기본적으로 파괴된 적이 없기 때문에 단지 자신들의 힘만으로 여권주의를 발전시키려고 한다면, 좀 무례하게 말하자면, 싹이 자랄 공간조차 없을 것입니다. 그렇기 때문에 서양의 여권주의를 아주 만족스럽게 여기고 여권주의는 사회의 서양적 가치관에 대한 긍정과 확산에 편승해 아무 거치적거리는 것 없이 일사천리로 당신네 사회에 들어와 사람들의 관념을 바꾸어 놓으니, 왜 그것을 기꺼워하지 않겠습니까?

김 저는 처음에 선생님이 자신은 여권주의자가 아니라고 하시는 말을 듣고 몹시 의아스럽게 생각했었는데, 이런 생각을 갖고 계셨었군요.

리 내가 왜 여권주의를 인정하지 않는가 하면 중국 여성해방의 길과 현실적 여건이 여권주의와 맞지 않기 때문입니다. 중국의 여성은 사회적으로나 가정생활 면에서 일방적으로 억압을 받거나 배척을 당하지 않았을 뿐만 아니라 서양의 여러 나라와 비교할 때, 비교적 사회 활동 영역이 넓었고, 또 사회적으로 여권주의가 아닌 다른 많은 유리한 자원을 갖고 있습니다. 중국의 이러한 사회체제 속에서 도시 여성의 사회적 지위는 남성 농민보다 높았고 지식인 여성의 사회적 지위는 일반적으로 남성노동자와 다른 업종의 남자들보다도 높았습니다. 이런 상황에서 어떻게 여권주의 기치를 내걸고 여권을 요구할 수 있겠습니까? 다른 무슨 여권이 더 필요하다는 것인가요? 만약 당신이 여권주의자라는 신념을 갖고 오직 그 무기만을 휘두른다면 이는 대포를 내려놓고 창을 집어 드는 것과 같아서 이 싸움에서 이길 수가 없습니다.

김 여권주의는 중국에서 아무런 쓸모가 없다는 말씀이군요.

리 여권주의는 유용하지만 만능은 아니라는 겁니다. 텍스트 분석이나 문화비판 측면에서는 효과가 있고 유용하지만 사회적 측면에서 볼 때 너무 협애해 보인다는 겁니다. 다같이 함께 할 수 있는 일을 굳이 여성을 따로 떼어 내려고 하니 사리에 안 맞는다는 얘기지요. 예를 들어, 농촌의 보편적인 문제인 빈곤문제를 다룰 때, 당신은 전체 촌민들에게 가난에서 벗어나자고 호소하겠습니까 아니면 전적으로 여성조직을 만들어서 여성의 권리를 찾자고 하겠습니까? 의식주가 해결되지 못한 마당에 무슨 여권주의를 논한다는 겁니까? 일반적인 인권이 보장되지 않은 상황에서 여권주의는 아주 사치스런 것입니다.

김 먼저 전체 사회문제를 고려한 다음에 개인 문제를 논해야 한다는 말씀이군요.

리 제 말은 해당 사회의 문제가 얼마나 중요한 사안인가에 따라 다르다는 건데, 만약 중요하고도 산적해 있는 경우라면 그게 하나의 전제가 됩니다.

개혁과 여성

김 그러시군요. 선생님의 글 가운데 '해고[下崗－업무 대기발령] 문제'[5]에 대한 언급이 있었는데요, 좀 더 설명해주시겠습니까?

리 중국의 '해고'문제는 단순한 실직문제가 아닙니다. 시장경제에서 실직은 정상적인 현상이지만 우리나라에서 '해고'는 사회구조 조정기에 나타나는 단계적인 문제로 계획경제에서 시장경제로 가는 하나의 과정입니다. 계획경제 하에서는 여성을 보호하는 많은 정책이 있었고, 이것은 실제로 여성에게 유리한 측면이 있었지만 다수의 게으른 사람까지도 보호했습니다. 어떤 의미에서는 사회경제의 발전을 저해했다고 할 수 있지요. 시장경제로 가는 과도기에 이런 보호정책이 폐지되거나 축소되었는데, 그것 때문에 많은 여공이 일자리를 잃었습니다. 이러한 변화 추세가 몹시 잔혹한 현실로 나타났던 거지요. 이런 상황에서 우리가 할 수 있는 일은 우선 여성들이 이런 변화 상황을 분명하게 파악하도록 설명하는 일이었습니다. 다른 하나는 여성들이 처한 실제적인 곤경을 해결하도록 도와서 새로운 일자리를 찾도록 한 일인데, 부녀연합(정부산하

5) 직장을 그만두는 퇴직과는 다른 개념으로 업무를 중단하고 집에서 대기하고 있는 상태를 말하며, 기존 월급의 20~30%를 받는다.

여성 최고조직, 이하 부련)이 이 일을 해 오고 있습니다.

김 개혁과 여성에 관해 1988년에 쓰신 선생님의 글을 보면 전반부에서는 국가가 여성을 더 이상 보호하지 않기 때문에 자립해야 한다고 말씀을 하시고, 후반부에서는 여성이 실직을 할 경우 남성 가장이 아버지와 남편으로서, 또 국가가 사회보장제도로 여성을 나락으로 떨어지지 않도록 받쳐 준다고 쓰셨습니다. 제가 보기엔 모순으로 느껴지고, 국가가 개혁을 주장하는 논지와 차별성이 없다고 보이는데요.

리 선생님은 아마 이해하기 어려울 텐데요, 중국 여성의 사회와 국가에 대한 의존은 이미 심각할 정도로 여성 자신의 발전을 가로 막고 있습니다. 여성들이 비록 사회에서 일을 하기는 했지만 진정으로 자립해 본 적이 없었고 그 권리는 기본적으로 사회주의가 부여한 것으로 사회주의 중국이 베푼 '은혜[恩賜]'였습니다. 독립의 상징에는 경제적으로 스스로 일해서 먹고 사는 것 외에 자신의 운명을 결정하고 스스로 주인이 되도록 하는 정신적 · 사상적 자립이 있습니다. 개혁 이후에 여성들이 비록 압박을 받기는 했지만 나는 오히려 이것이 중국 여성이 자립하고 자주적으로 되고 자신이 자기문제를 처리하는 법을 익힐 기회라고 보기 때문에 줄곧 중국 여성에게 좋은 일이라고 말해 왔습니다.

김 아, 제가 오해를 했었군요. 저는 선생님이 여성들이 직장을 그만두고 집으로 돌아가도록 설득했었다고 생각했고 서방의 학자들도 그렇게 알고 있기도 합니다. 선생님은 지금도 이런 생각을 갖고 계시는지요? 이것과 정부의 입장과 어떤 차이가 있습니까?

리 민간과 정부[官方]를 명확하게 대립된 두 부분으로 나누는 이원론적인 사고방식 또한 서양적인 사고방식입니다. 그 사람들은 이른 바 '민간'이라고 하는 것이 지식인일 수도 있고 그들과 정부가 동전의 양면과 같아서 외부세계에 대해서 그들은 하나의 일치된 태도, 즉 민족주의적 태도를 취한다는 것을 생각하지 못합니다. 즉 (중국의)지식인들은 자기 사회 내부의 하층민들과 약소 집단에 대해서는 동일한 책임감을 느끼고 민생을 최우선 과제로 생각합니다. 또 한 사회가 전환기나 변혁과정에 처하게 되면 사회의 이익집단들은 새로운 그룹을 만들어 계층 간의 간격을 허물고 몇 개의 정치세력을 형성합니다. 예를 들어 1980년대의 개혁파와 보수파처럼, 민간과 정부의 각종 힘들이 상황에 따라 새로운 조합을 만들기 때문에 민간과 정부를 분명한 대립관계로 보는 관점은 문제가 있습니다.

김 선생님께선 (시장화)개혁을 지지하는 발언을 하시는 건가요?

리 적어도 나는 개혁을 지지하는 사람입니다. 여성에 대해서 말하자면 나 역시 중국의 여성들이 개혁의 역군이 되길 바라지 걸림돌이 되길 원치 않습니다. 과거에 체제가 여성을 보호했다고 해서 여성이 개혁을 반대할 수는 없는 일입니다. 그건 아주 수동적인 태도이지요. 반대를 한다 해도 아무 소용이 없고 더 많은 문제를 야기할 뿐이기 때문에 상황을 분명하게 파악하고 개혁의 긍정적인 면에 적극 동참하는 것이 낫습니다. 그렇기 때문에 당시에 내가 그런 내용의 글을 많이 썼던 것이고, 『여성의 출로』(요녕[遼寧]인민출판사, 1988)에서 개혁과정에서 여성들의 이런 상황을 논했습니다.

김 선생님은 여성을 전체 사회에서 분리해내는 데 반대하십니까?

리 그렇습니다. 만약 여성의 입장에서만 사태를 보자면 여성이 손해라고 하겠지만 전체적 국면을 본다면 전 중국인이 수혜를 받게 되고 특히 농민들이 개혁과정에서 아무런 손실이 없이 일찍이 경험해보지 못한 해방을 누리게 될 터인데, 이런 상황에서 여성들은 어떻게 해야 되겠습니까, 당신은 (개혁을)지지하겠습니까, 아니면 반대하겠습니까? 혹자가 개혁과정에서 여성해방이 퇴보했다라고 했는데, 저는 한 사회가 앞으로 발전하는데 여성만이 퇴보한다고는 생각하지 않습니다. 이런 역사관은 인정할 수 없습니다.

다른 목소리를 내다

김 부련에 대해서는 어떻게 생각하십니까?

리 부련에는 변화가 많았습니다. 이전에 그것은 당의 소속 기구로 '당과 여성군중을 잇는 교량과 유대'였기 때문에 여성을 위한 일을 하기도 했지만, 주로 여성이 당에 복종하도록 호소하고 조직하는 것을 주로 했으나, 개혁 이후 부련은 여성의 목소리를 내기 시작해서 의도적이고 자발적으로 여성을 위한 발언을 합니다.

김 그렇다면 왜 선생님께선 부련을 반대하려고 하셨던 거지요?

리 잘 못 아신 겁니다. 나는 한 번도 일부러 무엇을 반대한 적은 없었고 단지 다른 목소리를 내었을 뿐입니다. 여성을 위한 사업을 할 때, 여성을 교육하고 대변하는 이 일에 있어서 나와 부련은 줄곧 여러 가지 공동 작업을 해 오기는 했지만 그것이 우리의 입장이 일치한다는 걸 의미하는 것은 아닙니다. 우리는 각기 다른 사명, 다른 목표와 다른 입장을 갖고 있기 때문에 그들은 그들의 일을 하고 나는 내 일을 하다가, 어떤 일치점이 생기면 공동 작업을 하고 그렇지 않으면 거리를 유지하는 것일 뿐입니다. 외국 학자들은 문제를 볼 때, 늘 이원대립적 태도를 벗어나지 못하고 다양성을 품는 가슴이 없어 자신의 척도로 남을 잽니다. 이렇게 광활한 땅 덩어리에서 각각의 사람들과 각각의 조직이 상이한 소리를 내는 것은 극히 정상적인 일이지 다르다는 게 결코 대립을 의미하는 건 아닙니다. 서방은 민주와 다원성을 개척한 나라인데, 어째서 중국문제를 보는 데는 그런 태도를 견지하지 못하는 거지요? 예를 들어 부련이 일을 할 경우, 반드시 일치된 목소리를 내야하는 것인지, 난 그런 것을 가장 싫어합니다. 하지만 외국의 학자들도 문젭니다. 여성문제를 볼 때 어째 자기들의 여권주의적인 틀 안에서 해석할 줄 밖에 모르니 말입니다. 또 왜 그들은 그룹을 짜고 회의를 열어 우리에게 이건 옳고 저건 틀렸다고 가르치려 드는 겁니까? 뭐하자는 거지요? 누가 당신들에게 이런 권리를 부여했습니까? 함께 앉아서 다른 경험을 나누면 그걸로 족한 겁니다. 어떻게 자기들에게 이미 쓸모없게 된 것을 이리로 갖고 와서 '성경' 전파하듯 하려드는 거지요?

김 작년에 한국에서 동아시아 한・중・일 세 나라 여성 NGO들이 모여 환경보호 주제로 회의를 연 적이 있습니다. 일본인 대표는 환경보호를 위해 유채꽃 씨를 이용한 천연연료를 개발해서 공기오염을 줄인 사례 발표를 했고, 한국은 새로운 공장 건립이 야기하는 환경 파괴 문제점을 논했던 반면, 중국 대표는 부련 간사였는데, 부지런함, 절약과 같은 동양 여성의 미덕을 강조하고 폐품을 재활용해 생산에 투자한 사례를 발표했는데 마치 정부 대변인 같았었습니다. 각각의 차이에는 발전 단계에 따른 상이한 고민과 대응이 담겨 있다고 보이는데, 그 때 저는 부련이 하나의 독립된 기구로서 어떤 일을 하는지 궁금하다는 생각을 하게 되었었습니다.

리 요 몇 년 동안 나와 기층(말단조직) 부련은 많은 공동작업을 해 왔습니다. 만약 당신이 중국에서 여성을 발전시키려고 한다면 부련과 협조하지 않으면 안 됩니다. 즉 발전을 논하고자 한다면 부련을 떠나서는 불가능하단 얘깁니다. 부련은 다른 나라들의 여성조직이 갖추지 못한 두 가지 강점을 갖고 있는데요, 하나는 국가와 정부조직의 정치적 지지라는 막강한 백그라운드가 있어서 그 조직에서 일하는 사람은 생계차원에서 노후를 걱정할 필요가 없습니다. 그래서 여성을 위한 일을 평생직업, 혹은 사업으로 여길 수 있다는 것이지요. 둘째는 조직 넷트웍이 위에서부터 아래에 이르기까지, 전국 각지, 골목 구석구석과 시골 말단까지 뻗어 있어 지구상에서 이에 비견할 예를 찾기 힘든 조직망을 갖고 있습니다. 내가 보기에 그들이 하는 가장 중요한 일은 사회 개혁 과정에서 여성의 자기 정체성이 추락하는 것을 떠받치는 일인데, 곧 늘 최하층과 극빈층 집단을 대변하여 발언하는 일입니다. 그렇기 때문에 중국의 경우에 이런 일들을 나 자신을 포함한 여권주의자들이 하고 있다고 떠벌일 상황이 절대로 못 됩니다. 내가 무슨 여성해방을 위해 어떤 구체적인 문제를 해결해 본 적이 없고 그 일들은 모두 부련이 해 온 일들입니다. 하층 사회를 조사하면서 나는 그들이 해온 일을 직접 목도하고는 줄곧 감동을 받았었습니다. 20 여 년 동안 그들은 끊임없이 여성의 권리를 위해 의견을 개진했고 중국의 법 제정 과정에서 여성 권리의 입법화를 요구하였습니다. 서양 사회에서 여권운동이 벌인 법률 투쟁을 중국에서는 부련이 하고 있고, 그렇기 때문에 이 몇 년 사이에 여성의 권리를 보호하는 법이 나올 수 있었던 것입니다. 부련이 한 일에 대해 이론적 차원에서 규정지어서는 안 되는 이유는 그것이 연구기구가 아니기 때문이고 또 그것이 공산당 혹은 정부의 산하 기관인가 아닌가에 대해서도 신경 쓸 필요가 없습니다. 그것이 공산당의 것이라거나 정부 산하기관이라고 해서 불신한다면 이는 올바르지 못한 견해입니다. 우리는 실천적인 차원에서 그것을 바라보아야 하고 그것이 실제로 어떤 일을 이루었는가, 누구를 위해 일했는가, 누구의 입장에서 말 하는가를 보아야 하는데, 그것은 의심할 바 없이 여성을 위해서 또 대부분이 약자집단 내의 여성을 위한 일들이었습니다. 이런 이유 때문에 이념과 행동에 있어서 뒤떨어진 것처럼 보이는 걸 피할 수가 없지요. 종종 부련이 한 일의 결과가 그리 좋지 못했다거나 채 완성에 이르지 못한 경우가 있는데, 그것은 다른 원인을 제외하고 보자면, 부련이 정식의 정부의 직능부서가 아니기 때문에 권력이 그리 막강하지 못해서 하층 여성의 실질적인 문제를 해결하는데 어려움을 겪기 때문에 일어난 일이라고 볼 수 있습니다.

김 바람직하지 않은 면은 없었습니까?

리 처음 몇 년 동안 그런 문제를 거론하는 것은 의미가 있었겠지만 이 시점에서 그 문제를 논한다는 것은 너무 철지난 느낌이 드는군요. 왜냐면 여성의 관점에서만 본다면 오늘날 부련의 업무는 기본적으로 긍정적이라고 하겠습니다. 서양 여성과 서양 여권주의에 대한 태도를 포함해서 부련은 이들에 대해 적극적이고 개방적이며 포용적으로 대하기 때문이지요.

김 하지만 제가 듣기로, 미국의 인구 기금이 중국에 돈을 대주지 않겠다고 한 것은 가족계획[計劃生育－한 가정 한 자녀 낳기 정책]이 인권을 침해했기 때문이라고 들었습니다만…….

리 그런 논조와 그런 이유도 실은 너무 시대에 뒤떨어진 얘기입니다. 처음 몇 년은 그렇게 말할 수 있었겠지만 지금은 상황이 아주 많이 달라졌습니다. 설사 가족계획을 실시한다 하더라도 전과 상황이 많이 다릅니다. 작년에 정부가 (관련)법을 제정했는데, 이것은 설사 외국에서 재촉하지 않는다 하더라도 중국의 인구문제도 이제 법제를 통한 자율적인 길을 밟아가리란 것을 의미합니다.

김 미국의 그런 태도는 어떤 반향을 불러 일으켰습니까?

리 그거야말로 실로 진부한 얘기꺼리입니다. 삶은 이미 앞으로 저만큼 나가버렸는데, 어떻게 아직도 그런 문제가 있을 수 있단 말이지요? 누가 문제를 일으킨다는 겁니까?

김 그럼 당신들도 가족계획을 비판할 수 있었다는 말인가요?

리 그것은 또 다른 문제입니다. 가족계획은 우리의 기본 국책으로 인구를 억제하는 것은 모두가 따라야 할 사항인데, 이는 어느 국가라도 마찬가지입니다. 내가 당신에게 거꾸로 한 가지 묻겠는데, 어떻게 당신의 질문이 하나같이 서양학자들과 다름이 없는 건가요? 당신은 마치 그들이 우리를 비판하는 전제 위에서 나에게 질문하는 것 같은데, 그런 겁니까?

김 물론, 서양학자들이 쓴 글을 통해서 중국 상황을 이해한 측면이 있습니다. 그들이 쓴 글에 일리가 있다고 동의하였기 때문에, 저는 선생님이 중국에서 하시는 것도 여성연구이고 여성의 입장에서 말을 하는데 왜 자신이 여권주의자라는 사실을 인정하지 않는지 의아하게 생각했었습니다. 이제는 어느 정도 상황을 알 것 같습니다. 다행히 선생님과 인터뷰하기 위해 여기까지 날아와 생각을 들어보지 않았다면 저도 글에서 오류를 범할 뻔 했습니다. 그리고 한 가지 질문이 있는데요, 선생님께선 지금 중국 사회에 아직도 계몽이 필요하다고 생각하십니까?

리 그렇습니다. 중국사회는 서양과 달리 발전이 극히 불균등해서 하층 여성과 농촌여성의 문화 수준과 생활수준은 정말 형편없으며 심지어 아프리카의 못 사는 나라와 다를 바 없는 곳도 있습니다. 하지만 우리 지식여성들의 지위는 높아서 심지어 유럽·미국의 지식 여성·캐리어 우먼보다도 높습니다. 사회적으로 높은 인정을 받고 폭넓은 발전 공간을 가지고 있고 생활수준이 높다는 점에서 그렇습니다. 이렇게 격차가 벌어져 있는데 어떻게 그들에게 하나의 기준이나 목표를 요구할 수 있겠습니까? 서양의 것도 배워야하지만 누구도 선생노릇을 하려고 들어서는 안 됩니다. 나는 결코 당신들을 지도하려든 적이 없었고 더욱이 중국여성을 리드하려고 생각해본 적이 없었으니 당신도 그런 분수에 맞지 않는 생각을 해서는 안 됩니다. 내가 말하는 다원성이라는 것은 이중적인 함의를 지닙니다. 하나는 내가 서양의 여권주의가 자신의 것이 '세계 어느 곳에서도 기준이 된'다는 태도에 반대하는 것이고, 마찬가지로 중국에서도 오직 하나의 목소리만 존재해서는 안 된다는 것으로서 나 리샤오쟝 역시 하나의 목소리일 뿐이라는 점입니다.

김 하지만, (법적 평등의 한계와 국가, 남성중심문화를 비판하는)페미니즘(여권주의)은 여전히 필요하다고 보이는데요.

리 필요치 않다는 것이 아니라 마땅히 우리가 선택해야지 우리에게 강요해서는 안 된다는 겁니다. 당신이 번역하고 회의에서 발언하고 당신의 목소리를 내는 것, 그걸로 족해야지 아무도 당신에게 다른 사람의 방식이나 논조에 대해 시비를 판단할 권리를 부여하지 않았다는 거지요. 만약 당신이 그렇게 한다면 당신은 선을 넘어버린 겁니다. 많은 서양의 여권주의자들이 이런 경향이 있고 당신은 서양의 변방인 동양에서, 개발도상국인 중국에 와서 패권을 휘두르는 겁니다. 당신은 분명 남성중심적인 것을 비판하고자 하면서도 오히려 또 그 논리를 통째로 다른 사람에게 적용시키려고 하고 있습니다. 여권주의자들 중 다수는 개인생활과 행위가 불일치합니다. 말 따로 행동 따로인, 이들은 타인과 남자들에 대해서는 이런 식으로, 자신에 대해서는 또 다른 식으로 행동합니다. 여권주의를 빌어 남성사회를 비판하면서도 정작 자신은 똑같은 오류를 범하는 거 말입니다. 당신은 다중심(多中心)을 말하면서, 어떻게 모든 회의, 모든 지역에서 늘 당신이 중심이 되려고 합니까? 다원화를 이야기하면서 어떻게 어디를 가든지 늘 당신의 그 일원화된 것을 관철시키려고 하지요? 당신이 '토착화'하기 위해 최선을 다해 자신의 것을 '변화'시키는 것은 옳은 일이지만, 남의 '토착적인 것'을 당신 것으로 대체할 수는 없습니다. 나는 진작부터 이 말이 하고 싶었는데요, 여권주의 자체가 아주 많은 문제를 갖고 있다는 사실 말입니다. 왜냐하면 부권제의 문제가 아직 완전하게 해결되지 않았다는 그것을 마치 자신에게 반성을 회피할 면죄부라도 되는 양 여겨 자기 자신의 내부문제에 대해서는 거의 반성을 하지 않는다는 점 말입니다. 위선, 이런 죄악은 혐오스럽습니다.

김 중심 : 주변을 부정하시면서도 계몽을 역설하시는 태도, 역시 이분법적인 순환에 고리에 서 계시다고 보이는데, 그럼, 우리는 어떻게 대화를 할 수 있을까요, 함께 모여 대화할 때 소통하기가 아주 어렵겠는데요.

리 대화는 쌍방이 모두 성의가 있어야 됩니다. 당신은 당신 얘기를 하되 상대편 얘기도 경청해야지 서로에 대한 이해의 물꼬가 터지는 거지요. 날보고 당신을 배우라, 날더러 당신에게 다가 오라고, 내 방향이 옳은가 그른가를 판단하고 내가 당신으로부터 얼마나 멀리 떨어져 있는가에 대해 얘기하는 것을 들으라고만 해서는 안 되지요 …… 이건 대화가 아니라 훈계로 역겨움을 느끼게 합니다. 나는 당신이 나를 받아들이라고 하지 않을 테니 당신도 내가 당신을 따르라고 하지 마십시오. 각자 자기의 상황을 명확하게 설명하면 그만인 겁니다. 우리는 쌍방이 서로 이해하려는 노력을 기울이면서 또 선택할 권리도 갖고 있는 겁니다. 어떤 사람은 자기와 다른 의견을 만나면 곧 바로 비판을 가하는 습성이 있는데, 그것은 나는 옳고 너는 그르다는 태도로 나는 이런 태도를 좋아하지 않습니다. 나는 오히려 상대방의 관점에서 그가 왜 이렇게 말했을까를 생각해봅니다. 수년 동안 내 주위에는 줄곧 나에 대한 비판의 소리만 들려 왔었지만 나는 반박을 하거나 글로 자기변호를 해본 적이 한 번도 없습니다. 왜 그랬느냐고요? 그건 상대가 나를 비판하는 입장을 충분히 이해할 수 있었기 때문이지요, 우리의 입장은 다르고 문제를 보는 시각도 다르니 당연히 일치된 결론에 이를 수도 없습니다. 그럼 상대도 이런 태도를 취해줄 수 있는 거 아닌가요? 그래야만 당신이 내가 왜 이렇게 이야기하고 이렇게 하는지를 알 수 있는 겁니다. 다원적인 세계에서 이렇게 해야만 우리는 평등한 대화를 시작할 수 있고 서로 이해하는 기반 위에서 발전이 있을 수 있습니다.

김 네, 중국적인 특수성에 대한 이해를 전제로 할 때 서로 대화가 가능하다는 말씀이시군요. 긴 시간을 내주셔서 감사드리며 선생님을 이해할 수 있는 풍부한 대화였습니다. 고맙습니다.

참고문헌

제1부

1장 1

『人民日報』, 1949.10~.
『解放日報』, 1949.10~.
上海檔案館 소장 판결문 및 통계자료.
『新中國婦女』, 新中國婦女社, 1949.7~1956.
『中國婦女』, 中國婦女雜誌社, 1956~1966.
上海 民主婦女聯合會 編, 『現代婦女』, 1949.11~1953.
北京 民主婦女聯合會 編, 『北京婦女』, 1949.12~1953.
陳午晴, 『當代中國的單位變革與家庭變遷』, 河北大學出版社, 2004.
李小江 編, 『讓女人自己說話』, 三聯書店, 2003.
張學正 · 丁茂遠 · 陳公正 外編, 『1949~1999 文學爭鳴檔案－中國當代文學作品爭鳴實錄』, 南開大學出版社 · 百通(香港)出版社, 2002.
李銀河, 『女性主義』, 山東人民出版社, 2005.
中華全國婦女聯合會 婦女運動歷史研究室 編, 『中國婦女運動歷史資料』, 中國婦女出版社, 1988.
宇野重昭 編,『靜かな社會變動』, 岩派書店, 1989.
마저리 울프, 문옥표 역,『지연된 혁명』, 한울, 1988.
모리스 마이스너, 김수영 역, 『마오의 중국과 그 이후』 I · II, 이산, 2004.
김지수, 『중국의 혼인법과 계승법』, 전남대 출판부, 2003.
로즈마리 통, 이소영 역, 『페미니즘 사상』, 한신문화사, 1999.
Neil J. Diamant, *Revolutionizing the Family-Politics, Love, and Divorce in Urban and Rural China*, 1949~1968, California U. press, 2000.
Christina Gilmartin, "Gender in the Formation of a Communist Body Politic", *Modern China*, Sage publications Inc, 1993.7.

1장 2

『人民日報』, 1949~1976.
上海檔案館 檔案資料, 1949~1973.
『中國青年』, 1949~1966.
『紅旗』, 1960~66.

『사상계』, 1956~1966.
中國教育年鑑編輯部 編,『中國教育年鑑 1949~1981』, 中國大百科全書出版社, 1984.
中共中央党校党史教硏室,『中共黨史參考資料』, 人民出版社版, 1979.
定宜庄,『中國知靑史－初瀾(1953~1968)』, 中國社會科學出版社, 1998.
中央教育科學硏究所 編,『中華人民共和國教育大事記 1949~1982』, 教育科學出版社, 1983.
Tan Fang · Zhao Wumian eds., *Highlights of Da-zi-bao-During the Cultural Revolution*, Mirror Books, 1996.
Jonathan Unger, *Education Under Mao-class and competition in Canton schools 1960~1980*, Columbia U. Press, 1982.
이홍영, 강경성 역,『중국의 정치엘리트』, 나남출판, 1997.(원 제목은 From Revolutionary Cadre to Bureaucratic Technocrats, by Hong Yung Lee)
Harold G. Hinton ed., *The People's Republic of China, 1949~1979, A DOCUMENTARY SURVEY (VOL.2)*, Scholarly Resources Inc, 1980, p.1292.

2장 1

李銀河,『中國女性的感情與性』, 今日中國出版社, 1998.
葉舒憲 編,『性別詩學』, 社會科學文獻出版社, 1999.
首都師範大學婦女硏究中心,『中國女性文化』No.1, 中國文聯出版社, 2000.
陳順馨,『中國當代文學的敍事與性別』, 北京大學出版社, 1995.
陳曉蘭,『女性主義批評與文學詮釋』, 敦煌文藝出版社, 1999.
邱仁宗 外編,『中國婦女與女性主義思想』, 中國社會科學出版社, 1998.
李小江 · 朱虹 · 董秀玉 編,『主流與邊緣』, 三聯書店, 1999.
李小江 · 朱虹 · 董秀玉 編,『性別與中國』, 三聯書店, 1994.
葉舒憲 編,『性別詩學』, 社會科學文獻出版社, 1999.
陳曉明 編,『中國女性小說精選』, 甘肅教育出版社, 1996.
李小江,『中國婦女與發展－地位 · 健康 · 就業』, 天津師範大學 1993年 署期硏討班專輯, 河南人民出版社, 1993.
富永健一,『近代化の理論,－近代化における西洋と東洋－』, 講談社學文庫, 1995.
Tani E. Barlow ed., *Gender Politics in Modern China*, Duke U. press, 1993.
Inderpal Grewal and Caren Kaplan eds., *Scattered Hegemonies*, Minnesota U. press, 1997.
Rey Chow, *Woman and Chinese Modernity*, Minnesota U. press, 1991.
Rey Chow, *"Against the Lures of Diaspora - Minority Discourse, Chinese Women, and Intellectual Hegemony"*, *Gender and Sexuality* (Edited by Tonglinlu ed.), New York U. press, 1994.
Wang Zheng, *"Chinese State Feminism"*, *The China Quarterly*, 2003.1.20
하이디 하트만 · 린다 번햄, 김혜경 · 김애령 편,『여성해방이론의 쟁점』, 태암, 1990.
조은 외,『근대가족의 변모와 여성문제』, 서울대 출판부, 1997.

사라 에번스, 조지형 역, 『자유를 위한 탄생』, 이화여대 출판부, 1998.
진춘밍 · 시쉬엔, 이정남 외역, 『文化大革命史』, 나무와숲, 2000.
이화여대 한국여성연구원, 『아시아의 근대성과 여성』, 한중일 국제학술대회, 1999.
戴錦華, 「隱形書寫」, 『황해문화』 1998년 가을호.
張賢亮, 김의진 역, 『남자의 반은 여자』, 미학사, 1991.
藤井省三, 김양수 역, 『현대중국, 영화로 가다』, 2001.
김염자, 「중국 혁명과정의 부녀인력동원정책연구」(1921~1949), 『여성학논집』 7집, 1990.12.

2장 2

한국여성연구원 편, 『동아시아의 근대성과 성의 정치학』, 푸른사상, 2002.
우에노 치즈코, 이선이 역, 『내셔널리즘과 젠더』, 박종철출판사, 1999.
한국여성연구소, 『여성과 사회』 제12집, 2002.3.
장미경, 「80 · 90년대 여성운동 쟁점」, 『石筍』 17집, 고려대 석순 편집위원회, 2000.
여성사연구회 편집부, 「한국여성해방이론의 전개에 대한 비판적 검토」, 『여성』 2, 창작과 비평사,
小野和子, 이동윤 역, 『현대중국여성사』, 정우사, 1985.
박현귀, 「80년대 변혁운동가들의 정체성 변화과정 – '운동권'출신의 여성 모임을 중심으로」, 서울대석사논문, 1997.
崔鮮香, 「중국에서의 아시아 여성연구동향」, 『움직이는 아시아의 여성학을 찾아서 – 국가 · 젠더 · 지식』, 성공회대 동아시아연구소 제1차 한 · 중 젠더콜로키움 자료집, 2009.2.
여성문화이론연구소, 『여 / 성이론』 통권 5호, 2001.12.
정진성, 「'2006년 일본군성노예전범 여성국제법정'의 배경과 의의」, 『여성과 사회』 제12집, 한국여성연구소, 2001.3.
______, 『동아시아 근현대사회발전중의 Alternative한 역사경험』, 제2차 동아시아문화공동체 포럼 자료집(성공회대 주관), 2003.12.
김은실, 「민족담론과 여성」, 『한국여성학』 제10집, 한국여성학회, 1994.

제2부

1장

晨光 編, 『丁玲女性小說金作』 下, 湖南文藝出版社, 1995.
『中國新文學大系 1927~1937』 小說集一, 上海文藝出版社, 1984.
楊匡漢, 孟繁華 編, 『共和國文學50年』, 中國社會科學出版社, 1999.
戴錦華, 『世紀之門』, 社會科學文獻出版社, 1998.

陳曉明 編,『中國女性小說精選』, 甘肅教育出版社, 1994.
劉禾,『語際書寫』, 上海三聯書店, 1999.
丁玲創作討論會專集編選小組 編,『丁玲創作獨特性面面觀』, 湖南文藝出版社, 1986.
Angela Zito, Tani E. Barlow eds., *Body, Subject & Power in China*, Chicago U. press, 1994.
Ellen Widmer · David Der-wei Wang, *From May Fourth to June Fourth*, Havard U. press, 1993.
Tani E. Barlow ed. *Gender Politics in Modern China*, Duke U. press, 1993.
사라 에번스, 조지형 역,『자유를 위한 탄생』, 이화여대 출판부, 1997.
줄리아 크리스테바, 김열규 외역,『페미니즘과 문학』, 문예출판사, 1988.
리타 펠스키, 김영찬 외역,『근대성과 페미니즘』, 거름, 1998.
조세핀 도노번, 김역두 · 이월영 역,『페미니즘이론』, 문예출판사, 1998.
강정석,「미국-도덕적 분노에서 급진적 전망으로」,『역사비평』, 2000년 여름호.
조경희,「五 · 四 新文化連動과 女性의 發見」,『중국어문논총』 12집, 중국어문연구회, 1997.6.
이상화,「여성학 연구의 철학적 기반」,『한국문화연구원논총』(인문과학논집) 제64집, 이화여대, 1994.

2장

晨光 編,『丁玲女性小說金作』下, 湖南文藝出版社, 1995.
梅儀慈, 沈昭鏗 譯,『丁玲的小說』, 廈門大學出版社, 1981.
盛英 外編,『二十世紀中國女性文學史』, 天津人民出版社, 1994.
楊匡漢, 孟繁華 編,『共和國文學 50年』, 中國社會科學出版社, 1999.
戴錦華,『世紀之門』, 社會科學文獻出版社, 1998.
陳曉明 編,『中國女性小說精選』, 甘肅教育出版社, 1994.
劉禾,『語際書寫』, 上海三聯書店, 1999.
劉彗英 編,『遭遇解放 1890~1930年代的中國女性』, 中央編譯出版社, 2005
丁玲,『丁玲論創作』, 上海文藝出版社, 1985.
Ellen Widmer · David Der-wei Wang, *From May Fourth to June Fourth*, Havard U. press, 1993.
Tani E. Barlow, *Gender Politics in Modern China*, Duke U. press, 1993.
Angela Zito · Tani E. Barlow eds., *Body Subject, & Power in China*, Chicago U. press, 1994.
에번스, 조지형 역,『자유를 위한 탄생』, 이화여대 출판부, 1997.
엘리자베스 크롤, 김미경 · 이연주 역,『중국여성해방운동』, 사계절, 1985.
박용옥,『李朝 女性史』, 한국일보사, 1976.
크리스테바 외, 김열규 외역,『페미니즘과 문학』, 문예출판사, 1988.
펠스키, 김영찬 외역,『근대성과 페미니즘』, 거름, 1998.
도노번, 김익두 · 이월영 역,『페미니즘 이론』, 문예출판사, 1998.
山下英愛,「전후 일본의 여성운동」,『여성과 사회』 제6호, 한국여성연구소, 1995.6.
강정석,「미국-도덕적 분노에서 급진적 전망으로」,『역사비평』 2000년 여름호.

조경희, 「五四新文化運動과 女性의 發見」, 『중국어문논총』 12집, 중국어문연구회, 1997.6.
김주현, 「'상품미학'시대에 여성작가들의 글쓰기」, 『문학정신』 1996년 겨울호, 열음사.
전방지, 「국제지표와 한국의 성불평등」, 『여성과 사회』 제9호, 한국여성연구소, 1998.6.
심진경, 「모성의 서사와 90년대 여성소설의 새로운 길찾기」, 『여성과 사회』 제9호, 한국여성연구소, 1998.6.
배은경, 「다시 읽는 '서구 페미니즘과 우리'」, 『창작과비평』 1997년 봄호.
이선옥, 「신현모양처 이데올로기의 부상」, 『여성과 사회』 제8호, 한국여성연구소, 1997.7.
이상화, 「여성학 연구의 철학적 기반」, 『한국문화연구원논총』 제64집(인문과학논집), 이화여대, 1994.
정은주, 「'성과 계급' 논쟁에 대한 비판적 고찰－80년대 영국 논쟁을 중심으로」, 연세대 석사논문, 1994.6.
이종민, 「梁啓超의 소설적 길찾기－'公'의식과 소설의 힘 비판」, 『中國小說論叢』 제4집, 1995.3.

3장

許善斌, 『證照中國 1949~1966』, 華文出版社, 2007,
『新中國婦女』 제6기, 新中國婦女社, 1949.
胡智鋒, 『影視文化論稿』, 北京廣播學院出版社, 2001.
晨光 編, 『丁玲女性小說全作』 下, 湖南文襲出版社 1995.
張炯 編, 『丁玲全集』, 河北人民出版社, 2001.
盛英 外編, 『二十世紀中國女性文學史』, 天津人民出版社, 1994.
金一虹, 「"鐵姑娘"再思考－中國文化大革命期間的社會性別与勞動」, 『社會學研究』 1기, 2006.
洪子誠, 『中國當代文學史』, 北京大學出版社, 1999.
戴錦華, 『世紀之門』, 社會科學文獻出版社, 1998.
戴錦華, 『猶在鏡中』, 知識出版社, 1999.
黃昌勇, 『王實味傳』, 河南人民出版社, 2000,
朱鴻召 編, 『王實味文存』, 上海三聯書店, 1998.
孟悅·薛毅, 「一個到頭了的啓蒙老故事」, 『天涯』, 2002.3.
Tani E. Barlow ed., *Gender Politics in Modern China*, Duke U. press, 1993.
엘리자베스 크롤, 김미경·이연주 역, 『中國女性解放運動』, 사계절, 1985.
박용옥, 『李朝 女性史』, 한국일보사, 1976.
정은주, 「'성과 계급' 논쟁에 대한 비판적 고찰－80년대 영국 논쟁을 중심으로」, 연세대 석사논문, 1994년.
조지 카치아피카스, 이재원·이종태 역, 『신좌파의 상상력』, 이후, 1999.
김주현, 「'상품미학'시대에 여성작가들의 글쓰기」, 『문학정신』 1996년 겨울, 열음사.
전방지, 「국제지표와 한국의 성불평등」, 『여성과 사회』 제9호, 한국여성연구소, 1998.6.

심진경, 「모성의 서사와 90년대 여성소설의 새로운 길찾기」, 『여성과 사회』 제9호, 한국여성연구소, 1998.6.
배은경, 「다시 읽는 '서구페미니즘과 우리'」, 『창작과비평』 1997년 봄.
이선옥, 「신현모양처 이데올로기의 부상」, 『여성과 사회』 제8호, 한국여성연구소, 1997.7.
강정석, 「미국－도덕적 분노에서 급진적 전망으로」, 『역사비평』 2000년 여름.

4장

査建英, 『八十年代訪談錄』, 三聯書店, 2006.
謝冕·錢理群 編, 『百年中國文學經典』, 北京大學出版社, 1996.
許子東, 『爲了忘却的記憶』, 三聯書店, 2000.
丁玲, 『丁玲散文選集』, 百花文藝出版社, 1991.
陳惠芬, 『神話的窺破』, 上海社會科學院出版社, 1996.
이욱연, 「소설속의 문화대혁명」 『中國現代文學』 제20호, 한국 중국현대문학학회, 2001.6.
김한, 김정호 역, 전형준 감수, 『중국현대소설사(1949~1989)』, 문학과지성사, 1996.